MAKERS

크리스 앤더슨

윤태경 옮김

MAKERS

새 로 운
수 요 를
만 드 는
사 람 들

메이커스

RHK
알에이치코리아

"지난 20년이 놀라움의 연속이었는가?

앞으로의 세계는 그 이상이 될 것이다.

우리는 더 많은 것을 보고,

더 많은 사람이 더 많은 혁신을 일으킬 것이다."

누군가 창조경제를 묻거든
고개를 들어 메이커를 보라

채승병 삼성경제연구소 수석연구원

인터넷에 떠도는 말 중 이런 말이 있다. '공구는 남자의 로망[1]이요, 주방기구는 여자의 로망이다.' 생각해보면 독자 여러분도 무심코 리모컨으로 채널을 넘기다 지나가는 홈쇼핑 방송에 갑자기 눈이 확 쏠린 경험이 있을 것이다. 그리고 그 안에서는 으레 쇼핑 호스트가 위잉 하는 요란한 소리와 함께 상자 가득 잘 갖춰진 공구를 시연하거나, 식재료를 단숨에 먹음직한 모습으로 손질해주는 주방기구를 놓고 탄성을 연발하고 있기 마련이다. 이미 뒷방 구석과 주방 칸칸이 갖가지 공구와 주방기구가 쌓여가고 있어도, 그 순간 우리는 가슴속 끓어오르는 '지름'의 유혹에 갈등을 겪곤 한다..

　왜 그럴까? 그것은 나도 저것만 있으면 집에 필요한 여러 물품을 척척 만들고 수리하며, 가족이 모두 경탄할 멋진 요리를 만들어낼 수 있을 것 같기 때문이다. 그 환상 속에서 어느새 맥가이버가 되고 제이미 올리버[2]가 되어 있는 자신에 흐뭇해하며 말이다. 물론 그 기대는 많은 경우 산산이 깨어지기도 하지만 때로는 '생활의 달인'이 되기도

하지 않은가. 이와 같이 전문 수리공이나 셰프의 손길을 굳이 마다하고 수고를 자처하며 스스로 무언가를 해내는 기쁨, 즉 DIY ^{Do-It-Yourself}의 마력은 끊임없이 우리를 유혹한다. 우리의 심연에는 '만드는 행위'에 대한 원초적 욕구, 즉 도구를 만들고 사물을 만들며 동시에 자아를 만들어가는 '호모 파베르 ^{Homo Faber}' 본능이 꿈틀거리는 것이다.

이제까지 우리는 이런 본능과 탐닉을 그저 개인의 취미로만 여겨왔다. 그도 그럴 것이 이렇게 만들어낸 작품의 수준은 공장에서 매끈하게 뽑아낸 기성품에 비하면 그냥 참고 봐줄 정도가 대부분이다. 재료 사고 공구 사는 데 들인 돈을 따지면 배보다 배꼽이 더 큰 경우도 많다. 기능도 조잡하기 그지없어서 만든 사람 아니면 달리 누가 쓸 데도 없어 보이는 게 당연했다. 그런데 DIY로 무슨 생산적인 일을 꾸미고 돈을 벌겠다? 이는 손재주 좋은 극소수의 특출 난 사람들의 이야기로만 생각해왔다. 이것이 우리가 겪어온 산업화 시대, 소득 1만 달러 시대의 '상식'이었다.

그러나 이제는 세상이 바뀌고 있다! 컴퓨터의 발달, 인터넷의 출현으로 이어진 스마트 혁명은 단순히 SNS와 인터넷 쇼핑 등 쉽게 눈에 띄는 것 이상의 변화를 가져오고 있으며, DIY와 제조의 개념도 예외가 아니다. 단순한 흥미로 시작했던 DIY를 발전시켜 하나의 번듯한 제품을 만들고 이를 토대로 새로운 사업을 꾸미는 기업가로 발전하는 과정이 극적일 정도로 매우 간편해졌다. 평범한 주부가 블로그와 인터넷 쇼핑 플랫폼을 이용해 소호 ^{SOHO} 점주로 변신하듯이, 평범한 자작 마니아가 단숨에 기업가로 변신하는 일이 세계 도처에서 벌어지고 있다. 이처럼 단순 취미용 DIY족이면서 동시에 제조 기업가이기도 한 새로운 혁신가가 바로 이 책의 주제, '메이커^{Maker}'이다.

얼핏 보면 상상이 안 가는데 과연 메이커는 어떻게 DIY족과 기업가의 경계를 뛰어넘을까? 우선 우리는 인터넷으로 전 세계 공통의 관심사를 가진 사람들과 교류하며 그들의 아이디어와 도구를 마음껏 배우고 빌려올 수 있다. 이전 같았으면 전문 기능은 공방에 찾아가서 기능인에게 직접 배워오거나 알쏭달쏭한 책을 찾아봐야 했지만, 이제는 친절한 안내 동영상이 곳곳에 널려 있다. 마법의 상자와도 같던 가정용품 속 전자회로는 아두이노$^{Arduino\ 3}$, 라즈베리파이$^{Raspberry\ Pi\ 4}$와 같은 손바닥 반쪽만 한 보드에 인터넷에 떠도는 수많은 예제 프로그램을 조금만 변형해 집어넣으면 손쉽게 만들 수 있다. 캐드^{CAD} 소프트웨어로 만들어진 잘빠진 제품 도면도 곳곳에서 공유되고 있다. 이걸 받아서 컴퓨터로 쓱쓱 모양을 추가하여 컴퓨터 수치제어^{CNC} 절삭기를 갖춘 업체에 보내면, 생각보다 저렴한 가격에 제품을 완성하여 택배로 배송해준다. 또 이제는 3D 프린터 기술이 빠르게 발전하고 저렴해지면서 심지어는 집에서도 눈앞에서 그럴듯한 물건을 만들어낼 수 있게 되었다. 어디 그뿐이랴. 사업화하는 데 필요한 자본과 생산설비도 이제는 큰 제약이 되지 않는다. 자본은 마이너스 통장, 담보대출 같은 것도 필요 없이 킥스타터 등 크라우드 펀딩 사이트에 자신의 아이디어와 작품을 올려놓고 선주문 형식으로 모금을 하면 된다.

저자 크리스 앤더슨은 이 책을 통해 우리 주변에서 이렇게 새로운 '메이커'가 출현하고 활약하는 모습을 생생히 보여주고 있다. 책 앞머리에도 나오지만 그는 처음에 집에서 아이와 블록완구 레고를 가지고 좀 더 재미있는 로봇을 만들려고 씨름하다가 메이커의 세계에 발을 들여놓았다고 한다. 그리고 문득 그 속에서 어린 시절 그의 외할아버지가 창고에서 선반을 갖다 놓고 금속재료를 깎아내며 외손자와 함께 이런저런 물건을 만들던 기억을 회상해낸다. 세대를 이어가며 전해진, 무언가를 만드는 공작에 대한 본능을 디지털 시대에 새롭게 깨우쳤던 것이다. 그러고는 그는 커뮤니티를 통해 수많은 로봇 제작 아이디어를 토의해가며 발전시켜 전 세계의 같은 욕구를 가진 사람들을 위한 제품으로 만들어가는 사업화의 과정을 체험한다. 이 속에서 그는 대량생산의 산업화 시대 패러다임을 넘어서 비트화된 개인의 창의가 역동적으로 사업화되는 미래 디지털 창조경제의 작동원리를 깨닫고 이 책을 쓴 것이다. 이 책의 원서 부제이기도 한 '새로운 산업혁명The New Industrial Revolution'의 냄새를 맡고서!5

요즘 한국사회의 화두는 온통 창조경제에 쏠려 있다. 그러나 창조경제가 과연 무엇인지, 도대체 무엇을 어떻게 해야 하는 것인지 많은 논란과 혼란이 가시지 않고 있다. 이런 때 창조경제의 본질이 무엇인지 궁금한 분들에게 필자는 감히 이 책을 권하고 싶다.

미래는 평범한 개인의 창의가 우리 경제의 구석구석을 채워나가는 시대라고들 이야기한다. 산업화 시대의 대기업이 담당하는 대량생산 제품과 서비스는 앞으로도 존속하겠지만, 그 사이사이에서 충족하지 못하는 수많은 작은 욕구를 실현시키는 미시적인 사업들이 채워져야 할 것이다. 『메이커스』는 바로 이러한 빈 공간을 메우는 현실의 움직임을 증언하는 책이기도 하다. 윌리엄 깁슨William Gibson이 남긴 유명한 말, "미래는 이미 여기에 있다. 다만 고루 퍼지지 않았을 뿐"이라는 말처럼, 창조경제는 이미 '메이커'의 모습으로 우리 주변에 나타나고 있다. 다만 널리 알려지지 않았을 뿐이다.

이쯤에서 고백하자면 필자도 (아직 기업가 수준까지 맛보지는 못했지만) 이런 활동에 발을 푹 담근 하수 메이커이다. 필자도 물리학을 전공하기는 했지만 대학 시절에는 전자회로 실험이라면 손사래를 칠 정도였다. 그렇게 공작과는 담을 쌓고 살던 어느 날, 집에서 에스프레소 머신을 뜯어 고치다가 인터넷 공간에서 비슷한 고민을 하는 수많은 메이커를 통해 아두이노를 만나게 되고 나 자신의 아이디어가 들어간 이런저런 기능을 추가해 넣는 데 성공했다. 전 세계 사람과 교류하고 새로운 지식을 맛보게 되면서 오랜 시간 잊어왔던 '만들기'에 대한 욕구와 꿈이 다시 살아난 것이다. 필자도 언젠가는 차곡차곡 쌓인 아이디어를 모아 소박한 사업을 해보겠다는 열정이 차오르고 있음을 느낀다. 행여 크리스 앤더슨의 이야기가 너무 먼 미국의 이야기가 아니냐고 느끼시는 분이 계시다면, 한국인의 꿈과 열정도 그에 못지않으며 우리 주변에도 여러 세계인과 소통하는 많은 '메이커'가 이미 생겨나고 있다고 말씀을 드리고 싶다.

스티븐 존슨의 『탁월한 아이디어는 어디서 오는가Where Good Ideas Come From』를 보면 '번쩍'할 만한 창의성은 각자의 두뇌에서 오랜 시간 숙성되며 형성된 '느린 예감slow hunch'이 서로 충돌하고, 교환되고, 뒤섞이는 과정에서 생겨난다고 한다. 한국은 이런 면에서 결코 척박한 환경이 아니다. 우리에게는 세계 첨단의 스마트 인프라가 있고, 강력한 제조업의 기반이 있으며, 무엇보다 평범해 보이지만 미래를 향한 충만한 열정을 숨기고 있는 수많은 잠재적 혁신가가 있다. 이제 그들에게 쌓인 느린 예감이 전 세계인과 공유되면서 글로벌 시장을 대상으로

아기자기한 사업으로 만발해가는, 그야말로 '메이커의 백화제방百花齊
放'이 이뤄지는 공간을 만들어가자. 그처럼 개인 하나하나가 '메이커'
로 활동하며 역동적인 창의의 물결을 만들어가는 대한민국의 경제라
면, 아무리 거센 외풍에도 영원히 사그라지지 않을 것이라 확신한다.

1 '로맨스'에서 유래된 말로, 무의식의 세계에서 분출되는 감정적인 순수한 욕망 또는 그
  대상을 지칭한다.
2 영국의 유명한 신세대 요리사로 국내에도 각종 케이블 방송 프로와 책을 통해 널리 알려
  져 있다.
3 이탈리아에서 개발한 8비트 마이크로콘트롤러 보드로, 2005년 개발 이래 수십만 개가 팔
  렸다.
4 영국에서 개발한 명함 크기의 32비트 초미니 컴퓨터로, 512MB 램을 탑재하고서도 35달
  러에 불과해 2012년에 출시된 지 1년 만에 100만 개가 넘게 팔리는 공전의 히트를 기록
  했다.
5 냄새를 진하게 맡은 탓인지 현재 「와이어드」 편집장에서 물러나 메이커 활동으로 창업한
  3D 로보틱스의 CEO를 맡고 있다.

1부 | 메이커스가 일으킨 혁명

1장 발명가 혁명

발명가가 곧 기업가인 시대

2장 새로운 산업혁명

디지털 도구를 이용한 아웃소싱의 축복

3장 산업혁명은 어떻게 진화하고 있나

음반사에서 팹랩으로 바뀐 맨체스터 공장

4장 세상을 바꾼 데스크톱 혁명

3차원 프린터가 대중화되는 시대

1장

발명가 혁명

발명가가 곧 기업가인 시대
당신의 아이디어가 수익으로 연결된다

내 외할아버지 프레드 하우저Fred Hauser는 1926년 스위스 베른에서 미국 로스앤젤레스로 이주하셨다. 스위스에서 기술 교육을 받은 외할아버지는 시계 만드는 기술을 가진 분이었는데, 다행히 외할아버지는 당시 할리우드에서 카메라, 영사기, 필름 제작 등 손쉽게 일거리를 찾을 수 있었다. MGM 스튜디오 녹화 엔지니어로 일하게 된 외할아버지는 결혼해서 딸(우리 어머니)을 낳고, 잔디 마당과 차고가 딸린 단독 주택이 줄지어 들어선 동네의 지중해풍 방갈로bungalow(거실 옆에 베란다가 있는 단층 목조 가옥-옮긴이) 집으로 이사했다.

외할아버지는 낮에 엔지니어로 일하는 것에만 만족하지 않았다. 밤에는 발명품을 구상하고, 제품을 스케치하고, 설계도를 그리며 시제품prototype을 만들었다. 외할아버지가 작업장으로 개조한 차고에는 점차 드릴 프레스, 띠톱, 실톱, 그라인더를 비롯한 발명도구가 자리를 차지했다. 특히 금속선반metal lathe은 철이나 알루미늄 덩어리를 깎아 캠축camshaft, 밸브 같은 정교한 기계부품을 만드는 장치로 외할아버지 가 발명품을 만들 때 가장 중요한 역할을 하는 공작기계였다.

외할아버지는 처음에 MGM 스튜디오에서 하는 일에 영감을 받아 테이프 구동장치를 발명했다. 이후 외할아버지의 관심은 앞마당 잔디 밭으로 옮겨갔다. 무더운 캘리포니아 주에 단독주택을 소유한 사람들 은 마당의 잔디밭을 늘 푸르게 유지하려고 했기에, 스프링클러 기계 산업이 번창했다. 캘리포니아 주 경제가 번영을 누리면서 마당에 관 개시설 공사를 하는 주택 소유자들이 늘었다. 사람들은 저녁에 집에 돌아와 스프링클러 밸브를 열고 스프링클러에서 나오는 물이 잔디밭 을 적시는 광경을 흐뭇하게 지켜보았다. 그런데 스프링클러에서 다양 한 형태로 물이 뿜어져 나오는 모습은 아름다웠지만, 사람이 일일이 밸브를 열고 닫아야 작동한다는 점이 불편했다. 스프링클러가 시곗바 늘처럼 자동으로 움직인다면 얼마나 편리할까?

외할아버지가 1943년에 특허번호 2311108로 신청한 '서비스 밸브 순차 조직'은 이러한 문제를 해결한 기술이었다. 외할아버지는 전자 시계와 밸브 장치를 연결해 자동으로 스프링클러를 작동하는 시스템 에 대한 특허를 받았다. 오늘날 램프 타이머나 온도조절장치에서도 볼 수 있는 이 기술의 독창성은 프로그래밍 방법에 있다. 시계 표면에 있는 분 표시에 구멍을 뚫어 각 구멍에 설치한 핀이 솔레노이드solenoid 라는 밸브 조정 기계를 작동시켜 스프링클러에 물을 공급하는 관의 밸브를 일정한 시각에 열거나 닫는다. 그리고 시계에 다양한 구멍을 뚫어 각기 다른 지역의 스프링클러 밸브와 연결하면 원하는 시각에 앞마당, 뒷마당, 안뜰, 차고에서 도로까지 이어지는 길에 물을 뿌릴 수 있다.

외할아버지는 시제품을 만들어 집에서 시험해보고선 특허를 신청했다. 특허 심사 기간에 외할아버지는 이 기술을 이용한 제품을 만들고자 기업들을 방문했다. 내가 우리 할아버지 얘기를 이렇게 꺼내는 것은 여기서 20세기 산업 모델의 한계가 드러나기 때문이다.

20세기에는 아이디어만으로 세상을 바꾸기 어려웠다. 더 나은 쥐덫을 발명할 수는 있지만 개인이 쥐덫을 수백만 개 만들기는 어려웠다. 카를 마르크스Karl Marx가 통찰했듯이 생산수단을 통제하는 사람이 권력을 쥐고 있다. 외할아버지는 차고에서 자동 스프링클러 시스템을 만들었지만 공장을 만들 수는 없었다. 발명품을 시장에 내놓기 위해서는 제조업체의 관심을 끌어야 했다. 하지만 이것도 어려운 일이었고, 설령 성공해도 발명자는 자신의 발명품에 대한 권리가 없었다. 생산수단을 소유한 사람이 무엇을 생산할지 결정했다.

그래도 내 외할아버지는 운이 좋은 편이었다. 캘리포니아 남부는 집에 스프링클러를 설치하려는 사람이 넘쳤기에, 외할아버지는 오랜 협상 끝에 무디Moody라는 회사와 자동 스프링클러 상품화 계약을 맺었다. 이 계약으로 1950년에 '무디 레인마스터'라는 제품이 출시됐다. 회사는 주말에 놀러갔다 집에 돌아와도 잔디밭이 마르지 않을 것이라고 광고했다. 이 제품은 시장에서 히트했고, 정교한 디자인의 신상품이 줄을 이었다. 외할아버지는 특허 시효가 끝나는 1970년대까지 신상품이 나올 때마다 로열티를 받았다.

이 정도만 해도 발명가 1,000명 중 1명이 거둘까 말까한 성공이었다. 대부분의 발명가들은 오랫동안 작업장에서 고생해도 상품을 출시하지 못했다. 외할아버지는 자동 스프링클러 외에도 다른 특허를 최소 26개나 받았지만, 시장에서 성공한 것은 자동 스프링클러뿐이다. 외할아버지가 1988년에 돌아가실 때까지 받은 로열티를 다 합치면 수십만 달러 정도일 것이다. 1970년대에 나는 외할아버지와 함께 무디를 인수한 하이드로레인Hydro-Rain 공장을 방문했다.

직원들은 외할아버지를 "하우저 씨"라고 부르며 정중히 대했지만, 외할아버지가 온 이유를 이해하지 못하겠다는 눈치였다. 외할아버지는 자신의 특허가 어떻게 제품화되는지 구경하러 왔지만, 특허를 산 회사는 제작 비용이 싸게 들면서 적당히 보기 좋은 형태로 새로 디자인한 스프링클러를 생산하고 있었다. 외할아버지의 시제품과 하이드로레인 제품은 외할아버지의 제품 스케치와 시제품만큼이나 크게 달랐다.

이는 당연한 일이었다. 하이드로레인은 여러 기업이 경쟁하는 시장에서 수만 개의 제품을 판매하는 기업이었다. 반면 스위스 출신 발명가인 외할아버지는 가진 거라곤 차고를 개조한 작업장과 시효가 만료되는 특허뿐이었다.

공장에서 돌아오는 길에 외할아버지는 폭스바겐 차를 탄 히피들에게 굼벵이처럼 운전한다는 야유를 받았다. 당시 열두 살이던 나는 멍해졌다. 외할아버지가 20세기 자본주의의 영웅이었다면 이런 꼴을 당하지 않았을 것이다. 외할아버지는 거대 자본주의 현실에서 길을 잃은 공돌이처럼 보였다.

물론 외할아버지가 발명가로서 실패했다고 볼 수는 없다. 당시 기준으로는 보기 드물게 성공한 발명가다. 내가 기억하는 외할아버지는 사람들과 만나는 것보다는 혼자 설계도면 그리는 것을 즐기는 전형적인 엔지니어였고, 행복하고 여유로운 인생을 살았다고 자부한 분이다. 외할아버지가 과연 정당한 보상을 받았는지는 모르겠지만, 외할머니에게서 적은 특허 로열티에 만족하고 재협상도 하지 않으니 답답하다는 불평을 종종 들었다. 외할아버지는 업적을 남긴 발명가다. 하지만 외할아버지가 돌아가신 뒤에 그의 특허 목록을 본 나는 오븐 타이머, 녹음기 등 여러 아이디어 중 자동 스프링클러만 제품화에 성공한 사실을 발견했다.

어째서일까? 외할아버지는 발명가였을 뿐 기업가가 아니었기 때문이다. 하지만 오늘날은 발명가가 곧 기업가가 되는 시대다. 이러한 차이가 이 책에서 설명하고자 하는 핵심 내용이다.

그전에는 기업가가 되기 어려웠다. 증기기관을 발명한 제임스 와트James Watt와 매튜 불턴Matthew Boulton 같은 1차 산업혁명 시기의 위대한 발명가 겸 사업가는 특권층이었다. 대부분 상류층으로 태어났거나 운 좋게 엘리트에게 교육받은 사람들이다. 일반인이 기업가가 되는 길은 구멍가게나 소기업을 창업하는 것이었는데, 파산하기 쉬워 많은 사람이 기업가가 될 엄두를 못 냈다.

그런데 오늘날 사람들은 인터넷 덕분에 훨씬 쉽게 기업가로 활동할 수 있게 됐다. 아이디어와 컴퓨터만 있으면 누구나 세상을 바꾸는 기업을 창업할 수 있다. 페이스북을 만든 마크 주커버그Mark Zuckerberg나 그처럼 큰 성공을 거두고자 창업하는 젊은이들이 그 예다. 물론 창업을 해서 실패할 수도 있다. 하지만 실패해도 평생 치욕스럽게 살거나 감옥에 갇히는 것이 아니라 신용카드로 사용한 금액을 지불하지 못할 뿐이다.

인터넷의 미덕은 발명도구뿐 아니라 생산도구도 민주화했다는 점이다. 어떤 서비스에 관한 아이디어가 있는 사람은 소프트웨어를 이용해 아이디어를 제품으로 바꿀 수 있다. 특히 요즘에는 프로그램 제작 기술도 별로 필요 없고, 필요한 것은 인터넷에서 배우면 된다. 그리고 특허도 없다. 키보드를 누르는 것만으로도 수십억 명의 소비자가 있는 글로벌 시장에서 제품을 팔 수 있다.

이러한 인터넷의 힘을 좋아하는 사람도 있고, 그렇지 않은 사람도 있을 것이다. 인터넷을 이용한 비즈니스 모델을 발견해 부를 얻는 사람도 있고, 그렇지 못하는 사람도 있을 것이다. 하지만 중요한 점은 '발명가'에서 '기업가'로 변신하는 과정이 이전보다 크게 단축되어 좋은 아이디어만 있다면 쉽게 기업을 만들 수 있다는 점이다.

심지어 아직 아이디어가 없는 사업가를 먼저 모집해 교육하고 자금을 대주는 와이컴비네이터$^{Y\ Combinator}$ 같은 스타트업 팩토리^{startup} ^{factory}(신생기업을 발굴·육성하는 프로그램 – 옮긴이)도 있다. '스타트업 스쿨$^{startup\ school}$'은 특별한 컴퓨터 기술이 없는 젊은이라도 나중에 파워포인트로 결과물만 발표하면 된다는 전제하에 돈, 화이트보드, 책상을 주고 3주 안에 투자를 받을 가치가 있는 아이디어를 생각해내라고 지시한다.

대부분의 참가자는 이 과제를 통과한다. 그들은 인터넷 창업에서 장벽은 오직 자신의 재능뿐이라고 말한다. 지난 6년간 와이컴비네이터는 룹트^{Loopt}, 우푸^{Wufoo}, 조브니^{Xobni}, 헤로쿠^{Heroku}, 헤이잽^{Heyzap}, 범프^{Bump}를 비롯한 300개 신생기업에 자금을 투자했다. 드롭박스^{DropBox}, 에어비앤비^{Airbnb} 같은 일부 기업은 현재 기업가치가 수십억 달러에 이른다. 내가 일한 출판사인 콘데 나스트$^{Condé\ Nast}$는 이렇게 시작한 소셜 뉴스 사이트인 레딧^{Reddit}을 인수했다. 레딧은 현재 한 달 페이지뷰 수가 20억이 넘는다. 레딧의 경영자들은 20대 풋내기들인데 그중 일부는 레딧이 생애 첫 직장이고, 사업가의 성공을 책에서만 본 아마추어들이다.

이것이 비트^{bit}의 세계다. 비트는 디지털 세계의 기초 단위다. 웹 시대는 비트를 해방했다. 비트는 싸게 생산되고 이동된다. 그리고 이는 놀라운 효과를 낳는다. 무게가 없는 비트의 경제는 문화부터 경제학까지 사회 모든 분야를 재편했다. 어쩌면 이것이 21세기를 규정하는 특징일 것이다(나는 이 주제로 책을 몇 권 썼다). 비트가 세상을 완전히 바꿨다.

하지만 사람은 대부분 원자^{atom}의 세계에 산다. 원자의 세계는 장소와 물건이 존재하는 현실세계다. 인터넷 정보산업이 거대해졌다지만 여전히 세계경제에서 차지하는 비중은 작다. 시티뱅크와 옥스퍼드 이코노믹스$^{Oxford\ Economics}$(영국의 경제전망 기관 - 옮긴이)에 따르면, 넓은 의미의 디지털 경제 매출액은 어림잡아 20조 달러라고 한다.[1] 같은 기준으로 인터넷이 관여하지 않는 경제 규모를 추정하면 130조 달러다. 즉 원자 세계가 비트 세계보다 최소 5배 큰 셈이다.

지금까지 모든 사람이 혁신을 민주화하는 인터넷 기술이 창업과 경제성장을 촉진하는 것을 목격했다. 이와 비슷한 기술이 현실세계의 경제에서 할 수 있는 일을 상상해보라. 이미 우리 주변에서 벌어지고 있는 놀라운 일들을 말이다. 이 책에서 얘기하고자 하는 내용은 바로 이것이다. 이미 수많은 기업가가 DIY$^{do\text{-}it\text{-}yourself}$(자가 제작) 정신을 산업 단위로 승화한 '제조자 운동$^{maker\ movement}$'을 펼치고 있다. 내 외할아버지가 지금 시대를 살았다면, 오픈소스$^{open\text{-}source}$(소스코드나 소프트웨어를 무료로 공개, 배포하는 것 - 옮긴이)와 온라인 공동창작$^{online\ co\text{-}creation}$에 흥미를 느끼고, 제조자 운동에 공감하며, 제조자로서 자부심을 느꼈을 것이다.

무언가를 만드는 일은 얼마나 매혹적인가

1970년대에 나는 로스앤젤레스에서 행복한 유년기를 보냈다. 우리 집은 미국 동부에 있었지만 가끔 로스앤젤레스에 있는 외할아버지 댁을 방문해 작업장에서 일하는 법을 배웠다. 어느 해 봄, 외할아버지 는 그전에 주문한 부품을 조립해 4행정 가솔린 엔진을 만들겠다는 계획을 밝히셨다. 그해 여름 외할아버지 댁에 가보니 부품 상자가 있었다. 모형을 조립한 적이 있던 나는 숫자가 적힌 부품과 조립설명서가 있을 것이라 예상하고 상자를 열었다. 하지만 상자 안에는 큰 금속 블록 세 개와 조잡하게 만든 기관실 위벽engine casing이 있었다. 그리고 커다란 청사진 한 장이 여러 번 접힌 채 놓여 있었다.

내가 부품이 어디 있는지 묻자, 외할아버지는 금속 블록을 가리키며 "이걸로 부품을 만드는 게 우리가 할 일"이라고 말씀하셨다. 그해 여름 우리는 금속 블록으로 부품을 만들었다. 예술가가 대리석을 깎아 조각품을 만들듯이 청사진을 참고해 금속 블록을 자르고, 연마하고, 평평하게 펴는 작업을 거쳐 크랭크축, 피스톤, 피스톤로드, 베어링, 밸브를 만들었다. 외할아버지가 금속선반에서 철 덩어리를 깎는 모습을 보고 나는 숙련된 손과 도구의 힘에 경이로움을 느꼈다. 물론 내 솜씨가 아니라 외할아버지의 솜씨였다. 우리는 금속 덩어리에서 정밀기계를 뽑아냈다. 우리는 작은 공장 그 자체였고 무엇이든 할 수 있었다.

하지만 나는 나이가 들면서 외할아버지의 작업장을 방문하지 않게 됐고, 물건을 만드는 일이 얼마나 매혹적인지 잊어버렸다. 컴퓨터에 빠진 탓이다. 나는 개인용 컴퓨터를 가진 최초의 세대에 속한다. 곧 외할아버지가 할 수 있는 일보다 컴퓨터로 할 수 있는 일에 정신을 뺏겼다. 컴퓨터 프로그램을 배우고 철이 아닌 프로그램 코드를 이용해 창작했다. 마이크로프로세서의 힘을 탐구하는 일에 비하면, 작업장에서 금속을 이용해 물건을 만드는 일이 하찮게 느껴졌던 것이다.

DIY 음악의 탄생

나는 20대에 생애 두 번째로 제작의 시기를 보냈다. 1980년대 초 워싱턴 시에 거주했는데, 당시 이곳은 미국 펑크록 운동의 중심지였다. 백인 청소년들은 마이너스레트^{Minor Threat}, 틴아이들즈^{Teen Idles} 같은 밴드를 만들어 교회 지하실에서 연습했다. 악기를 연주할 줄도 모르고 내 음악적 재능이 얼마나 한계가 있는지도 모른 채, 당시 펑크록의 열기에 흥분했던 나는 별로 유명하지 않은 몇몇 밴드에서 연주를 했다.[2] 이것은 눈이 휘둥그레질 정도로 흥분되는 경험이었다.

집에 있는 차고에서 연습한 모든 록밴드가 그랬듯이 당시 펑크록 밴드를 하기 위해 필요한 것은 전자 기타와 앰프뿐이었다. 1980년대 펑크록이 이전과 달랐던 점은 각 밴드가 연주뿐만 아니라 출판도 했다는 점이다. 사진복사기가 대중화됨에 따라 밴드가 스스로 잡지를 만들어 가게나 콘서트나 우편을 통해 판매하는 문화가 생겼다. 값싼 4트랙 테이프 녹음기의 보급 덕분에 밴드들은 비싸게 전문 스튜디오를 빌리지 않고도 직접 음악을 녹음할 수 있게 됐다. 또한 소형 비닐포장 공장이 늘어나면서 밴드들이 음반사를 거치지 않고도 싱글과 EP 음반을 제작해 우편 주문과 지역 상점을 통해 판매할 수 있게 됐다.

이것이 자가 제작 음악^{DIY music} 산업의 시작이다. 음반사들만 가지고 있던 녹음, 제작, 마케팅 도구들을 이제 개인도 소유하게 됐다. 실제로 마이너스레트, 푸가지^{Fugazi} 같은 몇몇 밴드는 디스코드^{Dischord}라는 인디 음반사를 설립했는데 이 음반사는 지금까지 수백 장의 음반을 출시했다. 이렇게 도구들을 소유하게 되면서 밴드들은 음반을 출시하기 위해 음반사의 눈치를 보지 않고 자신만의 음악을 추구하게 됐고, 라디오 방송에 자주 소개되고 많은 음반을 팔아야 한다는 압박에서도 자유로워졌다. 인디 밴드들도 팬들을 쉽게 확보할 수 있게 됐다.

입소문을 통해 팬들이 밴드들을 찾아나섰다. 일반 음반가게에서는 구할 수 없는 음반을 문의하는 엽서들이 작은 인디 음반사에 쇄도했다. 개인의 자발적 관심과 참여가 진정성을 낳고, 오늘날 웹 문화를 정의하는 글로벌 언더그라운드의 발전에 기여했다.

내가 참여한 밴드들은 사진을 복사하고, 잡지를 제작하고, 4트랙 테이프 녹음기를 이용해 음악을 녹음하고, 인디 음반사를 통해 음반을 출시하기까지 그 모든 일을 했다. 그리 큰 성공을 거두진 못했지만 중요한 것은 이것이 아니다. 우리는 밴드를 유지하기 위해서 낮에 다른 일을 해서 돈을 벌어야 했지만, 혁신적인 일을 하고 있다고 생각했고, 뉴욕을 비롯한 다른 도시로 가서 우리의 음악을 연주했다. 이러한 인디 밴드들이 얼터너티브록의 뿌리가 됐다.

음악에 재능이 없다는 사실을 깨달은 나는 20대 중반에 밴드를 관두고 대학에 돌아갔다. 그 후 잃어버린 시간을 만회하고자 내가 가장 어려운 과목이라고 느낀 물리학을 전공했다. 물리학자로서 재능은 별로 없었지만, 물리학을 전공한 덕분에 초기 인터넷을 접할 수 있었다. 원래 초기 인터넷은 고가의 장비를 갖춘 세계 각지의 대형 연구소들을 연결하기 위해 시작됐다.

졸업 후 몇몇 물리학연구소에서 일한 뒤, 과학 학술지인 「네이처 Nature」와 「사이언스 Science」에 글을 기고하기 시작했다. 두 학술지는 일찍부터 인터넷을 이용했다. 나는 이 일을 계기로 웹의 탄생을 목격했다. 웹은 1990년 스위스 물리학연구소인 CERN(유럽원자핵공동연구소)이 최초로 만든 것이다. 나는 내가 참여할 수 있는 새로운 미디어의 탄생을 딱 좋은 시기에 목격하게 돼서 운이 좋다고 생각했다.

과학계에서 일을 시작할 때부터 현재 「와이어드Wired」 편집장으로 일하기까지, 내 생활은 디지털 혁명과 떼려야 뗄 수 없게 됐다. 펑크록 밴드가 음악 생산 수단을 소유하고 집에서 음악을 만들었다면, 웹 시대에는 개인이 자신의 책상에서 출판하고, 웹사이트와 블로그를 만들고, 소셜미디어도 이용하게 됐다. 펑크록 밴드가 인디 음반사에서 음반을 배포했다면, 지금은 유튜브를 통해 뮤직비디오를 배포할 수 있다. 요즘 밴드들은 4트랙 테이프 녹음기 대신 프로툴스ProTools와 아이패드 음악 앱을 이용한다. 과거에 차고에서 연습하던 밴드들은 애플의 개라지밴드GarageBand라는 앱을 이용해 음악을 제작할 수 있다.

외할아버지의 차고를 방문하고 30년이 지난 지금, 내 생각의 흐름은 다시 차고로 돌아왔다. 어린 시절을 추억한다거나 디지털 혁명에 대한 생각이 바뀌었다는 뜻이 아니다. 디지털 혁명이 이제 실제 물건을 만들게 되었다는 뜻이다. 디지털 혁명은 작업장을 바꿀 뿐 아니라 (요새 작업장은 예전보다 훨씬 멋지다) 사람들이 도구로 현실세계에서 할 수 있는 일을 바꾸어놓는다.

모든 사람은 타고난 제조자Maker다. 어린이들이 그림, 레고 장난감, 찰흙놀이에 보이는 관심을 보라. 사람들은 무엇을 만드는 것을 좋아한다. 작업장이나 차고, 동굴에서 일하는 것만이 아니라 부엌에서 일하는 것을 좋아하는 사람도 많다. 부엌에서 요리하는 사람은 부엌 메이커라고 부를 수 있다. 이 사람의 작업대는 스토브다. 마당에 식물을 심는 사람은 정원 메이커다. 바느질하는 사람, 구슬로 장식하는 사람, 수를 놓는 사람 모두 메이커다.

수백만 명이 아이디어, 꿈, 열정을 가지고 이러한 일을 한다. 이러한 일은 대부분 가정에서 할 수 있다. 하지만 웹 시대의 도래로 이러한 일을 온라인으로 공유하기 쉬워졌다. 집에서 하는 일을 비디오로 찍어 인터넷에 올려놓고 친구들에게 알린다. 온라인에서 공유한 프로젝트는 다른 사람들에게 영감을 주고 공동 작업collaboration의 기회를 제공한다. 이런 식으로 각 개인이 전 세계적으로 자유롭게 연결되면 새로운 흐름을 형성한다. 전에는 혼자 일했던 자가 제작자들이 인터넷을 통해 함께 일할 수 있게 된 것이다.

따라서 개인의 아이디어는 공유되고, 더 큰 아이디어로 발전한다. 개인의 프로젝트는 공유되고, 혼자서는 시도하지 못했을 야심 찬 집단 프로젝트로 발전한다. 이러한 프로젝트는 생산, 운동, 산업의 씨앗이 될 수 있다. '공개 제조making in public'는 뜻하지 않은 혁신의 원동력이 될 수 있다. 아이디어는 공유하면 빠르게 퍼져나간다.

이러한 일은 웹에서 수없이 일어났다. 실리콘밸리에서 성공한 1세대 창업자들은 집 차고에서 사업을 시작해 기업을 크게 키우기까지 수십 년이 걸렸다. 하지만 지금은 대학 기숙사에서 사업을 시작해 대학교를 졸업하기 전에 기업을 크게 키울 수 있다. 이는 인간의 잠재력을 크게 확장하는 컴퓨터 덕분에 가능하다. 컴퓨터는 사람들에게 창조할 수 있는 힘뿐 아니라 아이디어를 빠르게 퍼트리고, 커뮤니티와 시장을 만들고, 운동을 일으킬 수 있는 힘을 준다.

이는 현실세계에서 실제 벌어지고 있는 일이다. 컴퓨터 모니터를 쳐다보는 시간이 길어져도, 사람들은 여전히 물리적 세계에서 살고 있다. 사람들은 살기 위해 음식을 먹고 옷을 입고 차를 운전하고 집에서 자야 한다. 도시와 정원, 사무실과 마당이 필요하다. 이는 비트의 세계가 아니라 원자의 세계다.

　이러한 비트와 원자의 대조는 MIT 미디어랩과 MIT 원자비트연구소의 학자들이 도입한 사고방식이다. 미디어랩은 니콜라스 네그로폰테[Nicholas Negroponte]가 1985년에 설립했고, 지금은 닐 거센필드[Neal Gershenfeld] 교수 등 걸출한 학자들이 이끌고 있는 세계적 미디어 융합 기술연구소다. MIT 학자들은 비트와 원자의 이분법을 통해 소프트웨어와 하드웨어, 정보기술과 다른 모든 기술을 대조했다. 그런데 오늘날은 비트 세계와 원자 세계의 구분이 점점 모호해지고 있다. 여러 사물에 전자부품이 들어가 서로 연결되면서, 이른바 사물 인터넷[Internet of Things]의 시대가 오고 있다. 이 부분도 이 책에서 다룰 내용이다. 이 책에서는 사물 인터넷이 세계경제의 엔진인 제조업을 어떻게 바꿀지 중점적으로 다룰 것이다.

　'공장'이라는 개념도 바뀌고 있다. 비트 세계에서 웹이 혁신을 민주화한 것처럼 원자 세계에서는 3차원 프린터[3D Printer], 레이저 커터[laser cutter]를 비롯한 쾌속조형[rapid prototype] 기술이 혁신을 민주화하고 있다. 지난 20년간의 변화가 놀랍다고 생각하는가? 앞으로 찾아올 변화에 비하면 아무것도 아니다.

　내 외할아버지가 1898년이 아닌 1998년에 태어나셨다면, 여전히 차고를 작업장으로 삼아 제품을 만드셨을 것이다. 하지만 작업장에 컴퓨터를 들여놓고 인터넷을 연결해 활용하셨을 것이다. 이것만으로도 엄청난 차이를 낳았을 것이다. 고독한 발명가로 혼자 일하는 대신, 세계 각지의 열정적인 발명가들이 모인 커뮤니티의 일원이 됐을 것이다. 처음부터 끝까지 혼자서 처리하는 대신, 다른 사람이 작업한 내용에 자신의 작업을 더해 작업 기간을 수십 년에서 수개월로 단축했을지도 모른다. 특허를 내는 대신, 다른 커뮤니티 구성원들처럼 자신의 디자인을 온라인으로 출판했을 수도 있다.

아이디어를 제품화하기 위해 기업들을 찾아다니며 구걸할 필요도 없었을 것이다. 설계도 파일을 제조사로 보내 상품을 만들게 하고, 소비자에게 상품을 직접 배송했을 것이다. 디지털 파일로 된 설계도를 컴퓨터에 입력하면 산업용 로봇으로 쉽게 제품을 만들 수 있다. 이는 제조 비용을 90퍼센트 이상 절감할 수 있다. 유통업체를 찾을 필요 없이 자신의 상거래 웹사이트를 개설하면 소비자는 세일즈맨이 아닌 구글 검색을 통해 이 웹사이트를 방문해 제품을 구매할 것이다.

즉, 외할아버지는 단순히 발명가에 머물지 않고, 기업가가 됐을 수 있다. 이것이 이 책의 핵심 주제다. 지난 20년간 인터넷에서 혁신과 기업가 정신이 폭발적으로 나타났다. 이제는 이를 현실세계에 적용해 훨씬 더 거대한 변화를 낳을 때다.

이는 현실적으로 필요한 일이다. 미국과 대다수 서구국가는 일자리 부족 문제를 겪고 있다. 선진국의 경제성장은 대부분 생산성 향상을 통해 달성된다. 즉 근로자 1인당 생산량이 증가해야 경제가 성장한다. 하지만 기업은 더 적은 인원으로도 더 많이 생산할 수 있다면 굳이 고용을 늘리려고 하지 않는다. 따라서 경기 침체가 끝나도 일자리는 예전의 호황기만큼 늘지 않는다. 생산성은 계속 오르고 있지만 실업자는 좀처럼 줄지 않는다.

20세기에 많은 사람을 고용하고 모든 세대에게 중산층으로 올라가는 사다리를 제공한 제조업체들이 더는 서구에서 새로운 일자리를 만들지 않고 있다. 미국과 독일을 비롯한 서구국가의 공업 생산량은 여전히 증가하지만, 전체 근로자 중 제조업 근로자가 차지하는 비율은 사상 최저치를 기록하고 있다. 이는 공장 자동화와 글로벌 경쟁 심화로 서구국가에서 소규모 공장이 줄어든 탓이다.

공장 자동화는 막을 수 없다. 거대 제조업체가 선진국에서 계속 공장을 운영하기 위해서는 공장 자동화가 필수다(9장 참조). 선진국에서 소기업들의 역할이 바뀌어야 한다. IT 업계에서 신생기업들이 혁신을 주도하고 문화계에서 언더그라운드가 새로운 문화의 원동력이 되듯이 발명가와 기업가의 에너지와 창의성이 제조업을 탈바꿈하고 이 과정에서 일자리를 만들어낼 수 있다.

미국에서는 언제나 사업가들이 가장 많은 일자리를 만들어냈다. 하지만 혁신적인 사업가가 너무나 적고, 대다수 사업가들(세탁소, 피자집, 식료품점 주인들)은 지역에서만 장사하기에 성장하기 어렵다. 다가올 시대는 새로운 제조자 운동을 통해 사업가들이 소기업이자 글로벌 기업, 장인정신이 있는 혁신기업, 저비용 하이테크 기업을 만들고, 소규모로 시작해 성장할 수 있는 능력을 배양할 수 있을 것이다. 무엇보다 사람들이 무의식적으로 원하지만 기존의 대량생산 체제에서는 경제성이 맞지 않아 대기업들이 출시하지 않은 상품들도 만들 수 있다.

2009년에 소설가 코리 닥터로우Cory Doctorow가 『메이커스Makers』라는 공상과학소설[3]에서 다음과 같이 상상해 나를 비롯해 제조자 운동을 벌이는 수많은 사람에게 영감을 줬다. "제너럴 일렉트릭, 제너럴 모터스, 제너럴 밀스와 같은 이름을 가진 기업들의 시대는 끝났다. 시장에

서 벌 수 있는 돈은 크릴새우와 같다. 영리하고 창의적인 사람들이 수
억 개의 작은 사업 기회를 발견하고 잡을 수 있다."

새롭고 거대한 산업혁명의 파도가 몰려오고 있다.

2장

새로운 산업혁명

디지털 도구를 이용한 아웃소싱의 축복
웹 세계가 현실에서 벌일 수 있는 놀라운 일들

지난 10년과 향후 10년의 혁신을 두 문장으로 정리하면 다음과 같다. 지난 10년은 웹에서 창조하고, 발명하고, 함께 일하는 새로운 방식을 발견하는 과정이었다. 앞으로 10년은 이러한 과정에서 얻은 교훈을 현실세계에 적용하는 과정이 될 것이다. 이 책에서 얘기할 내용은 향후 10년간 벌어질 일들이다.

웹 세계는 놀랍지만, 아직 현실세계에 비할 바는 아니다. 경제 규모도 그렇고(전자상거래 매출액은 전체 매출액의 10퍼센트 이하) 사람들의 삶에서 차지하는 비중도 그렇다. 디지털 혁명은 주로 컴퓨터 모니터에 한정됐다. 사람들은 컴퓨터, 텔레비전, 휴대전화에 몰두하지만, 살기 위해선 집이 있어야 하고, 자동차를 운전해야 하고, 사무실에서 일해야 한다. 인간은 물리적 상품에 둘러싸여 있다. 물리적 상품은 대부분 제조업의 산물이다. 제조업은 지난 세기에 딱 한 가지만 빼고 모든 면에서 변했다. 제조업의 변하지 않은 점은 웹과 달리 모든 사람에게 개방되지 않는다는 사실이다. 거대 제조업은 전문지식, 설비, 투자가 필요하기에 주로 대기업과 전문 인력의 영역이었다. 그런데 이러한 현상이 지금 바뀌려 하고 있다.

왜 그럴까? 제조의 디지털화 때문이다. 이제 상품은 컴퓨터 모니터 상의 디자인에서부터 제조되기 시작한다. 모든 디자인은 디지털 파일로 온라인에서 공유할 수 있다. 이는 수십 년 전부터 공장과 산업디자인 회사에서 일어난 일이지만, 이제는 소비자의 컴퓨터와 개인의 작업장에서도 벌어지고 있다. 소매업부터 출판업까지 모든 분야에서 목격했듯 디지털화한 산업은 근본적 변화를 겪는다. 가장 큰 변화는 업무 방식이 아니라 '누가' 일을 처리하느냐다. 평범한 컴퓨터로 처리하는 일은 누구나 할 수 있다. 이것은 현재 제조업에서 벌어지고 있는 일이다.

오늘날에는 발명품이나 좋은 디자인을 생각해낸 사람이 이 아이디어를 담은 파일을 전송해 제품을 소량이나 대량으로 생산할 수 있다. 또는 갈수록 성능이 향상되고 있는 3차원 프린터 등 강력한 디지털 제작도구들을 사용해 집에서 직접 제품을 생산할 수도 있다. 이제 발명가가 거대 기업에 의존하지 않아도 아이디어를 제품화할 수 있는 시대가 열리고 있다.

웹 세대는 과거 작업장에서 일하던 발명가들이 잡지 못한 기회를 잡을 수 있다. 이와 동시에 웹 세대는 컴퓨터 모니터를 넘어선 현실에 눈을 돌리기 시작했다. 디지털 세계에서 출발해 단기간에 손으로 만질 수 있고 현실세계에서 쓸 수 있는 제품을 제작하는 일은 디지털 세계에서는 경험할 수 없는 만족감을 느끼게 한다. '현실'에 대한 갈망은 실제 물건을 만드는 것으로 이어진다.

이는 단순히 전망이나 희망사항이 아니다. 제조자 운동은 1차 산업혁명에 필적하는 규모로 거대한 흐름을 형성하고 있다. 이 정도로 거대한 흐름은 웹의 등장 이후 처음 볼 수 있는 것이다.

오늘날 세계 각지에는 1,000개에 가까운 메이커스페이스makerspace(생산설비를 공유하는 곳)가 있고, 그 수는 놀라운 속도로 증가하고 있다. 중국 상하이에서 건설 중인 메이커스페이스만 100곳이다.[4] 많은 메이커스페이스는 지역 커뮤니티가 만든 것이지만, 페덱스 킨코스Fedex Kinkos 사의 전직 인쇄출판 부장이 경영하는 회원제 워크숍 체인점 테크숍TechShop도 있다. 수공예품 전문 인터넷 쇼핑몰 에치Etsy의 성장도 눈부시다. 2011년 에치에서는 100만 명 가까운 메이커가 5억 달러 이상의 제품을 판매했다.[5] 해마다 10만 명의 메이커가 타인과 경험을 공유하고자 캘리포니아 주 샌머테이오San Mateo 시에서 열리는 메이커 페어Maker Faire에 참석한다.[6] 이러한 메이커 페어들이 세계 각지에서 열리고 있다.

2012년 초에 제조자 운동의 잠재력을 인식한 오바마 행정부는 향후 4년간 미국 학교 1,000곳에 3차원 프린터와 레이저 커터 같은 디지털 제작도구를 갖춘 메이커스페이스를 만드는 계획[7]을 발표했다. 어떤 의미에서 보면 이는 학교에 다시 워크숍 수업을 도입하는 것이라고 볼 수도 있는데, 웹 시대에 맞게 업그레이드한 워크숍이라 할 수 있다. 이전처럼 저소득 블루칼라 일자리에서 일할 사람들을 교육하기 위한 워크숍이 아니라, 새로운 세대의 시스템 디자이너들과 생산 혁신가들을 양성하는 제조업 육성 정책의 일환으로 미국 정부가 지원하는 워크숍이다.

한편 '오픈 하드웨어open hardware(해당 제품과 똑같은 모양 및 기능을 가진 제품을 만드는 데 필요한 모든 것을 대중에게 공개한 전자제품 – 옮긴이)'의 발달도 제조자 운동의 일부다. 오픈소스가 디지털 상품 생산에 기여하는 것처럼, 오픈 하드웨어는 물리적 상품 생산에 기여하고 있다. 인터넷 커뮤니티에 프로그래머들이 모여 리눅스 운영체제부터 파이어폭스 웹브라우저까지 온갖 프로그램을 만든 것처럼, 새로운 메이커 커뮤니티에는 전자·과학·건축·농업 도구 제작에 관심 있는 사람들이 모여 새로운 도구를 만들고 있다. 내가 설립한 회사인 3D 로보틱스3D Robotics[8]를 포함해 수백만 달러 규모의 오픈 하드웨어 기업 수십 곳이 현재 영업 중이다. 이 중에는 아두이노Arduino 개발부서처럼 100만 개 이상의 제품을 판매한 기업들도 있다. 구글도 제조자 운동에 동참해 안드로이드 운영체제를 설치한 수억 개의 휴대전화를 연결하는 오픈 하드웨어 전자제품들을 출시했다.

새로운 디지털 도구에 매혹된 사람들이 인터넷상의 현상을 현실세계로 확대하려고 하면서 문화적 조류로 시작한 제조자 운동이 이제는 경제적 조류로 발전하고 있다. 기업가적 재능을 가진 사람들이 참여하고 창업하면서 제조자 운동은 산업의 지형을 바꾸고 있다.

수천 개의 메이커 프로젝트가 킥스타터Kickstarter와 같은 크라우드 펀딩crowdfunding(인터넷을 통해 다수의 개인에게서 소규모 후원이나 투자를 받는 행위로 다른 말로 '소셜 펀딩' – 옮긴이) 사이트를 통해 자금을 모았다. 2011년 킥스타터에서는 디자인과 기술 분야부터 예술 분야까지 1만 2,000개 프로젝트가 1억 달러에 가까운 투자금을 유치했다.[9] 2012년에 킥스타터에서 유치한 자금은 약 3억 달러다.[10] 2011년에 킥스타터, 3차원 프린터를 제작하는 오픈 하드웨어 기업 메이커봇, 3차원 인쇄 서비스를 제공하는 기업 셰이프웨이Shapeways는 각각 1,000만 달러의 벤처 투자금을 유치했다. 20만 커뮤니티 회원의 아이디어와 협력을 통해 제품을 만들어 파는 메이커 마켓플레이스maker marketplace 쿼키Quirky는 2011년 2,300만 달러의 벤처 투자금을 유치했다.[11]

전문제품 설계와 생산 시장을 주도하는 몇몇 대기업도 급부상하는 메이커 시장에 눈을 돌리고 있다. 오토데스크, PTC, 3D 시스템즈 같은 대기업들이 아마추어와 어린이들을 위한 무료 디자인 소프트웨어를 출시하고, 그들이 자신이 구상한 디자인을 인터넷에 올리고 3차원 프린터나 레이저 커터를 사용해 제품으로 만들 수 있게 돕는 서비스 부서를 신설했다. 기업용 메인프레임 컴퓨터 시장에만 주력했던 IBM이 30년 전 개인용 컴퓨터 시장으로 뛰어든 것처럼, 전문가용 제품만 팔던 기업들이 이제부터 일반인을 공략하지 않으면 미래가 없다고 인식하고 있다. 이러한 기업들의 적극적 공략에 따라, 예전엔 전문가들만 사용한 제작도구를 이제는 누구나 쉽게 구할 수 있게 됐다.

이러한 추세에 따라, 제조자 운동이 모든 사람의 눈앞에서 펼쳐지고 있다. 제조자 운동은 시작된 지 7년이 채 되지 않지만, 날로 가속도를 내며 발전하고 있다. 홈브루 컴퓨터 클럽Homebrew Computer Club의 발명가들이 1975년에 최초의 소비자용 컴퓨터 애플II를 발명한 후 폭발적으로 성장한 초기 PC 시장을 보는 듯하다.

제조자 운동이 시작된 해는 2005년으로 볼 수 있다. 이 해에 컴퓨터 전문서적 출판사로 유명한 오렐리$^{O'Reilly}$가 「메이크^{Make}」 잡지를 창간하고 실리콘밸리에서 처음으로 메이커 페어가 열렸다. 제조자 운동을 촉발한 다른 요소는 2007년 출시된 최초의 오픈소스 데스크톱 3차원 프린터 렙랩^{RepRap}이다. 여기서 한발 더 나아가 소비자 친화적으로 개발된 3차원 프린터가 메이커봇^{MakerBot}이다. 30년 전 최초의 PC를 본 젊은 개발자들이 눈부시게 변화할 미래를 엿보았듯이 제조자 운동 세대는 이 3차원 프린터를 통해 데스크톱 제조$^{desktop\ manufacturing}$의 미래를 보고 있다.

21세기 메이커들은 무엇이 다른가

제조자 운동(메이커 무브먼트)이란 정확히 무엇인가? 제조자 운동은 전통적 수공예부터 하이테크 전자까지 다양한 분야의 활동을 아우르는 개념이다. 이러한 활동의 상당수는 오래전부터 존재했다. 하지만 최소한 이 책에서 언급하는 메이커들은 이전과 다른 모습을 보인다. 첫째, 컴퓨터로 디자인하고, 데스크톱 제조 기계$^{desktop\ fabrication\ machine}$를 사용해 시제품을 만든다. 둘째, 메이커들은 본능적으로 자신의 창작품을 온라인을 통해 공유하는 웹 세대다. 웹에서 볼 수 있는 공동 작업 문화를 제작 과정에 활용할 뿐 아니라 이전의 DIY 산업에서는 볼 수 없던 규모의 새로운 산업을 만들고 있다.

사람들은 웹을 통해 '네트워크 효과'의 힘을 체험했다. 사람과 아이디어를 연결해 네트워크를 만들면 사람과 아이디어 수가 더욱 증가한다. 가상공간에서 더 많은 사람이 연결될수록 더 많은 가치를 창조한다. 이는 더 많은 사람을 끌어들여 연쇄반응을 일으킨다. 이것이 페이스북, 트위터를 비롯한 현재 가장 성공한 인터넷 기업들이 성장한 원리다. 지금 메이커들이 하는 일은 DIY 운동을 온라인으로 끌고 와 '공개 제작'하는 것이다. 이를 통해 거대한 네트워크 효과가 생긴다. 현재의 제조자 운동은 다음 세 가지 특징을 공통적으로 보인다.

1. 데스크톱 디지털 도구를 사용해 새로운 제품과 디자인을 구상하고 시제품을 만드는 사람들('디지털 DIY').
2. 온라인 커뮤니티에서 다른 사람과 디자인을 공유하고 공동 작업하는 문화 규범.
3. 누구라도 제조업체에 보내 몇 개든 생산할 수 있도록 허용하는 디자인 파일 공유. 웹이 소프트웨어, 정보, 콘텐츠가 제품화되는 경로를 대폭 단축했듯 이러한 공유는 아이디어가 제품화되는 경로를 대폭 단축.

세계 각국에는 예전부터 발명가와 엔지니어가 존재했다. 그리고 디지털 시대의 도래로 개인이 아이디어와 발명을 제품화하고 판매할 수 있는 역량이 크게 높아졌다.

오늘날 제조자 운동은 1985년 PC 혁명과 비슷한 단계에 있다. 차고에서 발명가들이 일으킨 혁명이 한 시대의 규칙을 바꾸려고 하고 있다. 1985년처럼 지금도 산업기술의 급격한 발달이 발명가들의 상상력과 미래 전망을 자극하고 있다. 제조자 운동을 선도하는 사람들은 컴퓨터가 새로운 사업 기회일 뿐 아니라 세상을 바꿀 힘이라고 예견한 스티브 잡스^{Steve Jobs}와 같은 열정을 가지고 있다. 하지만 잊지 말아야 할 점은 스티브 잡스의 예상이 들어맞았다는 사실이다.

스티브 잡스도 메이커 환경에 영향을 받으면서 자랐다. 스티브 레비^{Steve Levy}는 「와이어드」[12]에 기고한 글에서 스티브 잡스의 성장 배경이 1977년 애플Ⅱ 컴퓨터를 내놓는 데 어떤 영향을 미쳤는지 설명했다.

> 고등학교를 중퇴한 기계공이던 폴 잡스^{Paul Jobs}는 아들 스티브 잡스에게 작업 공간을 마련해주고 물건을 만드는 법, 제품을 분해하고 조립하는 법을 가르쳐줬다. 스티브 잡스는 실리콘밸리 전자회사에서 일하는 이웃들에게서 전자 분야 얘기를 듣고, 텔레비전 같은 제품이 갑자기 하늘에서 떨어진 것이 아니라 여러 사람이 고통스러운 시행착오를 거쳐 만든 것이라는 사실을 이해했다. 스티브 잡스는 다음과 같이 말했다. "이러한 경험을 통해 매우 복잡한 듯 보이는 것일지라도 탐구와 학습을 통해 이해할 수 있다는 확신이 강하게 들었습니다."

나중에 스티브 잡스와 스티브 워즈니악^{Steve Wozniak}은 홈브루 컴퓨터 클럽 회원이었을 때, 사람들의 삶과 세상을 바꿀 데스크탑 도구로 컴퓨터의 잠재력을 인식하고, 애플을 공동 설립했다.

당시 두 사람에게 영감을 준 사람은 스튜어트 브랜드^{Stewart Brand}다.

1960년대 사이키델릭 문화를 겪은 그는 컴퓨터가 마약과 다른 방식으로 인간의 재능과 정신을 해방할 수 있는 기술이라는 비전을 실리콘밸리의 젊은 인재들에게 전파했다.

전기작가 월터 아이작슨[Walter Isaacson]은 저서 『스티브 잡스[Steve Jobs]』에서 제조자 운동에 미친 스튜어트 브랜드의 영향을 다음과 같이 기술했다.

브랜드는 홀어스 트럭 가게를 운영했다. 처음에 그는 트럭에 유용한 도구와 교육자재들을 실고 돌아다니면서 팔았다. 1968년에는 홀어스 카탈로그를 만들기로 했다. 이 카탈로그의 첫 장에는 우주에서 찍은 지구 사진을 실고, 그 밑에 "도구에 대한 접근"이라는 제목을 달았다. 브랜드가 여기서 말하려던 것은 기술이 인간의 친구가 될 수 있다는 철학이다. 그는 첫 페이지에 다음과 같이 썼다. "개인의 능력(개인이 자신의 교육, 영감, 환경을 조직하고 경험을 타인과 공유하는 능력)이 발전하고 있습니다. 이러한 과정을 돕는 도구들을 홀어스 카탈로그에서 찾을 수 있습니다." 이 문구 다음에 벅민스터 풀러[Buckminster Fuller]의 시가 나왔다. "나는 안정감 있게 작동하는 도구와 메커니즘에서 신의 존재를 느낀다."[13]

잡스와 워즈니악이 최초의 애플 컴퓨터를 구상한 곳인 홈브루 컴퓨터 클럽은 이러한 원리에 따라 만들어졌다. 홈브루 컴퓨터 클럽의 정신은 21세기 도구들을 활용해 경제와 사회의 변혁을 이끌고 있는 수많은 메이커스페이스를 통해 계승되고 있다.

제조업은 절대 하향 사업이 아니다

강한 국력을 원하는 나라는 제조업 기반을 유지해야 한다. 오늘날 미국 경제의 25퍼센트 가량은 물리적 상품을 만드는 제조업이 차지하고 있다. 물리적 상품의 유통·판매를 제조업과 합치면 미국 경제의 3분의 1 가량이다. 제조업을 포기한 나라는 은행가, 패스트푸드점, 관광 가이드들이 밀집한 나라들뿐이다. IT 산업은 언론에서 많은 주목을 받지만, 전체 인구의 극히 일부분만 고용한다.

일부 사람들은 현대인이 온라인 세상에 살고 있다고 말하지만 지출이나 일상생활을 기준으로 보면 전혀 사실이 아니다. 현대인이 대부분의 경제생활을 영위하는 장소는 현실세계다. 공상과학소설 속 얘기처럼 인간이 매트릭스에서 살지 않는 한, 이는 변하지 않는다. 비트의 세계는 짜릿하지만 세계경제는 여전히 원자 중심의 세계다.

하지만 인건비 때문에 서구 선진국이 제조업을 유지하기는 갈수록 어려워지고 있다. 인건비가 싼 아시아 국가들로 공장들이 빠져나가면서 현재 미국 제조업 고용량은 절대적인 수나 전체 취업자에서 차지하는 비율로 보면 지난 100년간 가장 낮은 수준이다. 더 심각한 문제는 젊은 세대가 제조업을 기피하면서 미국에서 제조업을 유지하고 있는 기업들이 수준 높은 인재들을 확보하는 데 어려움을 겪고 있다는 사실이다.

과거에는 제조업이 미국 중산층을 형성했지만, 이제는 제조업 근로자를 하류층으로 인식하는 사람이 많다. 뒤에서 언급하겠지만 실제로 제조업 취업자가 하류층은 아니다. 하지만 지금 추세를 반전하지 않으면 정말로 제조업 취업자가 하류층이 될 위험이 있다. 공장 일은 막다른 골목에 몰린 사람이 어쩔 수 없이 선택하는 위험하고 지루한 일이라고 인식하는 사람이 늘고 있는 것이다.

이러한 추세를 반전할 길이 있다. 과거처럼 수천, 수만 명이 일하는 거대 공장 시대로 돌아갈 것이 아니라 웹처럼 지역적으로 분포해 상향식으로 운영되고, 기업가 정신을 발휘해야 하는 새로운 제조업 경제를 건설하는 것이다.

좋은 소프트웨어 아이디어가 있는 사람은 누구나 웹 기업을 만들어 성공할 수 있다는 말은 이제 상투적인 말처럼 들린다. 이제는 인터넷을 통한 창업을 가로막는 장벽이 거의 사라졌기 때문이다. 컴퓨터와 신용카드만 있으면 사업을 시작할 수 있다.

반면 제조업은 지금도 일반적 창업과 완전히 다른 것으로 인식되고 있다. 물건을 만들려면 비용이 많이 든다. 설비 조작부터 유통 관리까지 다양한 분야의 인재와 장비가 필요하다. 대규모 투자를 유치해야 하고, 까딱 잘못하면 팔 수 없는 재고품이 창고에 쌓이기 십상이다. 진입 비용이 적은 웹에서는 실패가 전화위복이 될 수도 있지만 제조업에서 실패는 파멸을 의미한다. 원자는 무겁다. 원자 세계에서 실패한 결과도 무겁다. 웹사이트를 폐쇄한다고 신경 쓰는 사람은 없다. 반면 공장을 폐쇄하면 많은 사람이 일자리를 잃고 부채가 평생 소유주를 짓누를 수 있다.

최소한 지금까지는 이것이 일반적이었다. 하지만 최근 몇 년 사이에 주목할 만한 변화가 일어나고 있다. 물리적 제품 제조 과정이 디지털 제품 제조 과정을 닮아가고 있는 것이다. 인터넷에 접속 가능한 컴

퓨터와 아이디어만 가지고 세상을 바꾸는 영리한 사업가의 모습을
제조업에서도 볼 수 있게 됐다.

제조업의 디지털화와 민주화

왜 이러한 변화가 일어나고 있는 것일까? 제조업이 웹처럼 점점 디지
털화하고, 네트워크화하고, 개방적으로 변하고 있기 때문이다. 대형
제조업체의 생산 라인에서 사용하는 언어는 3차원 프린터 제조업체
인 메이커봇에서 사용하는 언어(G코드)와 같다. 기업들이 점점 웹 기
업처럼 운용되면서, 한 사람이 여러 분야의 기업을 이동해가며 일할
수 있게 됐다. 혼자서 또는 수백만 명과 함께 제조업체를 운영하는 것
이 가능해졌다. 고객 취향에 따른 주문생산과 소량생산이 가능해졌
다. 오히려 주문생산과 소량생산이 제조업의 미래다.

　피카사Picasa, 아이포토iPhoto 같은 사진 관리 프로그램이 그 예다. 이
프로그램들은 사진 파일을 집에 있는 프린터로 출력할 것인지, 전문
서비스 업체로 보내 출력할 것인지, 포토앨범으로 제작할 것인지 선
택할 수 있는 메뉴가 있다. 데스크톱 캐드Computer Aided Design(컴퓨터 지원
설계) 프로그램에도 같은 기능이 있다. 캐드 프로그램은 컴퓨터로 3차
원 물체를 디자인할 수 있는 프로그램이다. 작업을 끝낸 디자인 파일
을 '로컬 프린트'할지 '글로벌 프린트'할지 선택할 수 있다. 즉 집에
있는 3차원 프린터로 시제품을 만들 수도 있고, 전문 서비스 업체로

디자인 파일을 보내 대량생산할 수도 있다. 유일한 차이점은 서비스 업체에 일을 맡기려면 신용카드나 배송비가 필요하다는 것이다. 이는 집에 있는 프린터로 사진을 출력하지 않고, 전문가에게 의뢰해 앨범을 만들 때도 마찬가지다.

언제든지 '로컬 또는 글로벌하게' 제조할 수 있는 능력은 큰 이점이다. 이 간단한 프로그램 메뉴는 3세기에 걸친 산업혁명을 마우스 클릭 한 번에 압축시킨다. 생산수단의 소유를 중시한 마르크스가 지금 세상을 본다면 놀라서 턱이 빠질 것이다. 누구나 생산수단을 통제할 수 있으니 말이다. 누구나 마우스 클릭 한 번으로 공장을 가동시킬 수 있다. 아마추어와 기업가의 차이는 소프트웨어 옵션의 차이로 줄어들었다. 이제 제품을 한 개 또는 수천 개 제조하는 일의 차이는 단순히 어떤 메뉴를 선택하느냐, 얼마나 지불하느냐의 차이일 뿐이다.

이를 오토데스크가 무료로 배포하는 123D 캐드 프로그램에서 확인할 수 있다. 이 프로그램의 '제조^{Make}' 메뉴를 클릭하면 집에 있는 3차원 프린터로 시제품을 제작할지, 서비스 업체에 의뢰해서 제작할지 선택할 수 있다. 앞으로는 2차원 또는 3차원으로 만들지, 어떤 원료를 써서 만들지, 서비스 업체에 어떤 부품을 사용해서 조립하라고 주문할지 선택할 수 있는 기능을 강화한 캐드 프로그램이 더 많이 나올 것이다. 이미 포노코^{Ponoko}를 비롯한 기업들은 사용자들과 글로벌 제조업체들을 웹으로 연결해 사용자가 '제조' 메뉴만 클릭하면 무엇이든 만들 수 있게 돕는 서비스를 제공하고 있다. 과거에는 전문지식이 있어야만 공장에 주문할 수 있었지만, 이제는 간단한 마우스 클릭으로 제조가 가능해졌다.

스프링클러를 재발명하다

자동 스프링클러를 발명한 외할아버지가 지금 시대를 사셨으면 얼마나 다른 선택을 내릴 수 있었겠는가? 굳이 특허를 받고 제품화를 위해 제조업체와 협상(이 과정에서 특허받은 아이디어에 대한 권리를 상실했다)할 필요 없이, 직접 생산해 발명가이자 기업가로 활동했을 것이다. 나는 이렇게 상상만 하는 것보다 직접 내가 실천해보는 게 재밌을 것이라 생각해 현재의 메이커 모델에 따라 자동 스프링클러 시스템을 재발명하기로 했다.

나는 스프링클러 제작에 적합한 인물은 아니다. 내가 사는 집은 땅값이 비싼 캘리포니아 주 버클리에 있는 탓에 '잔디밭' 크기가 고작 가로 3미터, 세로 120센티미터다. 가위 하나만 있으면 잔디를 깎을 수 있다. 하지만 나는 잔디 깎기에 관심이 없다. 내가 잔디밭에 들어가는 때는 1년에 한 번 아이들을 데리고 캠핑할 때뿐이다. 아내는 정원에만 관심이 많아 열심히 꽃밭을 가꾼다. 우리 집에는 스프링클러를 설치할 만큼 넓은 잔디밭이 없을뿐더러, 아내는 처음부터 잔디밭 대신 꽃밭에 관심이 많았다.

그러던 어느 날, 외할아버지가 자동 스프링클러를 제작했으니 나도 한번 제작해봐야겠다고 마음먹었다. 그래서 넓은 잔디밭과 스프링클러를 갖춘 집에 사는 내 친구들에게 도움을 청하고, 정원 관리용품 가게를 들르고, 정원 관리 사이트를 검색했다. 내가 스프링클러 발명가이자 기업가가 되려면 어떤 문제를 해결해야 하는지 알기 위해서였다.

나는 성숙한 산업에서 제품을 재발명하는 최선의 방법은 다른 사람들에게 공개적으로 도움을 요청해 아이디어를 빌리는 것이라고 생각했다. 그리고 다음과 같은 몇 가지 기초적인 질문을 했다. 이는 어떤 제품에도 적용 가능한 질문이다.

1. 제품을 인터넷에 공개할 경우 얼마나 성능을 개선할 수 있을까?
2. 다른 사람이 디자인을 변경하거나 개선하도록 디자인을 공개할 경우 얼마나 제품을 개선할 수 있을까?
3. 제조업체에 지적재산권 비용을 지불하지 않을 경우 얼마나 더 싸게 제조할 수 있을까?

스프링클러는 반세기 전부터 여러 가지 개선된 제품이 많이 나왔지만, 나는 아직도 스프링클러에 개선할 점이 많다고 생각했다. 전통적 기업들이 출시한 제품은 상표를 등록하고 지적재산권법으로 보호받는 제품이기 때문에 인터넷에 접속할 때마다 서비스 이용료를 지불해야 하고, 제조업체에 따라 기능 제한이 많다. 또한 제조업체가 판매하는 센서에만 연결할 수 있고, 제조업체가 설계한대로만 사용할 수 있다. 더구나 가격도 비싸고 설치하는 데 수천 달러가 들고 상담원이 필요하다.

나는 기존 제품보다 나은 스프링클러(오픈스프링클러)를 만들기로 하고 다음과 같은 기능을 고민했다. 우선, 휴대전화로 조절하기 쉽게 만들자. 휴가를 떠났는데 스프링클러 켜놓는 것을 깜빡했다면? 스프링클러를 원격조종하는 앱을 만들면 된다. 직장에서 일하고 있을 때, 집에 있는 딸기밭의 토양 습도를 알고 싶다면? 이 또한 앱을 살펴보라.

스프링클러 시스템이 내일 비가 내릴 것이라는 일기예보 정보를 받고, 오늘 물을 주지 않아도 된다는 판단을 내리려면? 이런 일을 할 통제 시스템을 살 수도 있지만 사용료를 내야 한다. 이 경우 통제 시스템을 만든 기업이 제공하는 기상 정보가 부정확해도 어쩔 수 없이 사용해야 한다. 그렇다면 무료 개방형 통제 시스템을 만들어 정확도를 높이는 것은 어떨까.

나는 어려운 설명서를 해독할 필요 없이 쉽게 사용할 수 있는 스프링클러를 만들길 원했다. 그래서 시각적으로 이해하기 쉬운 인터페이스를 갖춘 웹사이트를 만들기로 했다. 오픈스프링클러의 메뉴 스킨이 마음에 안 드는 사람은 커뮤니티에서 다른 회원이 만든 스킨을 다운받아 사용할 수 있도록, 커뮤니티에 스킨 개발을 요청하기도 했다.

이러한 과정을 통해 사용하기 쉽고, 성능이 우월하고, 저렴하고, 인터넷으로 연결 가능하고, 다른 사람의 참여로 성능을 개선할 수 있는 스프링클러를 만들 수 있다. 상상하기는 쉽다. 그런데 어떻게 실제로 만들 것인가?

내가 설립한 회사 3D 로보틱스는 아두이노라는 오픈소스 컴퓨팅 플랫폼을 사용한다. 이 플랫폼을 사용하면 무료로 쉽게 프로그램을 제작할 수 있다. 아두이노는 센서와 구동장치를 컴퓨터 프로그램과 연결해 컴퓨팅과 물리적 세계를 연결한다. 이는 '피지컬 컴퓨팅physical computing' 또는 '내장형 컴퓨팅embedded computing'이라 부르며, 주위에서 흔히 예를 찾을 수 있다. 알람시계, 전자레인지, MP3 플레이어 등 집에 있는 거의 모든 전자제품이 피지컬 컴퓨팅의 예다. 자동차에도 10여 개의 내장형 컴퓨팅 제품이 있다. 이러한 피지컬 컴퓨팅 제품들은 폐쇄적이지만, 아두이노는 누구나 쉽게 사용하고 변형할 수 있다. 현재 주목받고 있는 '사물 인터넷'의 사례는 대부분 아두이노를 기반으로 제작한 장치를 웹에 연결한 것이다. 인터넷과 연결된 커피메이커, 휴대전화로 조절할 수 있는 애완동물용 자동먹이 급여기가 사물 인터넷의 예다.

나는 가장 익숙한 플랫폼인 아두이노를 이용해 스프링클러 컨트롤러를 만들기로 했다. 그래서 아두이노를 기반으로 사물 인터넷 기술을 활용한 사람들이 모인 커뮤니티에 도움을 청하기로 했다. 내가 만들려는 물건을 이미 만든 사람이 있으리라고 예상했기 때문이다.

예상대로 많은 사람이 아두이노로 스프링클러 장치를 만들려고 했다. 물의 양을 조절하는 장치 제작, 토양의 습도를 측정하는 장치 제작, 심지어 식물을 심은 화분을 햇빛이 비치는 쪽으로 이동시키는 장치 제작 등 여러 프로젝트가 있었다. 왜 이렇게 많은 사람이 참여했을까? 대부분은 정원조성과 컴퓨터라는 두 분야를 통합하는 작업에 흥미를 느꼈기 때문이다. 일부 프로젝트는 식물 생장에 필요한 물질을 녹인 물 속에서 식물을 키우는 수경법을 쓰는 정원사들이 주도했다. 나는 전통적 스프링클러 제조업체가 공략하지 못한 시장을 발견했다.

하지만 여전히 개선해야 할 점들이 있었다. 그래서 나와 비슷한 생각을 가진 사람들을 찾았다. 매사추세츠 주 대학교의 왕루이[Wang Rui] 교수는 아두이노를 저렴한 수도 밸브와 연결하는 방법을 생각해냈다. 앤드루 프루[Andrew Frueh]는 가든봇[GardenBot] 프로젝트를 시작했다. 우리는 정원관리 기술을 인터넷과 더 잘 통합하려는 목적으로 함께 작업했다. 몇 달간 작업한 끝에 매우 기능적인 시제품을 만들었다. 이 시제품은 인터넷을 통해 기상 정보를 받고, 무선으로 스프링클러 밸브와 센서를 통제할 수 있는 컨트롤러 박스다.

여기까지는 발명 단계다. 외할아버지가 자동 스프링클러를 발명했을 때와 별 차이가 없다. 바로 다음 단계부터 외할아버지 시대와 지금 시대가 다르다. 외할아버지는 비싼 비용과 긴 기간을 소모해가며 특허를 받았다. 그 과정에서 변호사들과 만나고 서류작업을 하느라 진을 뺐다. 반면 우리는 오픈소스 라이선스open source license(타인이 마음대로 수정하고 사용할 수 있도록 무료 공개하는 것 – 옮긴이)에 따라 정보를 모두 공개했다. 외할아버지는 시제품을 제품화하기 위해 제조업체와 협상하고, 제조업체에 주도권을 넘겨줘야 했다. 반면 우리는 스프링클러 디자인 파일을 공장으로 보냈다. 공장에서 금형을 만들고, 이 금형을 사출금형 공장으로 보냈다.

그 결과 웹에 접속할 수 있고, 사용하기 쉽고, 휴대전화로 조절할 수 있는 오픈스프링클러 컨트롤러 박스를 완성했다. 우리는 이 제품을 100달러에 판매하면 이익을 거둘 수 있다고 계산했다. 이는 비슷한 기능을 갖춘 기존 제품 가격의 3분의 1에서 5분의 1에 불과하다. 오픈소스 커뮤니티를 활용해 무료로 연구개발하고, 지적재산권에 비용을 지불하지도 않은 덕분에 이렇게 싸게 물건을 제조할 수 있었다.

지금은 이 제품을 79.95달러에 살 수 있다. 왕루이 교수는 부품 공급업체와 계약하고 제품을 판매할 웹사이트를 만들었다. 상품 출시까지 투자한 금액은 모두 합쳐서 5,000달러도 안 됐다. 5,000달러는 외할아버지가 특허를 취득하기 위해 지불한 비용보다 훨씬 적은 액수다. 외할아버지에게서 특허를 구입한 회사는 제품을 출시하기 위해

100배 이상의 금액을 투자했을 것이다.

여기서 말하려는 점은, 아이디어를 제품화하는 데 드는 비용이 신용카드로 결제할 수 있는 수준으로 낮아졌다는 사실이다. 과거 제조업체들이 지출한 비용에 비하면 아무것도 아니다.

스프링클러 산업은 향후 수년 안에 크게 바뀔 것이다. 개방형 혁신open innovation 모델에 따라 인터넷상으로 연구개발을 진행하고 더 나은 제품을 값싸게 만들 수 있는 사람들이 속속 시장에 진입할 것이다. 어쩌면 그들은 우리가 개발한 기술을 사용하거나, 더 나은 제품을 개발할 수도 있을 것이다. 중요한 것은 발명가들이 웹을 이용해 쉽게 제품을 개발할 뿐 아니라 직접 생산에 나설 수 있게 됐다는 사실이다. 오늘날에는 기업가가 되는 것이 할아버지 시대보다 훨씬 쉬워졌다.

정리

스프링클러에 관심이 없는 독자라면, 다른 제품이나 산업을 대입해서 생각해도 좋다. 내가 이 글을 쓰기 30분 전에 마구간, 실내 난방 장치, 생물학 연구실, 기상관측소의 장비들을 웹과 통합해 관리하는 프로젝트들에 관한 뉴스를 뉴스피드news feed로 전송받았다. 미국 국방부 방위고등연구계획국, GE 등 거대 기관들도 군사용 탐지 로봇부터 스마트 전자제품까지 다양한 제품을 개발하기 위해 개방형 혁신 모델을 이용하고 있다.

물론 개방형 혁신 모델만 새로운 산업혁명의 혜택을 받는 것은 아니다. 일반적인 브랜드 제품들도 3차원 프린터, CNC^{computer numerical control}(컴퓨터 수치제어 공작기계) 기계 같은 데스크톱 시제품 공작기계^{desktop prototyping tool}를 이용할 수 있다. 포드의 자동차 인테리어부터 이케아의 주방용품까지 세계적 대기업들이 데스크톱 공작기계를 신제품 개발에 이용하고 있다. 뒤에서 더 언급하겠지만, GE 같은 대기업도 자사 직원들에게 커뮤니티를 활용하는 메이커 혁신 모델을 이용해 제품을 개발하도록 하고 있다. 개방형 혁신 모델이라고 해서 모든 사람에게 개방할 필요는 없다. 과거에는 막대한 인력이나 고가의 장비가 필요했던 작업을 디지털 제조 기술로 처리하면 비용을 절감할 수 있다. 미국과 영국의 중견 제조업체들은 디지털 제조 기술을 활용해 중국 기업들과 경쟁하고 있다.

이러한 사례에서 한 가지 희망을 볼 수 있다. 최신 디지털 도구를 사용해 다른 사람들과 협력하면 제조업 혁명을 일으킬 수 있다. 21세기 산업구조는 20세기와 매우 다를 것이다. 세계 최대기업들이 하향식 혁신을 일으키기보다는 수많은 개인(아마추어, 사업가, 전문가)이 상향식 혁신을 일으킬 것이다. 이미 비트의 세계에서 목격한 현상이다. 취미로 컴퓨터를 연구하는 사람들이 모여 웹을 만들었다. 이제 이와 같은 원리로 원자의 세계에서 더 거대한 혁신을 일으킬 조건이 성숙됐다.

3장

산업혁명은 어떻게 진화하고 있나

음반사에서 팹랩으로 바뀐 맨체스터 공장
제조의 디지털화와 민주화가 몰고 온 것들

1766년 잉글랜드 서북부 랭커셔 지방의 방직공이었던 제임스 하그리브스^{James Hargreaves}는 친구 집에서 물레가 옆으로 넘어지고도 계속 돌아가는 것을 봤다. 이때 그는 일렬로 늘어선 방추^{紡錘} 여러 개가 아마^{亞麻}에서 여러 가닥의 실을 뽑아내는 광경을 상상했다. 그는 집에 돌아가 일련의 벨트와 도르래로 여러 방추를 연결한 나무 기계를 만들었다. 그는 여러 시제품을 만든 끝에 역사상 최초로 '스피닝 제니'^{spinning jenny}('jenny'는 랭커셔 지방 속어로 '기계'라는 뜻)라는 다축^{多軸} 방적기를 발명했다. 이는 방직공 한 명이 페달을 사용해 실타래 8개를 동시에 돌릴 수 있는 기계다.

이 기계는 방직공 1인당 생산량을 단숨에 8배로 늘렸다. 또 기계를 개선하면 1인당 생산량을 손쉽게 더 늘릴 수 있었다. 이 기계는 영국 산업혁명의 출발점이 됐다.

역사상 최초의 다축 방적기에는 새로운 요소가 전혀 없었다. 고대 이집트인들도 베틀을 사용했고, 중국인들은 기원전 10세기에 비단을 짜는 베틀을 사용했다. 손으로 돌리는 물레는 11세기 중국과 이슬람권에서 쓰기 시작했고, 발로 밟아 기계를 작동시키는 발판 장치는 16세기에 등장했다. 제임스 하그리브스가 다축 방적기를 발명하기 위해 사용한 것은 이러한 요소들을 결합해 널리 사용할 수 있다는 상상력이었다.

이전의 전통 베틀이 산업혁명을 촉발하지 않은 데 반해, 제임스 하그리브스가 발명한 다축 방적기, 1776년 제임스 와트가 최초로 상용화한 증기기관, 1785년 에드먼드 카트라이트가 발명한 역직기power loom는 산업혁명을 촉발했다. 그 이유를 놓고 역사가들은 오랫동안 논쟁을 벌였는데, 널리 인정되는 이유는 다음 세 가지다.

첫째, 전통 방직기가 생산한 비단, 양털, 대마는 일부 부자만 쓸 수 있는 비싼 섬유 재료였지만, 초기 다축 방적기가 생산한 면직물은 모든 사람이 쓸 수 있는 가장 값싼 섬유 재료였다. 특히 영국이 인도, 이집트, 아메리카 대륙과 무역을 확대해 면직물 재료를 수입할 수 있게 되면서 영국 방직 산업은 비약적으로 발전할 수 있었다.

둘째, 다축 방적기는 페달 1개를 사용해 여러 실타래를 돌릴 수 있는 기계 장치로 인간의 근육보다 강한 동력을 사용하면 더 많은 실타래를 돌릴 수 있었다. 따라서 더 강력한 동력인 증기기관을 도입하면서 다축 방적기가 더 유용한 기계가 될 수 있었다.

마지막으로, 다축 방적기는 딱 알맞은 시기에 딱 알맞은 장소에서 발명됐다. 18세기 영국은 발명가들이 새로운 것을 발명하고 공유할 수 있도록 장려하는 특허법과 정책을 도입했다. 이에 따라 18세기 영국에서 발명된 다축 방적기, 증기기관, 역직기가 빠르게 보급될 수 있었다.

2010년 윌리엄 로젠^{William Rosen}은 『역사를 만든 위대한 아이디어^{The Most Powerful Idea in the World}』라는 책에서 다음과 같이 설명했다.

아이디어를 재산권으로 인정한 영국 정부의 생각은 역사상 어느 아이디어 못지않게 중요한 아이디어다. 금과 토지를 비롯한 전통적 재화는 자연적인 한계가 있지만 개인이 소유할 수 있는 아이디어에는 한계가 없다. 산업혁명은 무엇보다도 발명의 혁명이었다. 발명의 수가 급증했을 뿐 아니라 발명 과정이 이전과 완전히 달라졌다.[14]

1770년 6월 제임스 하그리브스는 특허번호 962번으로 실타래 16개를 동시에 돌릴 수 있는 다축 방적기에 대한 특허를 신청했다. 하그리브스가 다축 방적기를 발명한 1766년과 특허를 인정받은 시점 사이에 이미 여러 사람이 다축 방적기를 도입했기에 하그리브스는 특허권으로 큰 재미를 보기 어려웠다. 게다가 다축 방적기 사용을 반대하는 사람들도 나타났다.

하그리브스는 수세기 동안 랭커셔 지방에서 길드를 형성해 면직물 생산을 통제하던 장인들에게 환영받지 못했다. 하그리브스가 발명한 다축 방적기로 방직공 1인당 생산량이 급증하면서 실 가격이 폭락했기 때문이다. 그래서 랭커셔 지방 방직공들은 다축 방석기를 적대했다.

한번은 성난 몇몇 사람이 하그리브스 집에 들이닥쳐 새로 만든 다축 방적기 20개를 불태웠다. 하그리브스는 잉글랜드 중부 도시 노팅엄으로 거처를 옮겼다. 당시 노팅엄은 면양말을 많이 생산했기에 무명실 수요가 급증했다. 하그리브스는 1778년 노팅엄에서 죽음을 맞았지만, 다축 방적기 발명으로 돈을 조금 벌었을 뿐 부자가 된 것은 아니다.

한편, 영국 식민지였던 미국은 독립을 선언하고 영국과 전쟁을 벌이고 있었다. 제임스 와트가 증기기관을 발명한 1776년에 미국이 독립을 선언했다. 식민지를 관리하기 어려워지면서, 영국 정부는 식민지에서 자원을 착취해 제국을 유지하는 방식에 한계를 느꼈다. 영국 정부가 대영제국을 유지하려면 정치 비용과 군사 비용이 적게 드는 본국의 생산량을 늘려야 했다.

이미 영국은 농경에 기계도구를 도입해 농업 생산량을 크게 늘리고 있었는데, 이제는 공업 생산 과정에도 기계를 도입해 농작물을 공산품으로 바꾸어 세계 각지에 판매하게 됐다. 이로써 영국 정부는 군사력 대신 무역으로 세계패권을 유지할 수 있는 기회를 얻게 됐다. 기계생산의 영향이 가장 먼저 나타난 곳은 영국 본토였고 기계의 도입으로 영국의 풍경과 생활수준이 크게 달라졌다.

1차 산업혁명

'산업혁명'이란 정확히 무엇인가? 이는 18세기 이후 역사가들에게 논쟁거리였다. 18세기에 역사가들은 이미 기계를 이용한 생산으로 제조업과 무역이 큰 변화를 겪고 있다는 사실을 알고 있었다. 하지만 이러한 변화의 규모까지 파악하기는 어려웠다. 당시에는 통계를 찾기 어려웠기 때문이다. 하지만 1790년대에 들어서자 굳이 통계를 찾지 않아도 산업혁명의 효과를 관찰할 수 있게 됐다. 인구는 폭발적으로 증가했고, 역사상 처음으로 특권층뿐 아니라 모든 계층의 수익이 증가했다.

1700~1850년 사이에 영국 인구는 3배로 늘었다. 1800~2000년 사이에 인플레이션을 감안한 1인당 평균소득은 10배로 늘었다. 이는 역사상 전례가 없는 일이다. 이러한 사회혁명은 당시 빠르게 성장하는 영국 도시를 지탱하는 산업단지와 연관이 있는 것이 확실해 보였다. 하지만 학자들이 기계화가 인구 증가와 삶의 질 향상을 초래한 이유를 설명하기까지는 오랜 세월이 걸렸다.

물론 기계를 이용한 생산만이 이러한 변화를 초래한 것은 아니다. 목축지에 울타리를 둘러쳐 '공유지의 비극' 문제를 해결하는 것을 비롯한 여러 농경기법 개선도 인구 증가와 삶의 질 향상에 기여했다. 그리고 천연두 백신 개발을 비롯한 여러 가지 의학적 진보로 유아 사망률이 급격히 줄어든 것도 인구 증가에 기여했다. 하지만 인구 증가에 가장 기여한 요소는 뭐니 뭐니 해도 산업화다.

윌리엄 블레이크William Blake의 시 구절처럼 공장을 근로자와 토지를 병들게 하는 '어두운 사탄의 장소'로 여기는 사람이 많았지만 산업화는 인간의 건강을 증진시켰다. 농촌에서 도시로 이주한 사람들은 진흙을 벽에 바른 통나무집 대신 벽돌집에서 살았고, 이 덕분에 습기와 병균이 적은 환경에서 살게 됐다. 값싼 면직물과 질 좋은 비누를 대량 생산하게 되면서, 가난한 사람도 깨끗한 옷을 입고 위생적인 환경에서 살게 됐다(면직물은 양털보다 세탁하고 말리기 쉽다).

또한 소득이 증가하면서 다양한 음식을 먹고, 병원과 학교를 비롯한 도시 공유자원을 이용할 수 있게 됐다. 이러한 혜택은 공장에서 일하며 얻은 질병 효과를 상쇄하고도 남았다. 물론 당시 열악한 공장 환경에서 장시간 일하는 것은 힘든 일이었다. 하지만 통계에 따르면 농촌의 근로환경은 더욱 열악했다고 한다.

산업혁명이 삶에 미친 영향은 너무나 놀랍다. 경제가 계속 성장하고 생활수준이 높아질 것이라는 기대는 수백 년 전에는 볼 수 없는 것이었다. 산업혁명 전에는 생활수준이 수천 년간 비참한 상태로 유지됐다. 1200~1600년 사이에 영국 귀족의 평균수명은 한 살도 채 늘지 않았다(서민 수명에 대한 기록은 찾기 어렵다).[15] 하지만 1800년 이후 서구 백인 남성의 평균 기대수명은 38세에서 76세로 2배 증가했다.

이처럼 평균수명이 급증한 주요인은 유아 사망률 감소 때문이다. 하지만 성인이 된 사람들의 기대수명만 측정해보아도 1800년 이후 20세가 증가했다. 이는 역사상 전례가 없는 진전이다.

이러한 진전은 위생상태 개선, 의학 발달, 도시화, 교육 등 여러 가지 요인으로 설명할 수 있다. 공통 요인은 사람들이 소유한 부가 증가하면서 더 건강해졌다는 점이다. 사람들이 부유해진 원인은 기계를 사용해 1인당 생산량이 크게 증가했기 때문이다. 물론 인간은 선사시대부터 기술을 사용했다.

불, 쟁기, 가축 사육, 선발육종 같은 기술이 증기기관만큼 중요한 기술이라고 주장하는 사람도 있을 것이다. 하지만 농업기술은 사람들이 먹을 음식을 쉽게 장만하도록 해줬을 뿐이다. 반면 기계는 옷부터 교통수단까지 여러 측면에서 삶의 질을 높여주는 제품을 만들어냈다.

세계인들이 이러한 유용한 제품을 원하게 되면서 무역도 늘었다. 무역은 비교우위라는 개념을 낳았다. 각국은 자국이 가장 잘 생산할 수 있는 것을 생산해 외국으로 수출했다. 이러한 비교우위에 따른 무역은 모든 사람의 생산성을 높였다. 이러한 생산성 향상은 경제성장을 촉진했다. 맨체스터의 방적 공장이 돌아가는 것처럼 세계경제도 돌아갔다.

2차 산업혁명

'산업혁명'이라는 용어 자체는 1799년 프랑스 외교관 루이 기욤 오토Louis-Guillaume Otto가 프랑스에서 일어나는 일을 보고하는 편지에서 처음 사용했다. 당시에는 혁명이라는 말이 유행했다.[16] 자본주의를 비판해 19세기 중반 마르크스주의 태동에 영향을 미친 프리드리히 엥겔스Friedrich Engels도 혁명이라는 용어를 사용해 당시 산업 변화를 설명했다. 19세기 말 영국 경제사학자 아널드 토인비Arnold Toynbee는 영국 산업혁명이 세계경제에 미친 영향을 설명하는 일련의 강연을 통해 산업혁명이란 용어를 대중화했다.

산업혁명의 핵심은 생산성을 극적으로 높이고, 평균수명부터 생활

수준과 주거환경까지 모든 것을 바꾼 일련의 기술들이다.

예를 들어, 1850년경 공장의 급증은 증기기관과 철도 같은 교통기술이 있기에 가능했다(공장을 뜻하는 영어 단어 factory는 manufactory라는 단어에서 유래). 베서머 제강법Bessemer process 발명으로 1860년대에 철강 대량생산이 가능해졌다. 철강 대량생산은 여러 부품을 조립해 상품을 만드는 조립 라인을 가능하게 했다.

화학 산업, 석유 정제, 내연기관, 전기장치의 결합은 사학자들이 '2차 산업혁명'이라 부르는 제조업의 변화를 낳았다. 2차 산업혁명은 1850년부터 제1차 세계대전 사이에 일어났다. 이 시기에 헨리 포드Henry Ford가 모델T 조립 라인을 개발했다. 포드 자동차의 조립 라인은 컨베이어벨트로 부품을 운반하면 근로자들이 제자리에 서서 각자 맡은 조립 공정을 수행하는 생산방식이었다.

오늘날 선진국 국민은 1차 산업혁명과 2차 산업혁명이 사회를 얼마나 바꿨는지 망각하기 쉽다. 흔히 생산성 향상이라는 말을 쓰지만 생산성 향상이 인간의 삶에 미친 영향을 생각해보라. 인류는 수렵채집 단계에서 농경 단계로 넘어간 덕분에 한 사람이 여러 사람을 부양할 수 있게 됐다.

또한 분업생산 덕분에 인간은 각자 가장 잘할 수 있는 일을 직업으로 삼고, 자신과 가족을 부양하게 됐다. 이러한 분업으로 인류는 시간과 에너지를 절약해 도시를 건설하고, 돈을 발명하고, 문자를 배우는 등 여러 가지 일에 시간과 에너지를 투자할 수 있게 됐다.

다축 방적기를 비롯한 생산기계의 발명은 인류의 경제 현실을 급격히 바꾼 역사의 전환점이다. 산업혁명 이전에 인류의 한계는 근력이었다. 하지만 생산기계의 발명으로 근육이 아닌 지식이 인류의 힘이 됐다. 그 과정에서 인류는 더 부유해지고, 더 건강해지고, 더 오래 살고, 인구가 급증했다. 인류의 삶에 미친 영향을 기준으로 혁명들을 평가하면 1차 산업혁명이 단연 으뜸이다.

육체노동이 기계노동으로 전환되면서 사람들은 다른 일을 할 수 있게 됐다. 생필품 생산에 투입되는 인력이 줄어들면서 더 많은 사람이 문화 수준을 높이는 활동(발명, 학습, 정치, 예술)에 참여하게 됐다. 그리하여 근대가 도래했다.

저술가 뱅카테시 라오^{Vankatesh Rao}는 산업혁명의 주요 효과는 시간 절약이라고 말한다. 기계는 인간보다 단시간에 많은 것을 생산한다. 기계 생산 덕분에 인간은 다른 생산적 활동을 할 시간이나 여가시간을 벌었다. 1차 산업혁명이 창조한 것은 뭐니 뭐니 해도 방대한 잉여 시간이다.

인류는 이러한 잉여 시간을 근대 사회를 규정하는 모든 것을 발명하는 데 투자했다. 400년 전 거의 모든 인간은 생필품을 생산하는 일을 하고 있었다. 반면 오늘날 생필품 생산에 종사하는 사람의 비율은 극히 낮다. 벵카테시 라오는 다음과 같이 기술한다.

증기기관의 주요 효과는 새로운 땅의 식민화가 아니라 시간의 식민화다. 많은 사람이 슘페테리안 성장^{Schumpeterian growth}(혁신과 기업가 정신이 경제성장의 비결이라는 경제학자 조지프 슘페터의 성장 이론을 가리키는 말)을 '아이디어가 경제를 성장시킨다'는 이론으로 오해하고 있다. 아이디어는 시간을 절약해주고, 이렇게 절약된 시간의 일부를 새로운 아이디어를 구상하는

데 사용해 더 많은 시간을 절약하게 된다. 이러한 선순환이야말로 슘페테리안 성장의 본질이다.[17]

3차 산업혁명

일부 사람들은 정보화 시대의 도래가 3차 산업혁명이라고 주장한다. 기계화가 제조업 생산성을 크게 끌어올렸듯이 정보통신기술은 서비스 산업 생산성을 끌어올리는 전력승수force multiplier이며 근력muscle power보다는 지력brain power을 확장한다. 또한 기존 산업의 생산성을 높이고, 새로운 산업을 만들 수 있으며, 업무 처리 속도를 높여 잉여 시간을 늘려준다.

　하지만 1차, 2차 산업혁명을 일반인이 실감하기 위해서는 수십 년에 걸쳐 개발된 기술들이 필요했듯이 3차 산업혁명을 일반인이 실감하려면 아직 기술의 진보가 더 필요하다. 디지털 컴퓨터 기술의 혁신이 아직 충분치 않다. 최초의 상업용 메인프레임 컴퓨터가 일부 회계 인력과 통계 인력을 대체했고, 최초의 IBM 컴퓨터가 일부 사무직을 대체했지만 세상을 바꾸었다고 하기엔 부족했다.

　컴퓨터가 네트워크로 연결되어 모든 네트워크의 네트워크인 인터넷을 형성한 뒤에야 비로소 현대인의 문화를 바꾸기 시작했다. 소프트웨어가 서비스 산업을 많이 바꾸었지만, 컴퓨터 기술의 진정한 경제적 의미는 제조업을 얼마나 바꾸느냐다. 1차 산업혁명과 2차 산업혁명이 제조업 혁명이었듯이 3차 산업혁명도 제조업 혁명이 될 것이다.

1950년대부터 시작된 정보화 시대, 1970년대 말부터 보급된 컴퓨터, 1990년대부터 보급된 인터넷과 웹도 물론 혁명이었다. 하지만 이러한 컴퓨터 기술 혁명이 제조업을 민주화하고 확장하지 못한다면, 아직은 산업혁명이라고 부를 수 없다. 그런데 컴퓨터 기술이 제조업을 민주화하고 확장하는 움직임이 최근 나타나고 있다. 3차 산업혁명은 디지털 제조와 개인 제조의 조합, 다시 말해 제조자 운동의 산업화라 할 수 있다.

제조 과정의 디지털화는 단순히 기존 제조업의 효율을 높이는 데 그치지 않는다. 제조 과정의 디지털화 덕분에 수많은 개인이 생산자이자 기업가의 대열에 합류하고 있다.

어쩐지 눈에 익은 현상이 아닌가? 이는 웹에서 이미 일어난 현상이다. 웹을 가장 먼저 활용한 세력은 언론사들이다. 신문과 텔레비전으로 이미 보도한 내용을 웹에 올려 활용했다. 그러다가 소프트웨어와 하드웨어 기술이 발달하면서 일반인도 웹을 쉽게 사용할 수 있게 됐다. 이것이 웹의 '민주화'다. 일반인은 자신의 아이디어, 전문지식, 에너지를 웹에 쏟아 놓아 웹을 채웠다. IT 회사나 언론사에 근무하지 않는 아마추어들이 거의 모든 웹을 건설했다.

무게가 없는 재화(정보, 서비스, 지적재산권)를 생산하고 거래하는 무중량 경제weightless economy가 주목받고 있다. 하지만 이러한 무중량 경제는 물리적 재화를 생산하는 제조업 경제에 비하면 작은 조각에 지나지 않는다. 물리적 재화의 생산 과정을 바꿀 수 있는 기술이야말로 글로벌 경제를 움직일 수 있다. 이런 기술이야말로 현실세계에서 진정한 혁명을 일으킬 수 있다. 맨체스터 도시의 예를 통해 기술이 현실세계를 어떻게 움직이는지 살펴보자.

맨체스터의 과거와 현재

맨체스터는 오래전 급성장해 영화를 누렸으나, 이후 장기침체의 고통을 겪은 도시다. 오늘날 맨체스터에서 제조업 박물관과 다 쓰러져가는 창고를 보면 맨체스터가 잃어버린 과거의 영광이 떠오른다. 맨체스터가 세계 최대의 산업도시였던 시절에는 연기를 내뿜는 의류공장의 굴뚝들이 맨체스터의 하늘을 가렸다. 모든 대도시마다 전성기가 있는데, 맨체스터의 전성기는 노던 쿼터Northern Quarter라는 구역에서 엿볼 수 있다. 이 구역은 현대식으로 재개발됐지만 아직도 거대한 빅토리아풍 벽돌 창고들과 예전에 섬유공장으로 사용한 건물들이 곳곳에 남아 있다.

맨체스터가 1차 산업혁명의 중심도시가 된 비결은 무엇일까? 산업혁명 초창기에 공장이 있던 도시들은 버밍엄과 랭커셔 지역에도 있었다. 하지만 맨체스터는 다른 도시가 누리지 못한 이점이 있었다. 첫째, 맨체스터에는 공터가 많았고 건축 규제가 느슨해 공장과 노동자 숙소를 건설하기 쉬웠다. 반면 맨체스터보다 오래전부터 도시를 형성한 항구 도시 리버풀에서는 이러한 건축에 대한 규제가 심했다.

둘째, 맨체스터 근처에 여러 줄기의 하천이 흘렀기에 초창기 공장들이 수력을 이용하기 수월했다. 이러한 하천 가운데 가장 큰 머지 강Mersey River(하구에 리버풀이 있음 - 옮긴이)은 대서양으로 흐르기에 맨체스터에 있는 공장들이 원자재를 수입하고 제품을 수출하기가 편리했다. 그리고 맨체스터는 철도와 연결되어 잉글랜드와 웨일스에 있는 탄광에서 채굴한 석탄을 공급받기 편했다.

19세기 중반에 맨체스터의 번영은 절정에 이르렀다. 잉글랜드에서는 목화를 거의 재배하지 않았지만, 맨체스터는 면직물의 수도Cottonopolis(1913년 세계 면직물 생산량의 65퍼센트를 맨체스터가 담당 - 옮긴이)라는 이름이 붙을 정도로 섬유산업이 발전했다. 해외에서 목화를 수입해 실을 뽑아내고 천과 옷을 만들어왔다. 이렇게 생산한 제품을 수입한 경로와 똑같은 경로로 세계로 수출했다. 맨체스터는 이러한 글로벌 공급망, 비교우위, 자동화를 통해 세계 섬유무역의 중심지가 됐다.

맨체스터의 성공에 가장 기여한 요인은 새로운 생산기계와 원료 공급망이었다. 공장 효율이 높아지고 규모가 커질수록, 더 값싼 원료를 더 많이 수입해야 했다. 미국과 이집트에서 목화를, 아시아에서 비단을 수입했고, 철광석과 석탄 같은 광물도 해외에서 수입했다.

증기기관은 공장 기계의 동력이 됐을 뿐 아니라 원자재를 수송하는 증기선과 증기기관차의 동력이 되어 산업생산량을 늘리는 데 기여했다. 하지만 공장에서 대량생산하는 것으로는 충분하지 않았고, 이를 효율적으로 판매해야 했다. 기계로 대량생산한 제품을 판매하기 위해서는 공급망이 더 효율적으로 변해야 했다.

1차 산업혁명 시기에 맨체스터 공장에서 생산한 제품들은 운하를 통해 해외로 수출됐다. 1884년에는 기존 운하보다 작은 운하인 맨체스터 선박 운하Manchester Ship Canal를 개통했다. 대서양을 운항하는 화물선들이 이 운하를 통해 해안가에서 약 64킬로미터 떨어진 맨체스터 항구까지 도달했다.

이로써 내륙 도시인 맨체스터는 도시를 확장할 충분한 공간도 이용하고, 항구의 이점도 활용할 수 있게 됐다. 한편 철도도 운하와 같은 역할을 했다. 세계 최초로 두 도시를 연결한 철도는 맨체스터와 리버풀을 연결한 철도다.

그 결과 맨체스터는 세계의 부러움을 사는 제조업 중심지가 됐다. 여러 나라 기업이 맨체스터 기업들을 모방하려고 했다. 맨체스터 지역 기업들에게는 유감스러운 일이지만, 외국 기업들도 맨체스터 지역 기업들을 모방할 수 있었다. 맨체스터 지역 기업들은 옷감뿐 아니라 옷감을 제조하는 기계도 팔았다.

J&R 쇼록스J&R Shorrocks, 플랫 브라더스Platt Brothers를 비롯한 기업들은 각국에 생산기계를 수출했다. 외국 기업들은 영국 기계를 수입해 모방하고 개선해 생산량을 늘렸다. 20세기에 접어들 무렵에는 영국뿐 아니라 미국과 프랑스에서도 거대 섬유공장들이 가동됐다. 맨체스터가 누린 기계의 우위는 곧 사라졌다. 원자재를 수출하는 남미와 가까운 미국이 새로운 산업 중심국으로 부상했다.

외국 기업과의 경쟁에 직면한 맨체스터 지역 공장들은 고급제품 생산으로 돌파구를 마련하고자 했다. 그래서 최신 디자인을 개발하고, 품질 개선책을 연구하고, 브랜드를 개발하고, 생산기계를 혁신했다. 이는 성공했다. 저가제품의 공세에 밀려 망할 뻔한 맨체스터 섬유

산업은 한 세기를 버텼다. 하지만 1950년대에 이르자 맨체스터에는 가동을 중단한 공장이 급증했다. 맨체스터는 영국 제조업의 몰락을 상징했다.

1980년대가 되자 맨체스터는 제조업보다도 음악으로 유명해졌다. 맨체스터 지역 섬유공장들은 음반사로 대체됐다. 팩토리 레코드^{Factory} ^{Records}라는 맨체스터 지역 음반사는 1980년대 영국 록음악의 흐름을 주도했다. 19세기에 세워진 맨체스터 공장들 안에 음악 클럽들이 들어섰고, 맨체스터는 음악도시로 변신했다. 일자리를 얻지 못한 젊은 이들이 1차 산업혁명이 탄생한 맨체스터의 텅 빈 공장에 몰려들어 음악 산업의 성장을 이끌었다.

1996년 아일랜드 독립운동 단체인 IRA^{Irish Republican Army}는 맨체스터 도심에 폭탄을 가득 실은 트럭을 주차시켰다. IRA가 경고 전화를 걸었기에 영국 시민은 미리 피신할 수 있었지만, 폭탄이 폭발하면서 건물 수십 채가 심각하게 파손되었다. 수십 년간 쇠퇴하고 재건에 실패한 맨체스터 도심은 이제 재건축을 생각해야 할 순간이 왔다. 결과적으로 IRA의 폭탄 테러는 맨체스터 도심을 다시 생각하는 기회가 됐다.

오늘날 맨체스터의 도심에는 스피닝필즈^{Spinningfields}라는 지역이 있다. 이곳은 1880년대에 섬유공장 단지들이 밀집했던 지역이다. 각 단지에서는 여성 근로자 1만 5,000명이 방직기와 재봉틀을 돌렸다. 하지만 오늘날 스피닝필즈는 세련된 상점과 멋진 건축물이 들어선 현대식 사무 구역이자 쇼핑 구역이다. 두 개 층에 걸친 쇼윈도에 낡은 재봉틀 수백 개를 진열한 옷가게 한 곳이 과거 맨체스터의 위상을 보여준다. 이 옷가게에서 파는 옷들은 대부분 중국제다.

스피닝필즈에서 북쪽으로 몇 구획 떨어진 곳에는 노던 쿼터가 있다. 이 구역에 있던 섬유창고들은 고급 디자인 작업장으로 리모델링됐고, 지금은 웹 기업, 게임 제작사, 영상 스튜디오 들이 들어서 있다. 이곳은 디지털 산업의 허브 도시로 거듭나려는 맨체스터 시의 의지가 담긴 구역이다. 맨체스터 시가 산업혁명을 일으킨 디자인 기술과 공학 기술을 활용해 언론, 엔터테인먼트, 마케팅 산업을 육성하는 데 성공할지 두고 볼 일이다(아직 성공했다고 평가하기에는 이르다. 새로운 산업 육성에 성공하려면 아직 더 많은 기업이 들어서야 하고, 정부 지원금이 필요하다).

다시 북쪽으로 몇 구획을 더 가면 뉴아이스링턴New Islington 구역이 있다. 이곳에 가보면 맨체스터의 재건이 더욱 어려워 보인다. 이곳의 공장은 현재 대부분 폐허가 됐다. 이곳 건물들은 역사 유적으로 지정됐기에 철거할 수는 없다. 하지만 유적을 계속 보존하기 위해 보수공사를 하려면 많은 비용이 든다.

따라서 당국은 이곳을 폐허로 방치하고 있다. 몇 년 전 찾아온 부동산 거품 시기에 몇몇 지역이 투자자들의 관심을 끌었지만 결과는 신통치 않았다. 오늘날 이곳은 공사가 중단된 건설 현장이 많다. 광활한 일터에 노동자가 보이지 않아 과거와 현재 사이에서 시간이 멈춘 도시 같은 느낌이 들게 한다.

하지만 이 탈공업화 지역에서도 희망과 성장의 기미는 있다. 그중 한 곳은 맨체스터 선박 운하 옆에 있는 한 공장터에 세워진 거대한 현대식 건물이다. 각 층은 비스듬한 각도로 세워졌고, 분홍색·갈색·연주황색으로 페인트칠됐다. 이 건물은 칩스Chips라는 이름으로 불린다. 건축가가 이 건물을 설계할 때 프렌치프라이를 쌓아올려 디자인을 구상했기 때문에 붙여진 이름이다. 이 건물은 사무 공간, 주거 공간, 놀이 공간이 함께 있다. 건물 위층들은 주거용 주택이 들어서 있고, 가운데층에는 사무실과 작업장이, 아래층은 레스토랑과 상점들이 들어서 있다.

부동산 거품이 꺼지면서, 이 지역의 건설계획은 대부분 중단됐다. 칩스 건물에 레스토랑과 카페가 들어서려던 계획이 중단됐고, 사무용 공간 옆에서 살려고 입주한 사람도 적었다. 건물 주인은 건물을 빈 상태로 내버려두기보다는 팹랩^{Fab Lab}(제품 아이디어를 가진 다양한 사람이 시제품을 만들 수 있도록 제작설비를 구비한 장소-옮긴이)으로 활용하기로 했다. 건물 주인은 지역 제조업체 단체에 이 건물을 제조 연구실로 제공했다. 현재 이곳은 영국 최초의 팹랩으로 '맨체스터 팹랩'이라 불린다.

팹랩은 메이커스페이스의 일종으로 MIT 원자비트연구소의 닐 거센필드 교수가 "(거의) 모든 것을 제조하는 방법"이라는 MIT 강좌를 맡아 학생들을 가르치면서, 10년 전에 개발한 모델이다. 현재 17개국에 팹랩 53곳이 있다. 각 팹랩은 시제품을 만들기 위해 최소한 필요한 디지털 제작도구들을 구비해놓고 있다.

이를테면 레이저 커터, 비닐 커터, 가구를 만들 수 있는 대형 CNC 기계, 전자기판을 만들 수 있는 소형 CNC 기계, 기본 전자 장비, 3차원 프린터다. 메탈 라스^{metal lath}(미장 공사를 할 때 사용하는 연강제-옮긴이), 드릴 프레스와 같은 전통적 공장에서 쓰는 도구를 비치한 팹랩도 있지만, 팹랩에서는 주로 시제품을 생산한다.

매주 금요일과 토요일에는 모든 사람이 맨체스터 팹랩을 무료로 이용할 수 있다. 내가 방문한 금요일에는 지역 대학교에서 온 학생들이 건축 모형과 가구 모형을 제작하는 작업을 하고 있었다. 디자인 스쿨 학생들의 과제물과 시제품을 제조하느라 레이저 커터가 쉴 새 없이 작동했다.

이곳에는 몇 가지 규칙이 있는데 매주 금요일과 토요일에 이곳을 이용해 시제품을 만든 프로젝트들은 온라인에 공개해 다른 사람과 공유해야 한다. 또한 다른 요일에 맨체스터 팹랩을 이용하려면 돈을 내야 하는데 유료로 이곳을 이용해 시제품을 만든 프로젝트는 공유하지 않아도 된다.

솔직히, 이 메이커스페이스를 새로운 영국 제조업의 씨앗이 될 것이라고 예상하기는 조금 어렵다. 이곳에서 작업하는 사람들은 대부분 지역 학교 학생들이고, 제작하는 시제품들은 어느 디자인 스쿨에서도 볼 법한 평범한 것이다. 이곳에서 시제품을 만들어 기업을 크게 성공시킨 사례는 아직 나오지 않았다. 미국의 테크숍 같은 메이커스페이스와 달리, 맨체스터 팹랩은 기업가 정신이 넘치지 않는다. 하지만 맨체스터 팹랩 관리자인 헤이든 인슬리Haydn Insley는 팹랩을 단순한 창의력 개발 실험을 넘어서는 실험으로 인식한다. "이곳에서 사람들은 개인이 무엇이든 제조하거나 변형할 수 있다는 사실을 체험한다. 모든 사람에게는 나름 아이디어가 있다. 이곳의 목적은 사람들이 아이디어를 쉽게 현실화하도록 돕는 것이다. 앞으로 중요한 것은 제조가 아니라 디자인이다."

오늘날 여전히 영국에 남아 성공을 거두고 있는 제조업을 보면 그의 말을 이해할 수 있다. 섬유산업과 도자기산업은 오래전에 쇠퇴했지만, 영국 항공산업은 세계적 수준이다. BAE 시스템스^{British Aerospace} Systems는 세계 2위 방위산업 업체다. 영국의 자동차 디자인은 세계적으로 유명하다. 그리고 다이슨^{Dyson} 같은 혁신적 소비재 기업도 있다. 다이슨은 진공청소기, 프라이팬처럼 가격경쟁이 치열한 상품 시장에서 우수한 디자인과 기술로 차별화된 고가 제품 시장을 만들어낸다. 맨체스터는 영국에서 가장 많은 공대 졸업생을 배출하는 도시로 기술이 있는 도시다. 다만 기술을 활용할 기회를 기다리고 있을 뿐이다.

어쩌면 맨체스터 팹랩에서 레이저 커터로 시제품을 만들던 디자인 스쿨 학생 중 한 명이 제2의 다이슨을 창업할지도 모른다. 또는 요즘에는 개인이 살 수 있을 만큼 가격대가 낮은 디지털 제작도구가 많이 출시됐으니, 재능 있는 학생이 팹랩을 이용하지 않고 디지털 제작도구를 사서 활용하고 있는지도 모른다. 팹랩을 거친 프로젝트는 수백 개이지만 이제 시작일 뿐이다. 여기서 한 가지 기억할 점은 맨체스터가 세상을 바꾼 물건을 많이 만든 도시라는 사실이다. 그 전통이 어디 가겠는가. 팹랩이 세상을 바꿀 출발점이 될지는 더 지켜봐야겠지만 그런 꿈을 꿀 여지는 충분히 있다. 맨체스터에서 다시 기계가 돌아가고 있다.

물론 과거와 현재는 여러모로 다르다. 1차 산업혁명은 교통이 편리해서 원자재를 원활히 공급받을 수 있는 맨체스터 같은 지역에서만 일어날 수 있었다. 반면 현재의 제조자 운동은 어느 지역에서든 가능하다. 맨체스터 팹랩은 예전에 공장이 있던 자리에 들어섰지만, 맨체스터 팹랩에 있는 디지털 제작도구들은 런던 고층건물 사무실이나 시골 창고에도 들여놓고 사용할 수 있다.

이러한 디지털 제작도구를 활용하는 사람들은 더 광범위하다. 먼 곳에 떨어진 집에서 디자인 파일을 업로드할 수 있다. 제조에서 장소의 제약이 점점 줄고 있고 게다가 거대한 공장이 없어도 된다. 매연을 뿜어대고 거대한 피스톤을 움직이는 생산기계들이 들어선 공장의 시대는 갔다. 새로운 분산 제조 시대에는 소규모 기업들도 번창할 수 있다. 아이러니하게도 이는 초창기 1차 산업혁명 시기와 유사하다. 스피닝 제니라는 다축 방적기의 발명은 가내공업을 낳아 세상을 바꾸었다. 가내공업은 매우 강력한 영향력을 미칠 수 있다.

가내공업은 여러 개의 실을 동시에 돌릴 수 있는, 발판이 달린 목재 기계인 스피닝 제니의 발명으로 출발했다. 당시 이 다축 방적기는 쉽게 만들 수 있고, 저렴하게 구매할 수 있고, 나무탁자만 한 공간만 있으면 사용할 수 있었다. 어떤 의미에서는 지금 볼 수 있는 '데스크톱 제조'의 효시라고 볼 수 있다.

다축 방적기를 도입한 덕분에 노동자 1인당 생산량이 급증했다. 역사상 처음으로 실내 작업의 수익이 실외 작업의 수익을 앞질렀다. 남자와 여자가 실내에서 함께 일할 수 있게 되면서 핵가족이 공고해졌고, 자녀들이 일할 수 있는 환경이 조성되고, 지주地主에 대한 의존도가 낮아졌다. 또한 길드에서 오래 수련하지 않은 일반인도 기업가가 될 수 있게 됐다. 공장들이 들어선 후에도 가내공업 기업가들은 명맥을 유지했다. 기업들이 숙련도가 높고 소규모 제조 기법을 가진 장인들에게 자잘한 일을 하청줬기 때문이다.

기계의 보급은 영국 역사에서 농업시대를 끝냈다. 전에는 대다수 영국인이 밭에 나가 일했지만, 기계가 보급된 뒤에는 일부 영국인만 기계를 이용해 농사를 짓고, 나머지 영국인은 집에 남아서 가내공업에 종사했다. 이후 옷을 만드는 기계들이 속속 가정에 보급됐다.

가내공업은 토지와 상관없었기에, 지주의 통제를 받을 필요가 없었다. 집에서 일하는 가족은 지주에 대한 종속에서 벗어나 자신의 경제적 미래를 통제할 수 있게 됐다. 하지만 이제 그들은 지주 대신 수요와 공급이라는 시장의 힘을 상대해야 했다. 그들은 언제나 가격을 낮춰 구매하려고 하고 더 싼 물건을 찾아다니는 거대 구매자들에게 물건을 팔았다.

가내공업으로 받는 임금은 농사를 지을 때 받는 임금보다 높지 않을 때도 많았지만, 최소한 근로자들은 스스로 시간 계획을 세울 수 있었다. 이런 가내공업은 기업화 단계에 있었지만 진정으로 차별화된 혁신을 이룩하지는 못했다. 그 대신 대부분의 가내공업은 단순히 대형 공장에 분산된 노동력을 제공하는 역할을 했다. 가내공업은 대형 공장에서 쓰는 것보다 열등한 기계를 사용했지만, 새로운 설비 투자나 소규모 주문에 따른 비용을 공장 기업가에게 요구하지 않았다. 가내공업은 열악한 제조업이어서 혁신을 주도하지 못했고, 가내공업 근로자들은 언제나 공장 기업가들에게 주도권을 내줘야 했다.

하지만 가내공업은 1차 산업혁명의 중요한 일부분이다. 1차 산업혁명이라고 하면 큰 공장만 떠올리는 사람이 많지만, 가내공업도 1차 산업혁명에서 상당한 비중을 차지했다. 어떤 의미에서 가내공업은 메이커가 주도하는 신新산업혁명에 가깝다고 할 수 있다. 가내공업은 분산된 생산 형태였고, 대형 공장보다 유연하고 소규모 생산에 적합해 대형 공장을 보완하는 역할을 했다.

가내공업은 모든 가족 구성원에게 일자리를 제공했기에 가족이 함께하기에 좋았고, 가족 구조를 강화했다(많은 어린이가 가내공업으로 일했고 이는 인구 증가에 기여했다). 대형 공장들이 젊은 사람들을 도시로 끌어들이고 산업단지에서 살도록 유인한 반면, 가내공업은 시장도시market town를 성장시켰다. 가내공업은 레이스 세공과 같은 장인의 기술을 강조하고 보존했다. 당시에는 기계로 이런 기술을 대체하기 어려웠고, 이런 기술을 가진 사람이 높은 값을 부를 수 있었다.

가내공업은 19세기까지도 번창한 제조업이었다. 예를 들어 1830년대 말에 영국 칼라일Carlisle 시에 있는 딕슨스Dixons 사는 근처 시골에 흩어진 수직기 방직공 3,500명을 고용했다. 그리고 10년 뒤 벨퍼Belper에 있는 워즈Wards 사는 수직기 방직공 4,000명에게 일자리를 제공했다는 기록이 있다. 1870년대에 엘리자 틴슬리Eliza Tinsley and Co. 사는 영국 중부지방에 사는 못과 쇠사슬을 만드는 수공업자 2,000명에게 일감을 주문했다.[18] 1차 산업혁명이 정점에 달한 시기에도 가내공업으로 분산된 노동력이 많았고, 이에 따라 대기업보다 소규모 사업체가 훨씬 더 많았다.

이를 오늘날 전형적인 메이커 소기업과 비교해보라. 오늘날의 가내공업자라고 하면, 컴퓨터로 제어하는 비닐 커터로 맥북에 붙일 멋진 스티커를 만들거나 빈티지 자동차의 부품을 만들어서 에치 쇼핑몰에서 판매하는 업자에 가깝다.

산업혁명 시대 가내공업과 마찬가지로 그들은 대형 공장이 만들지 않는 물건을 만든다. 수백만 개를 생산하는 대량생산 시장이 아니라 수천 개를 생산하는 틈새시장을 집중 공략한다. 거대한 공급망과 값싼 산업용 토지를 이용하기 위해 한곳에 모이는 공장들과 달리, 메이커 소기업들은 아이디어를 가진 사람들의 자연적 분포에 따라 분산되었다.

메이커 소기업들은 종종 창업자의 주차장이나 작업장에서 사업을 시작해 종종 가족의 도움을 받고 수제품에 집중하거나 더 품질이 높은 제품을 강조해 소량생산의 이점을 충분히 살린다. 그리고 제품을 수백 개, 수천 개 정도 생산하는 데 적합한 데스크톱 생산도구들을 주로 사용한다.

이는 제조자 운동의 다른 주요 원리를 설명한다. 200여 년 전에 다축 방적기처럼 신제품을 설계하고 만드는 기술은 오늘날 누구나 사용 가능하다. 아이디어를 현실화하기 위해 꼭 거대한 공장에 입주하거나 많은 근로자를 고용할 필요는 없다. 신제품 제조는 이제 소수의 전문 영역이 아니라 다수가 누릴 수 있는 기회다.

오늘날의 메이커 스타일 가내공업 업자들은 제품을 공장 기업에 파는 대신 웹사이트인 에치, 이베이 같은 인터넷 쇼핑몰을 통해 세계 각국 소비자들에게 직접 판매한다. 공장 주문을 기다린 19세기 가내공업 업자들과 달리 오늘날의 메이커 스타일 가내공업 업자들은 자신만의 제품을 발명하고 작은 브랜드를 만들고자 노력한다. 그들은 저임금 노동력을 많이 활용하는 기업이 유리할 수밖에 없는 가격경쟁보다는 혁신경쟁을 한다. 그들은 독특한 디자인을 개발하고, 대량생산 제품을 꺼리는 소비자들에게 더 높은 가격을 받고 물건을 팔 수 있다.

따라서 오늘날은 초기 산업혁명과 비슷한 일이 벌어지고 있다. 새로운 형태의 가내공업이 번창하고 있는 것이다. 또 다시 신기술이 나와 개인이 생산수단을 보유하게 됐고, 상향식 기업가 활동과 분산된 혁신 활동이 가능하게 됐다. 소프트웨어부터 음악까지 모든 생산수단을 민주화한 웹 덕분에, 기숙사 방에서 창업해 억만장자가 되거나 집에서 음반을 만들어 히트를 치는 일이 가능해졌다. 디지털 제조도구의 민주화는 초기 산업혁명 시대의 다축 방적기와 같은 역할을 할 것이다. 다축 방적기가 길드 시대의 막을 내렸듯이 디지털 제조도구의 민주화는 맨체스터를 키우고 지난 3세기 동안 세계를 지배한 공장 시대의 막을 내리게 할 것이다.

4장

세상을 바꾼 데스크톱 혁명

3차원 프린터가 대중화되는 시대
공장에서 쓰던 도구를 책상에서 쓸 수 있다면?

나는 1970년대 말에 워싱턴 근교에 있는 고등학교를 다녔다. 학교 주변에는 공장이 없었고, 내 친구 부모들은 대부분 변호사와 공무원이었다. 당시 고등학교에서는 기술 교육 과정의 일부로 기술 수업을 필수로 들어야 했다. 왜 그래야 했는지 모르겠지만 그 고등학교에서는 띠톱, 테이블 톱, 드릴 프레스와 같은 공장 도구의 사용법을 가르쳤다. 닌자 표창을 만드는 학생도 있었고, 마약 흡입용 담뱃대를 만드는 학생도 있었다.

나는 조잡한 잡지 보관함을 만들었는데 그때 만든 잡지 보관함을 집을 나와 독립할 때까지 사용했다. 다행히도 잡지 보관함을 만들면서 손가락을 다치지는 않았다. 한편, 여학생들은 가정학 수업을 들었다. 가정학 수업에서는 재봉틀 사용법, 요리법, 식물 기르는 법을 가르쳤는데 다른 형태의 DIY 교육이라고 할 수 있다.

나는 집에서 히스키트^{Heathkit} 사의 전자제품 세트를 조립했다. 몇 주일에 걸쳐 힘들게 부품을 조립하고 납땜 작업을 해야 했지만, 당시에는 이것이 무선통신기나 스테레오 앰프를 가장 값싸게 손에 넣는 길이었다. 화학실험 세트로 실제 화학물질들을 실험해보는 것도 무척 재밌었다(요새 나오는 화학실험 세트로 실험할 수 있는 것은 고작 베이킹파우더 수준이라 재미가 없다). 특이한 자동차를 가진 사람은 주말에 자동차 보닛을 열어 자동차 부품을 분해했다가 조립했다. 1970년대 아이들은 제품이 작동하는 원리를 알아보기 위해 제품을 분해하고, 여러 제품에 공통으로 들어가는 부품들의 기능을 연구하는 일이 흔했다.

하지만 1980~1990년대를 거치면서, 혼자 힘으로 물건을 만드는 낭만이 사라졌다. 과거에는 제조업에 취업하는 것이 중산층이 되는 길이었다. 하지만 1980년대 이후 미국 제조업 임금이 다른 직종 임금보다 상대적으로 낮아지면서, 학생들이 제조업에 취업하려는 동기가 약해졌다. 학생들의 관심사는 공작 기계에서 컴퓨터로 옮겨갔다. 대우가 좋은 모든 일자리가 컴퓨터 사용을 요구하면서 학교 교육 과정도 기술 수업에서 컴퓨터 수업으로 대체됐다. 학교의 교육목표는 '상징 분석가$^{symbolic\ analyst}$(정보산업에 종사하는 화이트칼라 근로자를 일컫는 사회과학 용어)'를 양성하는 것으로 바뀌었다. 1990년대 교육예산 삭감은 결정타였다. 기술과목 교사들이 대량 해고당하고, 도구들은 팔리거나 창고에 처박혔다.

아시아에서 수입한 전자제품이 히스키트 사의 전자제품 조립 세트보다 저렴하고 성능이 좋았다. 과거에는 아마추어들이 부품을 조립해서 전자제품을 만들 수 있었지만, 이제는 전자제품이 복잡해져 아마추어들이 조립하기 어려워졌다. 전자제품은 이제 소비자가 마음대로 분해하고 조립할 수 없게 됐다. 히스키트 사는 1992년에 조립 세트 사업에서 철수했다.[19]

자동차 부품도 아마추어가 분해·조립할 수 없는 부품으로 진화했다. 기계 부품은 반도체로 대체됐다. 신형 자동차들은 과거만큼 소비자가 정비하지 않아도 됐다. 소비자가 자동차 보닛을 열어봐도 할 수 있는 일은 오일과 오일 필터를 교체하는 것밖에 없다. 중요한 자동차 부품들은 밀봉된 상태라 소비자가 함부로 분해할 수 없다.

직장에서 여성 차별이 줄고 여성의 취업기회가 늘면서 가정학 수업의 위상도 낮아졌다. 20세기 중반 학생들이 렌치와 톱을 가지고 놀았다면, 20세기 말부터는 컴퓨터와 비디오 게임을 가지고 놀았다. 가장 재능 있는 젊은이들은 소프트웨어와 온라인 공간에 매료당해 디지털 시대를 열었다. 이렇게 해서 세상은 원자 세계에서 비트 세계로 이동했다. 지난 30년, 한 세대에 걸쳐 이러한 전환이 일어났다는 사실을 부정할 수 없다.

하지만 고등학교에서 기술 교육이 사라지고 미국 제조업이 해외로 빠져나가기 시작한 지 30년이 지난 지금, 미국 고등학생들이 다시 기술 교육을 받아야 할 때가 왔다. 데스크톱 제조도구들이 대중화되면서 고등학교 교육 과정에 '물건 제조법'을 다시 집어넣어야 할 때가 됐다. 21세기에 가르쳐야 할 것은 톱을 사용하는 법이 아니라 디자인하는 법이다.

오늘날 학생들은 컴퓨터 수업시간에 파워포인트와 엑셀 사용법을 배우고, 미술시간에 그림 그리고 조각하는 법을 배운다. 학교 수업에 디자인 수업을 추가하면 어떨까. 아이들이 스케치업^{Sketchup}이나 오토데스크$^{Autodesk\ 123D}$ 같은 무료 3D 캐드 도구를 사용하는 법을 학교에서 배운다고 상상해보자. 건물과 환상적인 구조물을 디자인하는 학생도 있고, 비디오 게임에 나올 법한 차량을 디자인하는 학생도 있을 것이다. 일부는 기계를 발명할 것이다.

디자인 수업을 하는 교실마다 3차원 프린터나 레이저 커터가 있다고 상상해보라. 이러한 데스크톱 디자인 도구들에는 '제조' 메뉴가 있어 학생들이 컴퓨터로 디자인한 것을 손쉽게 물건으로 만들 수 있다. 학생들이 자신이 꿈꾼 것을 직접 손에 쥐는 경험을 통해 무엇을 배울지 상상해보라. 새로운 메이커 세대가 나올 것이다. 이렇게 해서 차세대 제조업 기업가들이 탄생할 것이다.

세상을 바꾸는 '데스크톱' 혁명

데스크톱 프린터의 보급으로 집에서도 인쇄할 수 있게 된 지 20년이 지났다. 이제 데스크톱이라는 단어가 산업기계에도 더해지면서 놀라운 효과를 낳고 있다. 컴퓨터로 제어하는 데스크톱 제작도구(데스크톱 3차원 프린터, 데스크톱 CNC 기계, 데스크톱 레이저 커터, 데스크톱 컴퓨터 재봉틀)로 집에서도 갖가지 물건을 만들 수 있게 됐다. '리얼리티 캡처$^{reality\ capture}$'라고 부르는 데스크톱 3D 스캔은 물리적 세계를 디지털화한다. 데스크톱 제작^{desktop fabrication}이 데스크톱 제조^{desktop manufacturing}로 이어지고 있다.

'데스크톱'이라는 단어가 왜 중요할까? 컴퓨터의 역사를 보면 알 수 있다. 1970년대 말까지 컴퓨터는 커다란 방만 한 메인프레임 컴퓨터나 냉장고만 한 미니컴퓨터만 있었다. 이런 컴퓨터는 정부, 대기업, 대학만 사용했다. 전문가들은 오래전부터 컴퓨터가 일반인의 가정에도 들어갈 수 있을 것이라고 예측했다.

반도체 집적회로의 성능이 18개월마다 2배로 증가한다는 '무어의 법칙'이 이러한 예측의 근거였다. 하지만 이렇게 예측한 전문가들도 모든 사람이 컴퓨터를 사용하게 되리라고 상상하지 못했다. 당시 컴퓨터는 통계 자료와 기업 회계를 처리하고, 모의실험을 수행하고, 핵무기를 설계하는 등 거대한 일을 하는 데 쓰였다. 왜 가정에서 이런 엄청난 물건이 필요하겠는가?

IBM, AT&T 등 대기업 연구소들은 최고 인재들을 동원해 미래 가정에서 컴퓨터가 어떻게 쓰일지 예측해보았으나 별 다른 쓰임새를 찾지 못했다. 기껏해야 요리법을 적은 종이를 관리하는 용도로 쓰일 것이라고 예측했다.

1969년 허니웰^{Honeywell} 사는 1만 달러짜리 주방용 컴퓨터를 출시했다. 정식 제품명은 'H316 Pedestal Model'이다. 이 주방용 컴퓨터는 미국 백화점 니만 마커스^{Neiman-Marcus}가 소비자에게 보낸 카탈로그 표지에 실렸다. 사진으로 보면 도마가 달린 멋진 컴퓨터지만 실제로 팔렸는지는 모르겠다. 아무리 최신 기술에 밝은 요리사라도 흑백 모니터에 표시되는 요리법을 읽어가며 요리할 것 같진 않다.

하지만 진정한 개인용 컴퓨터이자 '데스크톱' 컴퓨터인 애플II 컴퓨터와 IBM 컴퓨터가 시장에 나오자, 기업용 엑셀과 워드프로세서부터 가정용 비디오 게임과 PC 통신까지 수많은 쓰임새가 생겨났다. 이러한 쓰임새는 애초에 대기업 연구원들이 제품을 개발할 때 예측한 것이 아니라 제품이 나온 다음에 제품 사용자들이 개발한 것이다.

1985년에 애플이 최초의 데스크톱 레이저 프린터 제품인 레이저 라이터^{Laser Writer}를 출시했다. 이는 애플 맥 컴퓨터와 더불어 데스크톱 출판 현상을 일으켰다. '책상'에서 '출판'한다는 것은 이전에 상상도 못한 개념이다. 애플의 프린터가 맥 컴퓨터보다도 처리 능력이 좋다는 사실은 유명하다. 레이저 라이터는 공장에서 사용하는 비싼 인쇄기가 처리할 수 있는 포스트스크립트^{Postscript}(그래픽과 텍스트를 최적으로 인쇄할 수 있도록 해주는 프로그래밍 언어 - 옮긴이)를 처리할 수 있다. 스티브 잡스는 애플의 데스크톱 프린터가 공장 프린터보다 나은 결과물을 출력하길 원했기에 원가절감을 위해 성능을 하향시키지 않았다. 그 결과 레이저 라이터는 상대적으로 비싼 7,000달러에 출시됐다. 그래서 사무실에서 여러 컴퓨터가 프린터 1대를 공유할 수 있는 새로운 네트워크 기술을 발명해야 했다.

당시에는 인쇄라는 단어가 제조업의 영역에 속했다. 인쇄하려면 공장에서 대량의 종이와 잉크를 주문하고 수송해야 했다. 당시 언론의 힘은 대량 인쇄 능력에서 나왔다. 지금도 존재하는 신문사 노조는 신문사 직원의 상당수가 인쇄공장 노동자였던 시대의 유산이다.

하지만 데스크톱 프린터의 보급으로 공장이 없어도 누구나 쉽게 인쇄를 할 수 있게 됐다. 집에 있는 프린터로 몇 장 출력해보고 만족스러우면 플로피 디스켓에 파일을 담아 인쇄소로 가서 대량 인쇄할 수 있게 됐다. 개인의 집에 있는 프린터가 거대한 공장에 있는 인쇄기와 같은 언어(포스트스크립트)를 사용했다. 물론 1980년대 모든 미국 가정에서 사용하기엔 가격이 매우 높았지만 점차 가격이 내려가 지금은 100달러도 안 되기에 사실상 대부분의 미국 가정에 보급된 상태다(결정적 역할을 한 기술은 디지털 사진).

공장에서 인쇄하던 것을 가정에서 인쇄할 수 있게 되면서 사람들은 언론의 힘을 얻었다. 사람들은 단순히 정보 소식지를 보내는 것에 그치지 않고 더 많은 일을 하고 싶어졌다. 웹이 보급되자 인쇄하는 행위는 온라인 게시판에 글을 올리는 행위로 전환됐다. 이를 통해 사람들은 자신의 생각을 세계 각지에 있는 다른 사람들에게 전달하게 됐다.

게시판에 글을 올리는 단순한 행위조차 과거에는 공장에서 하던 일이다. 오늘날에는 컴퓨터가 거대한 창고에 가득 설치된 서버팜server farm(소위 클라우드cloud)에 연결되어 있기에, 집에 있는 컴퓨터를 사용해 이전보다 효율적으로 일을 할 수 있다. 지금은 컴퓨터로 구글에 접속해 방대한 데이터를 손쉽게 검색할 수 있지만, 수십 년 전에는 수백만 달러짜리 슈퍼컴퓨터를 동원해야 가능했다. 독자가 직접 구글의 서버팜에 가보면, 컴퓨터와 공장의 비교가 결코 과장이 아님을 깨달을 것이다. 구글의 서버팜은 도시의 한 구역만 한 면적을 차지한다. 모든 사람이 이러한 방대한 장비를 공짜로 이용해 자신의 생각을 전 세계로 전파할 수 있다.

20세기에는 거대 언론사가 산업기계를 사용해 언론 권력을 독점했지만, 이제는 모든 사람이 컴퓨터를 이용해 언론의 힘을 행사할 수 있게 됐다. 과거에는 정부, 대기업, 연구소만이 세계 최대 컴퓨터 시설들을 이용했지만 오늘날에는 누구나 이용할 수 있다. 이것이 바로 '데스크톱'이 일으킨 변화다.

DIY 디자인

지금의 3차원 프린터는 25년 전 애플의 매킨토시나 레이저 라이터와 같은 위치에 있다. 최초의 레이저 프린터가 그랬듯이 3차원 프린터도 여전히 개인이 사기엔 약간 비싸고 사용하기 어렵다. 모든 미국 가정에 컬러 프린터가 보급되는 데 결정적 역할을 한 디지털 사진 기술처럼, 어떤 기술이 3차원 프린터의 보급을 촉진할지는 아직 예측할 수 없다.

현재로서 확실히 예측할 수 있는 것은 3차원 프린터가 레이저 프린터보다도 빠른 속도로 가격이 낮아지고 성능이 향상될 것이란 점이다. 3차원 프린터의 기본적인 기술은 레이저 프린터보다 한 세대 위의 기술인 잉크젯 프린터와 같다. 3차원 프린터와 잉크젯 프린터의 유일한 차이는 3차원 프린터는 잉크 대신 빛을 받으면 고체로 굳는 액체 플라스틱을 사용하고, 높이를 조절하기 위해 모터가 하나 더 달려 있다는 점이다.

새로운 프린터를 도입한 사람들은 언제나 생소한 길을 가면서 배워야 했다. 최초로 데스크톱 프린터를 사용한 사람들은 인쇄공장 기술자들이 수세기 동안 연구한 인쇄용어와 기술을 배워야 했다. 처음 워드프로세서와 프린터를 사용한 사람들은 폰트를 뒤죽박죽 사용해 조잡한 문서를 출력하기 일쑤였지만, 이러한 시행착오를 거친 끝에 오늘날의 웹에 이르는 창의력의 폭발이 일어났다.

지금은 데스크톱 제작도구의 보급으로 산업 전문가들이나 사용하던 생소한 기술과 용어를 아마추어들이 접하고 있다. 3차원 프린터, CNC 기계 같은 데스크톱 제작도구를 사용하다 보면, G코드(공작기계의 작동 준비를 지시하는 명령어-옮긴이), 래스터^{raster}(컴퓨터에서 화상 정보를 표현하는 한 방법-옮긴이), 이송속도^{feedrate}(CNC 기계에서 공구와 이송 테이블 간의 거리 속도-옮긴이) 같은 낯선 용어들을 접하게 된다. 하지만 걱정할 것 없다. 필요해서 하다 보면 배우게 된다. 언젠가는 초등학교 5학년생이 디지털 제작 수업시간에 이러한 용어들을 배울 날이 올 것이다.

PC 혁명 초창기에 사람들이 픽셀, 바이트, 램 같은 생소한 용어들을 접해 얼마나 당혹스러워했는지 생각해보라. 하지만 지금은 이러한 용어들을 익숙하게 받아들이고 있다. 기술이 대중화되면 전문가가 아닌 사람도 쉽게 이용할 수 있게 된다.

제조자 운동도 마찬가지다. 공장에서만 쓰던 제작도구를 책상에 올려놓고서는 무한한 가능성에 매료된 사람이 많다. 외계인이 쓰는 말처럼 난해한 용어를 접하면 컴퓨터 전문가들이나 쓸 수 있을 것처럼 보인다. 하지만 이는 기술이 사회에 널리 보급되는 과정에서 나타나는 첫 단계일 뿐이다. 잉크젯 프린터가 그랬듯이 데스크톱 제작도구들도 곧 어느 가정에서나 쉽게 쓸 수 있는 도구가 될 것이다. 지난 역사를 상기한다면, 데스크톱 제작도구들은 한 세대 전 마이크로프로세서가 세상을 바꾼 것보다 훨씬 빠른 속도로 세상을 바꿀 것이다. 이제 우리는 모두 디자이너다. 디자인하는 일에 익숙해져야 할 때다.

5장

사물의 롱테일 혁명

대량생산은 대중 취향의 상품을 생산한다
하지만 개인 취향의 상품은 누가 생산할까?

요새 두 어린 딸은 '심즈3'라는 비디오 게임을 하고 있다. 이 게임은 인형놀이를 가상공간으로 옮겨놓은 생활 시뮬레이션 게임이다. 플레이어는 가상공간에서 다양한 가구를 선택해 집을 꾸미고(이를 '심즈한다'고 한다) 집에서 가상인물이 사는 모습을 지켜본다. 두 딸이 만든 집을 보니, 하나는 운동실과 시청각 자료실이 딸린 현대 직장여성 스타일의 집이고, 하나는 유선형 가전제품과 현대식 가구, 사각형 수영장이 딸린 1960년대 스타일의 집이었다.

뭐든지 가능한 디지털 세계에서 놀던 애들은 얼마 전 주말에 실제 인형집을 다시 꾸미기로 했다. '심즈'에서는 무수히 다양한 가구를 선택할 수 있기에 애들은 실제 인형집 가구도 선택하고 싶어 했다. 하지만 디지털 세계와는 달리 현실세계에서는 애들 마음대로 가구를 바꿀 수 없다.

애들은 우선 내게 인형집 가구를 사달라고 했다. 나는 생일 선물로 사줄 테니 그때까지 기다리라고 말하고, 즉시 인터넷을 검색해보았다. 그 결과 세 가지 사실을 발견했다. 첫째, 인형집 가구는 비쌌다. 둘째, 인형집 가구는 종류가 다양하지 못했다. 셋째, 애들이 좋아하는 인형집 가구는 집에 있는 인형집 크기에 맞지 않았다.

그러자 애들은 집에서 직접 인형 가구를 만들 수 없는지 물었다. 나는 두 어린 딸의 DIY 정신이 반가웠지만, 애들과 함께 물건을 만들다 보면 결국 몇 시간 뒤에는 나 혼자 작업실에서 끙끙대며 물건을 만들고 있을 것이란 사실을 경험을 통해 알고 있었다. 그리고 설령 일주일 동안 세심하게 나무 조각을 세공해 인형 가구를 완성해도 상점에서 파는 인형 가구에 비해 조잡할 것이다.

하지만 이제는 컴퓨터로 디자인한 것을 실제 물체로 인쇄하는 3차원 프린터가 있다. 대표적인 3차원 프린터는 미국 최대 3차원 프린터 기업 메이커봇이 출시한 싱오매틱Thing-O-Matic이다. 이 기계를 사용하면 기성품 못지않은 인형 가구를 집에서 만들 수 있다. 나는 메이커봇이 운영하는 '싱기버스Thingiverse'라는 웹사이트에 접속했다. 이 웹사이트는 다양한 제품을 3차원 프린터로 만들어볼 수 있도록 각종 디자인 파일을 제공한다. 이 웹사이트에서는 '심즈' 게임과 똑같이 온갖 종류의 가구 디자인을 선택할 수 있다.

나는 딸과 함께 정교한 빅토리아풍 의자와 소파를 선택해 인형집에 들어갈 만한 크기로 조정하고 '제조build' 버튼을 클릭했다. 20분 뒤 우리는 새 인형 가구를 손에 넣었다. 이처럼 우리는 인형 가게에 가서 가구를 살 때보다 훨씬 손쉽고 빠르게 다양한 가구를 무료로 얻을 수 있었다. 앞으로는 다시 인형 가구를 살 일이 없을지도 모른다.

장난감 회사 사장이 이 글을 읽는다면 등골이 오싹할 것이다. 내가 이 글을 쓰는 시점에 카메라 필름 회사 코닥이 파산을 신청했다. 코닥은 필름 없이 사진을 찍고, 프린터가 있는 집에서 무료로 사진을 출력할 수 있는 디지털 카메라의 시대에 적응하지 못했다. 지금 값싼 플라스틱 장난감을 만들고 있는 회사 사장이라면 코닥의 파산이 남의 일 같지 않을 것이다.

물론 3차원 물체를 만드는 일은 2차원 이미지를 출력하는 일보다 복잡하다. 지금까지 메이커봇이 출시한 3차원 프린터는 플라스틱에 몇 가지 색상만 입힐 수 있다. 아직은 사출성형기로 만든 플라스틱 제품이 3차원 프린터로 만든 플라스틱 제품보다 마감 상태가 좋다. 3차원 프린터는 페인팅 기계나 스텐실stencil(오려낸 문양이나 그림을 잉크나 염료로 디자인을 프린트하거나 장식하는 기법)처럼 정교하게 색을 칠할 수 없다.

이는 아직 3차원 프린터 기술 수준이 낮기 때문이다. 1980년대 프린터를 기억하는가? 당시 프린터는 시끄럽고 검은 색으로만 인쇄할 수 있고 인쇄 상태도 조잡했다. 전자 타자기보다 약간 나은 정도에 불과한 기계였다. 하지만 한 세대가 지난 지금은 소음이 적고 사진처럼 선명하게 인쇄하는 프린터를 값싸게 구입할 수 있다.

앞으로 10년, 20년 뒤에 3차원 프린터가 얼마나 발전할지 상상해 보라. 3차원 프린터가 플라스틱에서 나무 조각이나 음식까지 다양한 물체를 빠르고 조용하게 인쇄하는 날이 올 것이다. 잉크젯 프린터처럼 여러 색상의 잉크 카트리지를 장착해 훨씬 다양한 색상을 인쇄하는 날이 올 것이다. 지금 최고의 장난감 공장이 생산하는 장난감보다 훨씬 정교한 장난감을 생산하는 날이 올 것이다. 물체에 전기회로를 인쇄하고 건전지를 연결해 쓰는 날이 올지도 모른다.

사물의 롱테일

혁신적 변화는 산업이 민주화될 때 나타난다. 즉 특정 기업, 국가, 단체가 독점하고 있던 산업이 일반인에게 넘어갈 때 혁신적 변화가 일어난다.

이러한 예는 무수히 발견할 수 있다. 음반시장부터 신문시장까지 몇몇 기업이 독과점하고 있던 시장에 무수한 소기업이 진입하면 시장이 크게 바뀐다. 진입 장벽을 낮추면 군중이 밀려들어온다.

이것이 민주화의 힘이다. 민주화는 가장 잘 사용하는 법을 아는 사람의 손에 도구를 쥐어준다. 모든 사람은 자신만의 필요, 전문지식, 아이디어가 있다. 사람들에게 자신의 필요에 따라 도구를 사용하고, 자신의 아이디어에 따라 도구를 변형할 권한을 주면, 집단은 도구의 힘을 최대한 끌어낸다.

인터넷은 출판, 방송, 통신을 민주화했다. 그 결과 모든 디지털 영역의 참여와 참여자가 증가했다. '비트의 롱테일Long Tail of bits'이라 할 수 있다.

이제 이러한 일이 제조업에도 일어날 차례다. 앞으로는 '사물의 롱테일Long Tail of things'을 볼 수 있을 것이다.

나는 『롱테일 경제학The Long Tail』에서 바로 이러한 점을 설명했다. 문화시장에서 틈새시장의 비중이 점점 커지고 있다. 『롱테일 경제학』에서는 주로 디지털 세계를 언급했다. 20세기에는 상점, 방송 채널, 극장이라는 전통적 유통체제의 '유통량'이 제한되어 있었기 때문에 일정 수준 이상 수익을 올릴 수 있는 음악, 영화, 출판물만이 유통됐다. 거의 팔리지 않는 상품을 진열해놓는 것은 공간 낭비로 큰 비용을 초래했다.

하지만 이러한 문화상품을 온라인 시장에서 판매하게 되자 상품 진열에 드는 비용이 크게 낮아졌다. 이에 따라 온라인 상점은 오프라인 상점보다 훨씬 다양하고 극소수만 찾는 상품까지 팔 수 있게 됐다. 몇몇 히트 상품이 시장을 독점하는 시대는 끝났다. 이제 문화상품시장은 대량판매시장mass market이 아니다. 롱테일 법칙을 따르는 여러 소량판매시장micro-markets으로 바뀌었다. 요새 젊은이들이 좋아하는 문화상품은 각기 다르다. 과거 관점으로 보면 모두 소수 취향자다.

즉, 21세기 소비자들은 20세기 시장이 제공한 것보다 훨씬 다양한 취향에 따라 문화상품을 고를 수 있게 됐다. 20세기 상점에 진열된 제한된 종류의 문화상품은 소비자의 진정한 취향을 반영한 것이 아니라 당시 유통업자들의 경제적 필요를 반영한 것이었다. 반면 지금은 인터넷 덕분에 소비자가 각자 개인 취향에 맞는 문화상품을 구할 수 있게 됐다. 물리적 시장에서는 유통하지 못했을 소수 취향의 상품도 인터넷을 통해서는 유통할 수 있다.

물론 인터넷으로 디지털 상품만 유통되라는 법은 없다. 인터넷은 물리적 상품의 롱테일을 늘리는 역할도 했다. 인터넷은 생산 혁명이 아닌 유통 혁명을 통해 이를 달성했다.

20세기에 유형 재화는 유통 과정에서 세 가지 병목 지점을 통과해야만 했다. 소비자는 다음 세 가지 테스트를 통과한 유형 재화만을 구매할 수 있었다.

1. 제조업체들이 제조할 만큼 인기가 있는가.
2. 소매업자들이 계속 진열할 만큼 인기가 있는가.
3. (광고나 상점 쇼윈도를 통해) 소비자 눈에 들어올 만큼 인기가 있는가.

아마존이 입증했듯이 웹은 두 번째와 세 번째 병목 지점을 없앴다.

첫째, 중앙집권적 유통창고를 운영하는 아마존이나 입주업체들이 각각의 유통창고를 가진 오픈마켓은 오프라인 소매상보다 훨씬 다양한 상품을 고객에게 보여줄 수 있다. 온라인 판매자들은 이메일을 통해 훨씬 다양한 상품 카탈로그를 소비자에게 보낼 수 있다.

둘째, 인터넷 검색을 통해 구매하는 사람이 늘면서 오프라인 상점에서는 구할 수 없는 제품까지 구매할 수 있게 됐다.

한편, 중고품을 전문적으로 사고파는 이베이를 비롯해 다양한 종류의 상거래에 특화한 웹 소매업체들이 등장했다. 이제 사람들은 구글 검색을 통해 모든 웹 소매업체들이 판매하는 상품을 검색할 수 있게 됐다. 이러한 웹의 발전 덕분에 오늘날에는 디지털 상품뿐 아니라 일반 상품까지 롱테일 법칙을 보이고 있다. 따라서 두 번째와 세 번째 병목 지점은 대부분 사라졌다.

첫 번째 병목 지점은 어떤가? 제조업체들이 다양한 상품을 제조하고 있을까? 웹은 첫 번째 병목 지점도 일정 부분 해결했다. 웹을 이용하면 '분산된 수요'를 통합할 수 있다. 한 지역에서는 제조업체가 이윤을 낼 만한 수요가 나오지 않더라도, 전 세계의 수요를 다 합치면 제조업체가 이윤을 낼 만한 수요가 된다. 전통적 유통망에서는 유통되지 않을 제품이라도 웹을 통해서는 유통될 수 있다. 제조업체들이 온라인 글로벌 시장에서 충분한 수요를 발견할 수 있기에 더 많은 틈새시장 상품들을 만들고 있다.

하지만 이는 시작일 뿐이다. 웹 혁명으로 소비자는 상품 구매 과정에서 선택의 폭이 넓어졌을 뿐 아니라, 다른 사람이 소비할 수 있는 것을 소비자가 만들 수 있게 됐다. 디지털 카메라의 보급으로 유튜브에 동영상이 폭발적으로 올라왔다. 컴퓨터에서 사용할 수 있는 디지털 도구의 보급으로 소비자가 직접 음악, 출판, 소프트웨어를 제작할 수 있게 됐다. 재능만 있으면 누구나 무엇이든 만들 수 있는 시대가 됐다. 과거에는 강력한 도구와 유통 수단에 접근할 수 있는 권력을 가진 사람만 생산에 참여할 수 있었지만, 이제는 이런 장벽이 사라졌다. 재능과 동기를 가진 사람은 학위가 없어도, 기업에 들어가지 않아도, 웹을 통해 다른 사람들에게 자신의 재능을 보일 수 있다.

사람들이 유튜브나 블로그와 같은 웹에 올리는 것은 대부분 글, 사진, 비디오와 같이 독창적 표현이 담긴 창조물이다. 이는 돈 주고 사는 상품과 경쟁관계는 아니더라도, 결국 소비자의 시간을 놓고 경쟁한다. 블로그는 책이 아니지만 블로그를 보며 시간을 보내는 것은 독서처럼 즐거움과 정보를 얻을 수 있다. 지난 10년간 가장 큰 변화는 사람들이 전문가가 제작한 콘텐츠를 소비하는 시간이 줄어들고, 아마추어가 제작한 콘텐츠를 소비하는 시간이 증가하고 있다는 점이다. 페이스북, 텀블러^{Tumblr}, 핀터레스트^{Pinterest}와 같은 SNS 돌풍은 전문가가 만든 상업적 콘텐츠를 찾던 20세기 소비자와 달리, 아마추어가 만든 콘텐츠도 찾는 21세기 소비자의 추세를 반영한다.

이와 같은 일이 물리적 상품에도 일어날 수 있다. 디지털 카메라나 음악 편집 소프트웨어가 디지털 콘텐츠 제작에 영향을 미쳤듯, 3차원 프린터를 비롯한 여러 가지 프로토타입 툴^{prototyping tool}도 물리적 상품 제작에 영향을 미칠 수 있다. 이러한 프로토타입 툴을 이용하면 누구든 자신만의 상품을 만들 수 있다. 육아 전문 사이트인 배블닷컴^{babble.com}을 설립한 웹 기업가 루퍼스 그리스컴^{Rufus Griscom}은 이를 "딜레탕티즘^{dilettantism}(예술이나 학문을 취미로 폭넓게 즐기는 자세-옮긴이)의 르네상스"라고 표현했다.

이와 동시에, 디지털 디자인과 신용카드를 가진 사람 중 누구나 웹 기반 제조를 할 수 있도록 전 세계 공장이 문을 열고 있다. 이에 따라 이제는 완전히 새로운 계층의 크리에이터들이 생산에 참여하고 있다. 거대한 공장이 없어도, 기업을 설립하지 않아도, 집에서 만든 프로토타입을 제품화할 수 있게 됐다. 제조는 웹브라우저로 접속할 수 있는 여러 '클라우드 서비스' 중 하나가 됐다. 발명가가 공장을 필요로 할 때 거대한 공장 중 일부를 사용할 수 있게 됐다. 이러한 공장들은 다른 사람들이 운영한다. 사람들이 구글이나 애플의 거대한 서버에 접속해 사진을 저장하거나 이메일을 처리하듯이, 이제 발명가들은 공장

설비가 필요할 때 웹을 통해 공장에 접근할 수 있게 됐다.

이를 학술적으로 바꿔 말하면, 공급망이 '규모에서 자유로워졌다'고 할 수 있다. 공장이 삼성 같은 거대기업뿐 아니라 차고에서 발명하는 개인의 주문을 받아 물건을 제조하는 시대가 다가오고 있다. 이를 일상용어로 바꿔 말하면, 개인이 무엇이든 마음대로 만들 수 있는 시대가 왔다고 할 수 있다. 이제 대중이 생산수단을 통제하는 시대가 왔다. 『린 스타트업The Lean Startup』의 저자 에릭 리스Eric Reis는 생산수단의 소유를 중시한 마르크스가 틀렸다고 주장한다. "이제 중요한 것은 생산수단의 소유권이 아니라 생산수단의 임차권이다."

이러한 개방형 공급망이 생산에 미칠 영향을 가늠하려면 10년 전 웹 출판과 전자상거래를 보면 된다. 아마존부터 이베이까지 웹은 예전에는 수익이 나지 않아 판매자가 무시했을 물리적 상품의 틈새 수요를 판매자가 수익을 얻을 수 있는 유효 수요로 바꾸었다. 웹이 판매의 롱테일을 가능하게 했듯이 민주화된 생산도구는 공급의 롱테일을 가능하게 할 것이다.

신세대 제조자

사물의 롱테일은 이미 수년 전부터 일반인의 곁에 있었다. 예를 들어 MG 로드스터MG roadster라는 클래식카 차종을 검색하면, 클릭 몇 번만에 생산이 중단된 지 30년도 넘은 차종의 부품을 판매하는 전문 공급업체들의 홈페이지를 발견할 수 있다. 목걸이를 보관할 제품을 알아보려고 인테리어 업체 크레이트앤배럴^{Crate&Barre}(가구 주방용품 전문 체인점-옮긴이)을 검색해서 몇 번 클릭하면, 어느새 수공예품 쇼핑몰인 에치에 접속해 금속 아티스트가 만든 것보다 훨씬 멋지고 흥미롭고 저렴한 제품을 구매할 수 있다. 웹으로 인해 다양성에 대한 장벽이 사라졌다.

아티자날 운동^{artisanal movement}(독립적인 생산자가 자신이 직접 키운 농산물로 식품을 만드는 것-옮긴이)과 대량 공예^{mass-scale crafting}가 등장하면서 개인 취향에 특화된 상품에 대한 수요가 광범위하게 나타났다. 내가 이 책을 쓰는 시점에 브루클린에서는 아티자날 방식의 피클 제조업체가 난립 중이다. 한편 버클리에서는 아티자날 방식의 겨자를 찾는 사람이 많다. 지금 월마트는 맷돌로 간 겨자 수십 종을 포함해 100가지가 넘는 겨자를 팔고 있다.

초^{Tcho}와 같은 지역 초콜릿 제조업체들은 어느 업체가 가장 뿌리 깊고 윤리적인 공급망을 가지고 있는지를 놓고 경쟁 중이다. 단순히 유기농법으로 재배한 농산물로 식품을 만들고, 공정하게 거래하는 차원이 아니다. 카카오 콩으로 직접 초콜릿을 만드는가? 카카오 콩을 가나에서 직수입하는가? 이런 것을 꼬치꼬치 신경 쓰는 소비자를 상대하는 아티자날 방식 제조업체들은 단지 정성을 들여 식품을 만드는 것만으론 경쟁에서 이길 수 없다.

거대 제조업체의 대량생산 제품에 순응하지 않는 사람들이 만든 이런 틈새상품들의 특징은 무엇일까? 우선 틈새상품은 더 비싼 제품을 살 수 있는 소비자를 선별한다. 유명 디자이너 제품이나 고급 와인을 생각해보라. 양품점에서 맞춰 입는 옷은 몸에 더 잘 맞고 질이 높은 대신 무척 비싸다. 사람들은 자신에게 딱 맞는 제품을 사용하는 특권을 얻고자 종종 더 높은 비용을 지불한다. 맞춤옷부터 고급 레스토랑까지, 배타성은 소비자에게 더 높은 가격을 받아들이게 하는 요소다.

디자인 회사 아이머티리얼라이즈^{i.materialize}는 이를 '독특성의 힘'이라고 표현한다. 대다수가 무난하게 사용할 수 있는 제품이 범람하는 시장에서는 개인적 필요를 충족하는 제품을 만들어야 경쟁업체들보다 우위를 점한다. 소비자가 주문생산한 자전거가 대량생산한 자전거보다 소비자의 필요에 부합한다. 지금은 대체로 부자들만 이런 주문생산을 택한다. 소비자 주문생산은 기계 대신 사람이 손으로 만들어야 하는 방식이라 제품 가격이 비싸기 때문이다. 하지만 디자인이 복잡한 제품을 소량생산해도 추가 비용이 없는 디지털 제조 방식을 도입한다면 어떨까?

컴퓨터와 생산기계가 통합되면서 다른 제품을 만드는 데 소요되는 추가 비용이 사라지고 있다. 요새 대형 마트들은 고객 구매 내역을 분석해 고객이 구매할 확률이 높은 상품을 모은 카탈로그를 보낸다. 모든 고객에게 똑같은 카탈로그를 보낼 때와 비교해 카탈로그 제작비는 증가하지 않았다. 이와 유사한 원리로, 미국의 한 슈퍼마켓에서는 독특하게 장식한 케이크를 살 수 있다. 공장에서 최신 생산 로봇을 이용해 케이크를 제조하기에 케이크 장식을 바꾸는 데 드는 추가 비용은 없다. 하지만 소비자는 독특한 디자인의 케이크가 더 가치 있다고 인식하기에 판매자는 더 높은 가격을 받고 팔 수 있다. 이처럼 컴퓨터와 생산기계의 통합 덕분에 제조업체들은 소비자의 필요를 충족하는 다양한 제품을 추가 비용 없이 생산할 수 있게 됐다.

이러한 틈새상품들은 대체로 기업의 욕구와 필요보다는 소비자의 욕구와 필요에 따라 생산된다. 물론 이런 틈새상품을 대량생산하려면 기업을 만들어야 하지만, 틈새상품을 만드는 기업은 대량생산을 자제하려고 한다. 이러한 기업들은 자신의 우선목표는 공동체를 섬기는 것이고, 돈을 버는 것은 그다음 문제라고 말한다. 열정적 소비자였다가 기업가로 변신한 사람들이 만든 상품은 대량생산의 효율은 떨어질지 몰라도 장인의 솜씨를 느끼게 한다.

어쩌면 이는 애덤 스미스Adam Smith가 『국부론The Wealth of Nations』에서 효율적 시장의 열쇠로 인식한 전문화의 극단적 예일 수 있다. 애덤 스미스는 사람들이 자신이 가장 잘할 수 있는 일만 해야 하고, 다른 전문적 재화를 만든 타인과 교류해야 한다고 주장했다. 개인이나 한 마을이 모든 것을 다 하려고 해선 안 된다. 사회 내부에서 분업하면 훨씬 더 효율적으로 노동력을 사용할 수 있기 때문이다. 비교우위와 교역은 경제성장을 낳는다. 18세기에 유효했던 이 얘기는 21세기에 더욱더 잘 들어맞는다. 21세기에는 일반인도 글로벌 공급망을 이용해 원자재를 구입하고 틈새상품을 만들어 세계 각지의 소비자에게 판매할 수 있다.

약 30년 전 마이클 피오레Michael Piore와 찰스 세이블Charles Sabel이라는 두 MIT 교수가 『2차 산업 분화Second Industrial Divide』라는 책에서 현재의 전환을 예측했다. 두 교수는 20세기 제조업 경제를 규정한 대량생산 모델(대중과 생산을 분리시킨 '1차 산업 분화')은 필연적인 것도 아니고, 상품 제조 혁신의 종말도 아니라고 주장했다.

> 역사 상황이 달랐다면, 장인의 손기술과 기계를 활용한 기업들이 대량생산
> 기업들에 거의 모든 제조업 분야를 내주지 않은 채, 경제생활에서 핵심 역
> 할을 담당했을 것이다. 그때 기계화된 수공업 생산 방식이 우위를 점했다
> 면, 오늘날 사람들은 제조업 기업을 어디로든 진출하는 독립적 대량생산
> 기관이 아니라, 지역사회와 떼려야 뗄 수 없는 기관으로 인식했을 것이다.[20]

오늘날에는 일반인도 컴퓨터로 디지털 도구를 활용할 수 있게 되
면서 피오레와 세이블 교수가 꿈꾸었을 "기계화된 수공업 생산방식"
을 실현할 수 있게 됐다. 오늘날 새로운 제조자 운동의 목적은 100년
전 거대 공장들의 대두로 시장에서 밀려난 재봉틀과 소규모 기계 공
장을 다시 불러들이는 것이 아니다. 거대자본이나 권력이 없는 일반
인도 디지털 기술을 사용해 거대 공장을 원하는 때에 원하는 만큼 이
용할 수 있게 하는 것이다. 제조자 운동은 지역적으로 발명하고, 지구
적으로 생산하여 개인 취향에 따라 규정된 틈새시장을 공략하는 것
이다. 신세대 제조자들은 대량생산업체들이 선보이는 대중 취향의 획
일적 기성품 대신에 대중과 다른 관심사, 열정, 필요를 가진 소비자를
위한 맞춤형 상품을 만들 것이다.

행복 경제학

흥미롭게도, 이러한 초특화를 꼭 이익극대화 전략으로 볼 필요는 없다. 그 대신, 의미극대화 전략으로 보는 것이 적절하다. 애덤 데이비슨Adam Davidson은 「뉴욕타임스 매거진New York Times Magazine」 기사에서 이러한 초특화를 중산층의 기초적 필요가 모두 충족된 선진국이 자연적으로 진화하면서 나타나는 현상으로 본다.

행복 경제학을 연구하는 학자들은 일정 수준의 물질적 풍요를 누린 사람들은 돈을 많이 벌지만 보람을 느낄 수 없는 일자리보다는 돈은 많이 벌지 못해도 (기본생활을 유지할 만큼의 돈은 벌고) 만족을 느낄 수 있는 일자리를 원한다고 주장한다. 시카고 경제학자 에릭 허스트Erik Hurst는 기업가들이 사업을 시작하는 목적을 조사한 결과, 기업가의 절반이 돈을 버는 것도 중시하지만 행복을 추구하기 위해 사업을 시작한다고 분석했다.[21]

게다가 소비자는 자기 취향과 의지를 많이 반영해 만든 제품을 더 높이 평가하는 경향이 있다. 연구자들은 이를 '이케아 효과IKEA Effect'라고 부른다. 이케아 효과의 기원은 홈 이코노믹스 운동Home Economics movement(집안일도 과학적 원리에 따라 수행해 효율을 높여야 한다는 취지로 20세기 초 미국에서 일어난 운동-옮긴이)으로까지 거슬러 올라간다. 듀크 대학교 행동경제학자 댄 애리얼리Dan Ariely와 동료 학자들은 한 논문에서 다음과 같이 기술했다.

미국 주부들이 가사에 투입하는 노동력을 최소화하려는 일환으로 1950년대에 인스턴트 케이크 믹스가 출시되자, 처음에는 주부들이 썩 내켜하지 않았다. 인스턴트 케이크 믹스의 도입으로 손쉽게 케이크를 만들 수 있게 되면 주부들의 노동력과 요리 기술이 평가절하될 수 있다는 이유에서였다. 그래서 제조업체들은 주부가 계란을 집어넣어야 케이크가 완성되도록 인스턴트 케이크 믹스의 조리법을 바꾸었다. 그 결과 인스턴트 케이크 믹스가 더 널리 보급됐다. 조리법의 변경 외에도 여러 원인이 있겠지만, 소비자들은 자신이 개입해야 하는 일의 가치를 더 높게 평가하는 것처럼 보였다.[22]

댄 애리얼리 연구팀은 실험 참가자들에게 이케아 가구를 조립하고, 자신이 조립한 이케아 가구나 다른 사람이 조립한 똑같은 이케아 가구를 구매하도록 하는 실험을 수행했다. 실험 참가자들은 자신이 조립한 이케아 가구를 구입하기 위해 67퍼센트 높은 가격을 지불하려고 했다. 이케아 가구 대신 레고 장난감이나 종이접기를 투입해 실험해도 같은 결과가 나왔다. 모든 실험에서 참가자들은 자신이 노력해서 만든 물건에 더 높은 가격을 지불할 의사를 보였다. 이것이 메이커의 프리미엄이다. 이는 상업화에 대한 궁극적 해독제다.

틈새시장과 새로운 생산자를 찾아보라. 산악자전거 부품, 클래식카 액세서리, 휴대전화와 스마트패드 보호 필름 등의 틈새시장에서 소규모 기업가들이 인터넷으로 물건을 팔고 있다. 이러한 새로운 틈새시장들의 공통점은 전에는 존재하지 않던 것을 찾던 소비자가 기존의 시장에서 판매하던 물건에 만족하지 않고 스스로 더 나은 물건을 만들어 파는 기업가로 변신했다는 점이다. 그리고 한 제품을 만들고 나면 추가로 생산하는 것은 쉽다. 이렇게 해서 가장 열정적인 소비자들이 틈새시장에서 소규모 사업가가 됐다.

디지털 세계에서 '아티자날'이 뜻하는 바는 무엇일까? 2011년 이탈리아 건축사학가 마리오 카르포Mario Carpo는 『알파벳과 알고리즘The Alphabet and the Algorithm』에서 "모든 수제품의 특징은 변이성"이라고 주장했다. 맞춤양복을 구입한 적이 있는 사람들은 이 주장이 별로 새롭게 느껴지지 않을 것이다. 마리오 카르포는 다음과 같이 설명했다.

> 손만 사용해 생산하던 시대에는 상상할 수 없을 수준까지 제품차별화 생산 공정을 기계로 프로그램하고 디자인할 수 있게 됐다. 이제 변이성은 자동화된 디자인과 생산 사슬의 일부가 됐다.[23]

웹을 생각해보라. 사람들은 각기 다른 웹을 본다. 아마존과 같은 웹 소매업체를 접속할 때 홈페이지 대문은 방문자의 구매 내역을 반영해 가장 구매 확률이 높은 상품을 보여준다. 모든 방문자에게 보여주는 페이지일지라도 방문자의 과거 행동을 파악해 미래 행동을 예측하는 소프트웨어가 삽입된 맞춤형 광고가 옆에 뜬다. 사람들은 그저 웹을 돌아다니지 않고 검색한다. 검색 엔진은 각 개인이 과거 검색한 바를 파악해 각 개인에게 적합한 검색 결과를 예상해 우선적으로 보여준다. 따라서 검색 사이트에서 똑같은 검색어를 쳐도 개인마다 다른 검색결과가 나온다.

마리오 카르포는 이렇게 말한다. "이는 구글을 흥하게 한 황금공식이다. 과거의 기계 생산 환경에서는 변이성이 장벽이지만 새로운 디지털 생산 환경에서는 변이성이 자산으로 변했다. 실로 가장 수익성이 높은 자산이 됐다."

원자의 무어 법칙

맞춤형 제품, 소비자가 직접 만드는 제품, 농산물 직판 시장은 오래전부터 존재했다. 이러한 것들이 새삼스럽게 지금 각광받고 있는 이유는 무엇일까? 간단하게 답하면 DIY 문화가 웹 문화를 만났기 때문이다. 두 문화는 디지털 디자인을 통해 만나고 있다. 이제는 물리적 상품이 먼저 컴퓨터로 제작된다.

애플스토어를 방문해서 상품을 살펴보라. 아름답게 디자인되고 매끈하게 제조된 금속 전자제품들도 처음에는 컴퓨터 화면상으로 존재했다. 나이키 상품이나 자동차도 마찬가지다.

이제 많은 물리적 상품은 CNC 기계를 통해 물리적 상품의 형태를 띠는 디지털 정보에 불과하다. 이러한 디지털 정보는 디자인으로 자동화 생산 설비에 내리는 지시로 변환된다. 어떻게 보면, 오늘날 하드웨어들은 대부분 소프트웨어라고 할 수 있다. 물리적 형태를 띤 지적재산권에 불과하다. 디지털 생산도구에 지시를 내리는 코드나 3차원 디자인 파일이 곧 상품이다.

그리고 갈수록 더 많은 물리적 상품이 디지털 정보화되면서 물리적 상품이 정보처럼 취급받는 경향이 강해지고 있다. 누구라도 공동 작업으로 창조할 수 있고, 온라인으로 글로벌하게 공유할 수 있으며, 리믹스하고 재구상하고, 무료로 공개할 수 있다. 물론 공개하지 않기로 결정할 수도 있다. 다시 말해, 원자 세계와 비트 세계가 만나면서 물리적 상품이 디지털 상품처럼 취급받고 있다.

레플리케이터라는 블로그를 운영하는 조지프 플래어티Joseph Flaherty는 지금 일어나고 있는 현상을 '원자의 무어 법칙Moore's Law for Atoms'이라는 말로 표현한다. 인텔의 공동 설립자인 고든 무어Gordon Moore의 이름을 딴 무어의 법칙은 원래 1970년대 이후 반도체 1달러당 처리 능력이 18개월마다 2배로 증가하는 현상을 가리키는 용어다. 이러한 폭발적 성장은 '복리 학습 곡선compound learning curve'에 따른 현상이다. 반도체 산업에서는 약 3년마다 혁신적인 연구가 나와 반도체 신제품의 성능이 빠르게 개선되고 있다.

왜 다른 산업에서는 이런 폭발적인 성능 향상이 일어나지 않고 반도체 산업에서만 일어날까? 반도체는 오랜 과학기술 역사에서 비교적 최근에 나온 기술이기 때문이다. 반도체는 20세기 초 과학자들이 개척한 완전히 새로운 물리학 영역인 양자역학과 소재과학에 기반을 둔 기술이다. 물리학자 리처드 파인만Richard Feynman이 "원자 단위의 세계에는 연구할 것이 많다"고 말했듯, 반도체 기술은 아직 개발할 여지가 많다.

현재 제조업에 일어나고 있는 변화를 원자의 무어 법칙이라고 표현했지만, 새로운 물리학 분야를 개척한 것처럼 거창한 변화는 아니다. 무어의 법칙이 몰고 온 기술적 진보의 조합일 뿐이다. 컴퓨터, 디지털 정보, 인터넷을 통해 연결된 사람들이 제조업의 흐름을 바꾸고 있다.

물리적 세계의 리믹스

이러한 추세의 규모를 간과하기 쉽다. 멀리서 보면, 전체 제조 과정은 별로 바뀌지 않은 듯 보이기 때문이다. 내 외할아버지는 종이에 설계도를 그리고 작업장에서 손으로 시제품을 만들었다. 나는 캐드로 디자인하고, 데스크톱 제조도구나 제조 서비스 업체에 디자인 파일을 전송해 시제품을 제조한다. 하지만 예전이나 지금이나 시제품을 얻는 것은 똑같다. 예전에 비해 뭐가 그리 달라졌을까?

답은 디지털 정보의 특성에 있다. 종이에 설계도를 그리는 것이나 디지털 디자인 파일을 만드는 것이나 별로 다르지 않다고 보는 사람도 있을 것이다. 그런 사람은 물건을 만드는 것이 중요하지, 설계도를 어떻게 그렸는지는 중요하지 않다고 생각할 것이다.

하지만 지난 수십 년간 디지털 설계는 이전 방식과 다르다는 점이 입증됐다. 디지털 설계 파일은 쉽게 공유하고 무제한으로 복사할 수 있다. 이 과정은 무료이고 도중에 파일 손실이 일어나지 않는다. 더 중요한 점은 디지털 파일을 너무나 쉽게 변형할 수 있다는 사실이다. 현대인은 '리믹스 문화' 속에서 살고 있다. 모든 것은 이전에 있던 것에서 영감을 받아 만든 것이고, 창의성은 기존 작품의 재해석을 통해 드러난다. 이는 언제나 그랬다(고대 그리스인들은 문학에는 7가지 기본 플롯만 존재한다고 주장했다. 고대 그리스인들이 남긴 모든 작품은 7가지 플롯을 일부 변형했을 뿐이다). 지금은 어느 때보다도 리믹스하기가 쉬워졌다. 애플이 음악 팬들에게 음악 파일을 추출하고, 음악 파일을 섞고, CD로 구우라고 말하는 것처럼, 오토데스크는 추출하고, 변형하고, 제조하라는 복음을 전파한다(여기서 추출은 물체를 3D 스캔하는 것을 가리키고, 변형은 캐드 프로그램으로 디자인하는 것을 가리키며, 제조는 3차원 프린터를 사용해 디자인 파일을 출력하는 것을 가리킨다).

디자인 파일을 '리믹스'하는 능력은 커뮤니티를 움직이는 동력이다. 이는 커뮤니티 회원들이 참여하도록 유도한다. 완전히 새로운 것을 발명할 필요도, 독창적인 아이디어를 생각할 필요도 없다. 기존 아이디어나 디자인을 개선하는 공동 작업에 참여하면 된다. 참여의 진입 장벽은 낮다. 기존 파일을 변형하는 것은 새로운 파일을 만드는 것보다 훨씬 쉽기 때문이다.

외할아버지는 특별히 고독을 즐긴 분이 아니지만, 다른 사람과 쉽게 공유할 방법이 없었기에 혼자서 외로이 작업해야 했다. 나는 외할아버지보다 딱히 외향적이지는 않지만, 디지털 파일로 설계할 수 있기에 다른 사람들과 자연스럽게 공유할 수 있다. 공유하면 커뮤니티가 형성된다. 커뮤니티가 가장 잘하는 일은 리믹스다. 한 제품의 다양한 형태를 탐구하고 그 과정에서 어떤 개인이나 기업보다도 훨씬 빠르게 제품을 개선하고 선전한다.

디지털 제품 디자인을 그림이 아니라 수학적 방정식으로 생각해보라. 이는 비유가 아니라 실제로 캐드 프로그램이 작동하는 방식이다.

사람이 모니터에 3차원 물체를 그릴 때, 컴퓨터가 실제로 하는 일은 일련의 기하학적 수식을 작성하는 것이다. 기계는 이 수식에 따라 생산한다. 이 수식은 제품 형태를 기술할 뿐 아니라 제품의 물리적 속성도 기술한다. 어느 부분이 딱딱하고, 유연하게 접히고, 전기가 통하고, 열을 차단하고, 부드럽고, 질긴지 기술한다.

이제 모든 것이 알고리즘이다. 구글 사이트가 알고리즘^{algorithm}(문제를 해결하는 단계적 절차-옮긴이)을 사용해 각 개인마다 각기 다른 검색 결과를 보여주듯, 알고리즘은 소비자에 맞는 제품을 생산하는 데 쓰인다.

설계가 그렉 린^{Greg Lynn}은 '차 주전자 99개^{99 Teapots}'라는 프로젝트명 아래, 캐드 프로그램으로 차 주전자를 설계하고, 소프트웨어로 이 설계를 리믹스해서 98개의 다른 차 주전자를 만들었다. 각 차 주전자는 탄소 금형으로 제작했고, 티타늄 합금 처리를 했다(한 제품은 가격이 5만 달러에 이르렀고, 예술 작품에 가까웠으며 제품을 만드는 과정은 제품만큼 흥미로웠다).

그렉 린은 이러한 종류의 형태 변형은 현대 디자인의 본질이라고 설명했다. 2005년 TED 강연회에서 그는 BMW 디자인을 예로 들어서 설명했다. BMW는 언제나 가격이 3만 달러대인 300시리즈부터 가격이 7만 달러대인 700시리즈까지 다양한 차종을 디자인한다. 모든 BMW 차량은 BMW처럼 생겨야 한다. 하지만 700시리즈 가격은 300시리즈의 2배 이상이기에, 700시리즈 BMW 차량이 300시리즈 BMW 차량과 똑같이 생길 수는 없다. 그 대신 역대 700시리즈 차량과 유사한 느낌이 나도록 디자인한다.

어떤 요소가 'BMW스러움'을 결정하는가? 그리고 어떤 요소가 '700시리즈스러움'을 결정하는가? 단순히 성능 차이뿐 아니라, 말로는 설명할 수 없지만 눈으로 보면 단번에 알 수 있는 미학적 차이다. 수십 년 전에는 이러한 차이를 결정하는 능력을 가진 사람이 마스터 디자이너master designer였다. 지금도 디자인 비전을 보여주는 BMW나 애플 같은 기업들에서는 유효한 얘기다. 하지만 그 외의 대다수 기업에서는 마스터 알고리즘master algorithm이 마스터 디자이너의 역할을 맡고 있다. 한 사람이 눈으로 대충 디자인을 그리면, 재료 속성과 제조 효율 관련 규칙을 따르는 소프트웨어가 세부사항과 변형된 형태를 채우고, 다른 사람들이 쉽게 리믹스해서 다양한 변형 제품을 디자인할수 있다.

이탈리아 건축사학가 마리오 카르포는 다음과 같이 설명한다. "알고리즘, 소프트웨어, 하드웨어, 디지털 제조도구는 제품 디자인의 새로운 표준이다. 물리적으로 똑같은 형태를 찍어낼 뿐인 기계적 인쇄와 달리 알고리즘 인쇄는 자유롭게 개입해 변형하고 다른 물체로 바꿀 수 있다."

이는 10년 전 웹 소매업이 등장했을 때, '대량맞춤 생산'과 비슷한 개념처럼 들린다. 기업들이 수요에 따라 제품을 생산하는데, 수요에 따라 제품을 디자인하지 못할 이유가 있을까? 또는 최소한 소비자들에게 취향에 맞게 주문할 권한을 줄 수 없을까? 맞춤형 컴퓨터로 성공한 델의 사례는 자동차부터 옷까지 모든 제품이 맞춤형으로 제작되어 팔리는 시대를 예고했다.

하지만 이러한 시대는 아직 오지 않았다. 예를 들어, 사람들이 자동차를 선택하는 주요 기준은 안정성이다. 제조 과정에서 많은 변형 형태가 있을수록 불량률을 낮추기가 어렵다. 소비자 체형을 정확히 재고, 소비자 취향을 정확히 파악하지 않으면 몸에 맞는 양복을 만들 수 없다. 그래서 지금도 양복점에서는 고객의 신체 치수를 잰다.

대량맞춤 생산의 모범 사례는 아직 많지 않다. 나이키가 제공하는 표준 모델에 소비자가 새로운 패턴을 더해 구매할 수 있는 나이키 ID 모델, 고객이 원하는 모양이나 글자를 새긴 M&M 초콜릿 정도가 그 예다. 아이패드 뒷면에 사용자 이름을 새기는 정도로는 산업혁명이라고 부를 수 없다.

그리고 델조차도 이제는 대량맞춤 생산을 거의 중단했다. 지금은 메모리, CPU, 하드디스크, 그래픽 카드 옵션에서 2~3가지를 선택할 수 있을 뿐이다. 가장 인기 있는 조합의 제품을 주문하지 않으면 제품이 집에 도착할 때까지 2주일은 기다려야 한다. 자동차 회사들도 마찬가지다. 자동차 회사들에 변형 제품은 품질 관리와 재고 관리가 어렵다. 무한한 디자인 옵션을 선택할 수 있는 제품과 선택할 수 있는 디자인 옵션은 별로 없지만 안정적이고 값싸고 쉽게 구입할 수 있는 제품이 있으면, 소비자는 후자를 택한다.

소비자가 온라인으로 자기 취향에 따라 디자인해서 구매하는 상품들은 대량생산과 거리가 멀다. 티셔츠 전문점 스레들리스^{Treadless}, 자가출판 전문점 룰루^{Lulu}, 커피잔과 식기류 전문점 카페프레스^{CafePress} 등이 고객이 디자인한 제품을 제조해서 파는 사업으로 성공을 거뒀다. 이 기업들은 소비자가 창의성을 발휘할 플랫폼을 제공해 성공을 거뒀다. 표준 플랫폼을 이용해 소량생산할 수 있는 권한을 소비자에게 부여했다. 하지만 이 기업들을 대량맞춤 생산의 성공 사례라고 보기엔 부족하다.

따라서 '대량맞춤 생산'에 관해 여기서 더 자세히 언급하지 않겠다. 그 대신, 새로운 제조 모델의 가능성은 '틈새상품에 대한 대중시장' 창출로 발휘될 수 있다. 이는 제품 1개를 맞춤생산하거나 1,000만 개를 대량생산하는 것이 아니라 1만 개를 생산하는 것이다. 이제는 대량판매되지 않은 제품도 글로벌 시장에서 소비자를 찾을 수 있다. 월마트 진열대에 제품을 올리지 않아도 전자상거래로 판매할 수 있기 때문이다. 대중과 다른 취향을 가진 소비자가 소셜미디어와 입소문을 통해 제품을 알게 돼서 온라인으로 구매할 수 있다.

2005년에 출간된 『팹: 책상 위에 올라오고 있는 혁명Fab: The Coming Revolution on Your Desktop』이라는 책에서 제조자 운동을 예측한 닐 거센필드 MIT 교수는 2011년 메이커 페어 연설에서 다음과 같이 설명했다.

나는 디지털 제조 기술을 보급하는 킬러 앱killer app은 개인용 제조personal fabrication가 목적일 것이라고 예상했다. 월마트에서 살 수 있는 것을 만드는 게 아니라 월마트에서 살 수 없는 것을 만들고자 사람들이 디지털 제조 기술을 활용할 것이라고 생각했다.

이는 메인프레임 컴퓨터에서 개인용 컴퓨터로 전환하는 것과 같다. 두 종류의 컴퓨터는 똑같은 용도로 쓰이지 않았다. 개인용 컴퓨터는 재고 관리, 급여 관리 같은 회사 업무 대신 이메일과 비디오 게임 같은 개인 활동에 쓰였다. 개인용 제조도 이와 같을 것이다. [24]

스몰배치 기업가

블로거 제이슨 코크Jason Kottke는 수요가 세계 각지에 분산된 틈새시장을 공략하는 새로운 유형의 가내공업 기업가들에게 어떤 이름을 붙일지 고민했다. '부티크'는 과장된 단어고, '인디'는 적절치 않은 단어다. 그는 다른 사람들이 제안한 용어들을 검토했다. 열거하면 다음과 같다. 기능공, 장인, 맞춤형, 클라우드리스, 스튜디오, 아틀리에, 롱테일, 민첩한, 분재 기업, 동네가게, 소규모, 특수, 해부학적, 너그러운, GTD 비즈니스, 도장, 하우스, 사원, 동인, 디스코 비즈니스. 하지만 모두 적절치 않은 단어로 보였다.

그래서 그는 '스몰배치small batch'라는 용어를 제안했다. 스몰배치는 주로 소량생산한 버번위스키를 가리키는 말이다. 수공예품을 만들듯 정성 들여 만든다는 의미도 있다. 그는 시장규모는 작지만 제품 품질에 집중하는 기업을 가리키는 말로 스몰배치를 제안했다. 스몰배치 기업은 대량생산하는 길을 택하기보다는 열정을 기울여 생산하는 길을 택한다. 누구나 제조시설과 유통망을 이용할 수 있는 오늘날, 이는 일리 있는 선택이다. 월마트를 비롯한 대형 유통기업만이 기업이 성공할 수 있는 유일한 경로는 아니다.

대규모 장비와 자금이 없어도 아이디어를 곧바로 제품화하는 길이 열리면서, 지금까지 차고에서 혼자 일하던 발명가들이 협력해 글로벌 시장을 공략하려고 하고 있다. "노트북 컴퓨터를 가진 젊은이 세 명이면 웹 스타트업 기업을 창업할 수 있다"고 하지만, 이제는 하드웨어 기업도 마찬가지다. 에릭 폰 히펠Eric von Hippel MIT 교수는 "하드웨어가 점점 더 소프트웨어처럼 바뀌고 있다"고 말한다.

지금까지 웹은 상향식 공개협동 산업 모델open, bottom-up, collaborative industrial mode을 구현했다. 이제 웹 혁명이 비트의 세계에서 원자의 세계로 넘어와 현실세계를 강타할 차례다.

6장

제조에 기여하는 혁신적 도구

도구로 건물을 뚝딱 찍어낼 수 있다면?
3차원 프린터가 연금술사의 꿈을 실현한다

3차원 프린터의 마법

드라마 〈스타트렉Star Trek〉에서 피카드 함장은 엔터프라이즈호 상황실
에서 뜨거운 차를 마시고 싶을 때 "차, 얼그레이, 뜨겁게"라고 세 마디
만 내뱉으면 된다. 그러면 물질재조합장치replicator가 필요한 원자를 조
합해서 차와 컵을 생산한다. 현대인이 전자레인지를 대수롭지 않게
여기듯, 피카드 함장은 이를 당연하게 받아들인다. 전자레인지가 마
이크로파로 식품 속 물 분자를 회전시켜 식품을 데우듯, 물질재조합
장치는 극중에서 설명하지 않은 신비한 에너지 기술을 사용해 원자
가 음식으로 조합되도록 만든다.

현실에서는 완전히 불가능한 얘기일까? 오늘날 산업용 3차원 프린

터가 작동하는 모습을 보면, 드라마에서 컴퓨터가 음료수를 만드는 모습과 얼핏 닮았다는 생각이 든다. 레이저가 액체 수지를 분사하면 허공에서 입체적인 물체가 마법처럼 나타나는 것처럼 보인다.

물론 현재의 3차원 프린터 기술은 분자 단위에서 물체를 만들어내는 기술과는 거리가 멀다. 3차원 프린터는 한 번에 한 가지 원료만 작업할 수 있다. 여러 가지 원료를 조합하고 싶으면, 잉크젯 프린터에서 여러 컬러 카트리지를 사용할 때처럼 다중 프린터 헤드를 사용하거나 프린터 헤드를 교체해야 한다. 현재 3차원 프린터는 기껏해야 50마이크로미터(가느다란 머리카락 하나 굵기) 정도의 해상도로 작업할 수 있다. 한편 자연은 훨씬 더 섬세한 수십 나노미터 단위로 작업한다. 3차원 프린터는 자기 조립 기능이 없다. 3차원 프린터는 액체 상태의 원료(광경화성수지)를 프린터 내부에 있는 판에 분사한다. 프린터 헤드에서 분사된 액체 상태의 원료는 프린터 헤드 양옆에 달려 있는 램프에서 나오는 자외선에 반응해 굳는다. 이렇게 굳은 층 위에 또다시 원료를 분사해 물체를 쌓아올린다.

3차원 프린터를 이용하면 상상한 물건을 컴퓨터로 그린 다음에 실제로 만들어낼 수 있다. 컴퓨터로 디자인한 다음에 버튼만 누르면 물건이 나타난다. "충분히 진보한 기술은 마법과 구분할 수 없다"는 SF 작가 아서 클라크Arthur C. Clarke의 말이 생각날 정도로 3차원 프린터는 귀신 같은 기술이다. 공상과학소설 같은 일을 앞으로 볼 수 있을 것이다.

1) **3차원 프린터** 3차원 프린터는 이미 많은 사람이 집에서 사용하고 있는 종이 프린터와 똑같은 일을 한다. 전통적 레이저 프린터, 잉크젯 프린터는 2차원 프린터다. 2차원 프린터는 컴퓨터 화면의 픽셀을 인식해서 2D 매체(종이)에 잉크로 점을 찍는다. 반면 3차원 프린터는 할리우드에서 CG를

메이커봇 씽오매틱

만들 때 사용하는 도구와 똑같은 종류의 도구를 사용해 입체적인 물건을 만들어낸다. 일부 3차원 프린터는 액체 플라스틱을 분사해 쌓아올리는 방식으로 입체적인 물건을 만든다. 또한 레이저를 사용해 액체나 분말 상태인 원료를 굳힌다. 심지어 어떤 3차원 프린터는 유리, 철, 구리, 금, 티타늄, 케이크 프로스팅을 비롯한 갖가지 원료로 물건을 만들 수 있다. 플루트나 음식을 복제할 수도 있다. 2차원 프린터가 잉크를 종이에 분사하는 것처럼 3차원 프린터는 줄기세포를 분사해 인간의 장기를 복제할 수도 있다.

2) **CNC 기계** 3차원 프린터가 '더하는addictive' 기술을 사용해 물건을 만드는 반면, CNC 기계는 '빼는subtractive' 기술을 사용해 물건을 만든다. 3차원 프린터는 원료를 쌓아올려 물건을 만들고, CNC 기계

는 플라스틱·나무·금속 블록을
드릴로 깎아 물건을 만든다.
CNC 기계는 여러 가지 종류가
있다. 몇 가지 간단한 예를 들면,
이불을 누비고 자수를 놓는 기
계, 실크 스크린 인쇄물을 만드
는 기계, 수공예에 사용할 종이

MyDIYC

와 천을 자르는 기계도 있다. 가구를 만드는 CNC 기계는 크기가
커다란 탁자만 하고 비행기 동체를 만드는 산업용 CNC 기계는
크기가 창고만 하다.

3) 레이저 커터 새로운 데스크톱
도구들 가운데 가장 인기를 끄는
도구다. 레이저 커터는 주로 2D
도구로 분류한다. 플라스틱, 나
무, 얇은 금속 시트를 레이저 커

에필로그 징 레이저 커터

터 안에 집어넣으면 레이저를 쏘아 복잡한 모양으로 정교하게 자
른다. 캐드 프로그램을 사용하면 3차원 물체를 2차원 부품으로
분해하고, 레이저 커터를 사용해 복제할 수 있다. 이렇게 복제한 2
차원 부품을 조립하면 3차원 물체를 만들 수 있다.

4) 3차원 스캐너 토스터만큼 작은 이 장치는 '현실을 캡처'한다. 이
제는 물체를 보고 그릴 것도 없이 3차원 스캐너로 물체를 스캔하

면 된다. 3차원 스캐너는 레이저나
카메라를 이용해 3차원 물체를 모
든 방향에서 스캔한 정보를 수십만
개의 폴리곤으로 구성된 3차원 이
미지로 바꾼다. 비디오 게임이나
영화 CG를 만드는 현장을 생각하

Z스캐너

면 된다. 소프트웨어를 사용해 이 과정을 단순화하고, 3차원 이미
지에서 원하는 부분을 변형할 수 있다. 3차원 스캐너를 처음 구매
한 사람들은 흔히 자신의 머리를 스캔해서 3차원 이미지의 일부
분을 과장한 다음에, 3차원 프린터로 3차원 이미지를 출력하는 실
험을 한다.

3차원 인쇄 기술이 극소수 전문가만 사용하는 최첨단 기술이라고
생각할지 모른다. 하지만 자신도 모르는 사이에 이미 3차원 인쇄 기
술을 접한 독자도 많을 것이다.

대표적 예가 치아 교정 장치다. 치과의사는 치아 위치를 교정하려
는 환자의 치아를 스캔한다. 바람직한 치아 위치를 소프트웨어가 수
학적으로 계산한다. 이렇게 계산한 치아 위치를 반영해 치아 교정용
마우스피스를 3차원 프린터로 제작한다. 치아가 바람직한 위치로 이
동할 때까지 2~3주에 1번씩 치아 교정용 마우스피스를 교환한다.

모든 상품의 시제품도 3차원 프린터로 제작한다. 의족, 의치 같은
인공기관들도 3차원 프린터로 제작한다. 치과의사가 환자의 치아에

씌우는 크라운을 제작할 때도 3차원 프린터를 사용한다. 티타늄으로 인간의 턱을 제작해 수술한 의사들도 있다.

온라인 게임 와우의 캐릭터 인형이나 엑스박스 라이브의 아바타 인형도 3차원 프린터로 제작한 것이다. 일본에서는 고객의 머리를 스캔해서 고객을 닮은 인형을 제작해주는 서비스도 있다.

지금까지 나온 상업적 3차원 프린터는 금속과 플라스틱을 비롯한 10여 가지의 원료만 사용했는데 현재 더 다양한 원료를 사용하기 위한 연구가 진행 중이다. 연구자들은 펄프부터 탄소 나노튜브까지 더 다양한 원료를 실험하고 있다. 이러한 연구에서 3차원 프린터의 발전 방향을 짐작할 수 있다. 어떤 3차원 프린터는 전자회로를 인쇄할 수도 있고, 액체 초콜릿을 분사해 케이크 장식을 만들 수도 있다.

콘크리트를 '찍어내서' 건물을 만드는 거대한 3차원 프린터도 있다. 지금은 이 작업을 하기 위해 건물만 한 크기의 3차원 프린터가 필요하다. 언젠가는 시멘트 트럭에 3차원 프린터가 달리고 건축가가 입력한 캐드 건축 설계도를 따라 콘크리트를 분사해 건물을 만드는 날이 올지도 모른다.

한편 분자 단위의 3차원 인쇄술 프린팅을 연구하는 과학자들도 있다. 환자의 세포 조직을 불활성 물질로 된 비계scaffold 위에 복사하는 '바이오 프린터'가 이미 개발됐다. 과학자들이 실험실에서 실험한 바에 따르면, 줄기세포와 배양액을 섞은 바이오잉크로 작은 세포 구조물을 찍어내면 이 구조물이 방광, 콩팥 같은 장기로 자랄 수 있다고 한다.

일부 사람들은 3차원 인쇄 기술로 야심 찬 미래를 꿈꾼다. 3차원 캐드 소프트웨어 업체 중 선두권 업체인 오토데스크를 경영하는 CEO 칼 배스[Carl Bass]는 컴퓨터 통제 생산 기술이 대량생산 산업의 법칙을 완전히 바꿀 것이라고 전망한다. 3차원 인쇄 기술은 전통적 제조업뿐 아니라 바이오 산업, 건축업까지 모든 산업에 사용할 수 있다.

칼 배스는 「워싱턴 포스트[Washington Post]」에 기고한 칼럼에서 3차원 인쇄가 전통적 제조 기술과 다른 점을 설명했다.

고품질 상품을 소량생산해서 합리적 가격에 판매하는 능력을 갖춘 기업은 시장을 뒤흔들 수 있다. 여기서 미국 제조업의 미래를 찾을 수 있다. 3차원 인쇄와 같은 컴퓨터 제어제조 공정에서는 더 복잡하고 더 품질 높은 제품을 만드는 데 드는 추가 비용이 없다. 전통적 종이 프린터로 모나리자를 복사하는 비용이나 원 하나를 복사하는 비용이나 별 차이 없는 것처럼 3차원 프린터도 똑같다.[25]

디자인 관점에서 보면 이는 혁명이며 디자이너가 제조 과정을 신경 쓸 필요가 없다. 컴퓨터 제어 기계가 스스로 알아서 처리할 것이기 때문이다. 철, 플라스틱, 판지, 케이크크림 등 각기 다른 재료로 똑같은 디자인의 제품을 만들 수 있다. 칼 배스는 다음과 같이 설명했다. "지금 우리는 역사상 처음으로 제조와 디자인을 분리할 수 있다. 물체를 찍어내는 데 필요한 모든 정보가 디자인에 들어가 있기 때문이다."

3차원 프린터가 보급되고 소비자가 디자인한 물건, 즉 소규모 맞춤형 상품을 제조할 때 널리 쓰면서 3차원 프린터는 지속가능한 제조 방식이 됐다. 우선 집이나 집과 가까운 지역에서 제품을 만들기 때문에 운송비가 거의 들지 않는다. 꼭 필요한 만큼만 원자재를 사용하니 낭비할 일도 적다. 각자 자신의 취향에 맞게 만든 물건이므로 더 소중히, 더 오래 사용할 확률이 높다. 자신이 정성 들여 만든 물건은 쉽게 버릴 수 없다.

「포브스」 발행인 리치 칼가아드Rich Karlgaard는 3차원 인쇄가 2015~2025년에 중요한 영향을 미칠 혁신적 기술이 될 수 있다고 여기고 다음과 같이 기술했다.

> 3차원 프린터는 대량생산 모델을 작은 디자인숍에서 장인들이 제품을 설계하고 3차원 프린터에 접속해 제품을 생산하는 모델로 전환할 잠재력을 가지고 있다. 다시 말해, 자본집약 산업인 제조업이 예술과 소프트웨어에 가까운 산업으로 바뀔 수 있다. 이는 독창성을 발휘하는 기술이 뛰어난 미국에 유리할 수 있다.[26]

하지만 3차원 프린터를 비롯한 디지털 생산 기술이 할 수 없는 일도 있다는 사실을 명심해야 한다. 디지털 생산 기술은 규모의 경제를 제공하지 못한다. 공장에서 기계로 대량생산하는 전통적 제조 방식에서는 생산량이 늘수록 제품 1개를 추가로 생산하는 데 들어가는 비용이 크게 낮아지지만, 디지털 생산 기술을 사용하면 아무리 생산량이 늘어도 제품 1개를 추가로 생산하는 데 들어가는 비용은 낮아지지 않는다. 디지털 생산 기술로 제품을 1개 생산하든 1,000개 생산하든 1개당 생산 비용은 똑같다. 그 대신 이점도 있다. 각 제품이 제각각 다른 디자인을 채택해도 추가 비용이 없다.

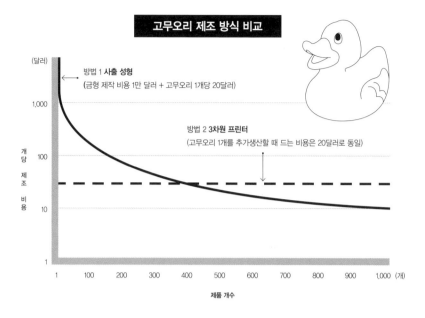

고무오리 제조 방식 비교

(달러)

방법 1 **사출 성형**
(금형 제작 비용 1만 달러 + 고무오리 1개당 20달러)

1,000

방법 2 **3차원 프린터**
(고무오리 1개를 추가생산할 때 드는 비용은 20달러로 동일)

개
당
제
조
비
용

100

10

1

1 100 200 300 400 500 600 700 800 900 1,000 (개)

제품 개수

이는 대량생산과 정반대다. 대량생산 방식에서는 반복생산과 표준화가 유리하다. 반면 디지털 생산 기술은 개인화와 맞춤생산에 유리하다. 디지털 생산 시대의 장점은 사람들이 값비싼 수공예품을 선택하지 않고도 자신에게 맞게 생산된 상품과 표준화되어 대량생산된 상품 사이에서 선택을 할 수 있다는 점이다. 대량생산도 맞춤생산도 자동화 제조 방식을 따른다.

고무오리 100만 개를 만들 때는 디지털 생산 기술보다 전통적 사출성형 방식이 유리하다. 사출성형 방식을 택하면 금형 제작 비용 때문에 최초의 고무오리를 만드는 비용이 10만 달러가 될 수도 있지만 생산량이 늘수록 제품을 추가 생산하는 데 드는 비용이 계속 낮아진다. 100만 개를 만들 때쯤에는 원재료 비용만 들 것이다. 반면 3차원 프린터로 생산하면 최초의 고무오리를 만들 때에 20달러가 들고, 100만 개째 고무오리를 만들 때도 똑같이 20달러가 든다.

3차원 프린터는 고무오리를 한 번에 한 개씩만 제조할 수 있는 반면, 사출성형 방식은 한 번에 고무오리 수십 개를 만드는 금형을 이용해 빠르게 생산해 비용을 절감할 수 있다. 고무오리 수백 개를 만들 때는 사출성형 방식이 더 유리할 수 있다. 결과적으로 소규모 생산일 때에는 디지털 제조 방식이 유리하고, 대규모 생산일 때에는 전통적 제조 방식이 유리하다.

실제로 수백만 개를 생산할 제품이 많을지, 수백 개를 생산할 제품이 많을지 생각해보라. 수십 년 전에는 소량생산하는 제품들을 손으로 만들 수밖에 없다. 하지만 오늘날에는 디지털 제조도구들을 이용해 소량생산하는 제품도 자동화 생산 과정을 통해 거의 완벽한 품질로 생산할 수 있다. 과거에는 규모의 경제라는 벽을 넘지 못해 출시되지 못했거나 손으로 만드느라 가격이 높게 책정되어 소비자가 구할 수 없던 소량생산 제품들을 이제는 합리적 가격에 구할 수 있게 됐다.

디지털 제조는 전통적 제조업과 다른 경제 논리를 적용받는다. 전통적 대량생산 방식에서는 초기 설비투자에 가장 많은 비용을 쏟고, 제품이 복잡해지고 다양한 변형 제품을 만들수록 비용이 증가했다. 다음은 전통적 제조업에서는 생산 비용이 급증하지만, 디지털 제조 방식에서는 생산 비용이 증가하지 않는 경우다.

1. 다양성: 모든 제품을 각기 다르게 만들어도 제조 비용은 증가하지 않는다.

2. 복잡성: 3차원 프린터는 작은 부품이 많이 들어간 정밀 제품을 제조하는 비용이나 간단한 플라스틱 덩어리를 제조하는 비용이나 같다. 컴퓨터는 복잡한 계산을 한다고 해서 추가 비용을 청구하지 않는다.

3. 유연성: 지금까지 생산한 제품과 다른 제품을 생산하려면, 3차원 프린터를 교체할 필요 없이 3차원 프린터의 지시 코드만 바꾸면 된다.

디지털 제조 방식의 이점을 이해하기 위해 멀리 갈 것도 없다. 흔히 볼 수 있는 티셔츠, 커피 머그컵, 스티커 같은 소량생산 맞춤형 제품들이 바로 디지털 제조 방식을 잘 활용한 사례다. 트래들리스, 카페프레스 같은 업체들이 맞춤형 티셔츠, 커피 머그컵, 스티커 제작 비즈니스를 크게 성장시켰다. 이 업체들이 사용하는 장비는 2차원 프린터이지만 효과는 3차원 프린터와 같다. 대량생산 시장에선 절대 출시되지 못했을 틈새상품들이 시장에 나와 잘 팔리고 있다.

트래들리스, 카페프레스는 보통 하나씩 주문받지 않고 수십 개씩 주문받는다. 그래도 기존 공장들처럼 수천 개씩 주문받는 건 아니다. 이처럼 조금씩 팔리는 롱테일 상품들의 매출액을 합치면 무시할 수 없는 수준이다. 카페프레스는 200만 명이 넘는 소비자를 확보했다. 2011년 카페프레스 매출액은 1억 7,500만 달러다. 내가 이 글을 쓰고 있는 시점에 카페프레스의 시가총액은 2억 5,000만 달러다.[27] 고객 주문에 따라 티셔츠와 머그컵을 소량생산하는 업체치고는 나쁘지 않은 성적이다.

3차원 프린터의 작동 원리

3차원 프린터는 많은 미래학자와 공장 사장의 상상력을 자극한 마법 같은 기계다. 3차원 프린터는 어떤 원리로 작동할까?

기본적으로 3차원 프린터는 3개의 축을 가진 CNC 기계라고 할 수 있다. 컴퓨터가 제어하는 모터 2개가 프린터 헤드를 좌우, 전후로(X축과 Y축으로) 움직인다. 다른 모터 하나는 조형되고 있는 물체를 올려놓은 프린터 트레이를 상하로(Z축으로) 움직인다.

데스크톱 잉크젯 프린터의 잉크 카트리지를 교체하면서 내부 구조를 본 사람은 3차원 프린터 내부도 그리 낯설지 않을 것이다. 잉크젯 프린터는 X축과 Y축으로만 작동하는 2차원 프린터다. 잉크젯 프린터에서 헤드를 앞뒤를 움직이는 모터는 3차원 프린터의 모터와 비슷하다. 잉크젯 프린터는 다른 축을 따라 종이를 이동시키기 위해 롤러를 사용한다. 전체적인 개념은 잉크젯 프린터나 3차원 프린터나 같다. 컴퓨터가 디자인 파일을 모터 명령어로 변환하고, 재료를 정확한 위치로 빠르게 분사한다. 3차원 프린터는 더 많은 모터가 달려 있고, 더 많은 재료를 분사할 뿐이다.

메이커봇과 같은 일부 3차원 프린터는 작은 구멍을 통해 ABS 플라스틱 액체를 분사해 아주 얇은 막(레이어)을 한 층씩 쌓아 물건의 바닥부터 꼭대기까지 완성한다. 이러한 기술을 FDM^{fused deposition modeling}이라고 부른다. 3차원 프린터는 레이저를 이용해 액체 플라스틱 재료를 굳게 하는 SLA^{streolithography} 공법을 쓰는 제품과 분말형 재료를 겹겹이 쌓아가면서 레이저로 융합하는 성형법인 SLS^{selective laser sintering} 공법을 쓰는 제품으로 나뉜다. 플라스틱을 녹여 제품의 형태를 압출 성형하는 3차원 프린터는 가격이 저렴해 집에서도 볼 수 있다. 반면 레이저를 사용하는 3차원 프린터는 가격은 비싸지만 더 다양한 재료를 사용하고 더 섬세한 작업을 할 수 있다. 비유하자면, 전자는 집에서 널리 쓰인 잉크젯 프린터이고 후자는 사무실에서 널리 쓰인 레이저 프린터와 같다.

3차원 프린터는 아주 얇은 액체 플라스틱 막(레이어)을 밑에서부터 한 층씩 쌓아올려 물건을 만든다. 반면 CNC 라우터와 CNC 밀 같은 다른 컴퓨터 제어 기계들은 뾰족한 도구를 사용해 재료를 깎거나 갈아서 물건을 만든다. 3차원 프린터는 캐드 파일에서 물건이 있는 부분을 따라 재료를 사출해 쌓아나가고, CNC 기계는 캐드 파일에서 물건이 없는 부분을 따라 재료를 깎아낸다.

3차원 프린터를 사용할 때, 먼저 소프트웨어가 캐드 파일을 검사해서 최소한의 재료와 시간을 투입해 물건을 인쇄하는 방법을 파악한다. 예를 들어, 인간의 두상을 인쇄한다고 치자. 두상의 외벽을 인쇄할 때 소프트웨어는 두상의 강도를 유지하면서도 재료와 시간을 아낄 수 있는 최선의 외벽 두께를 계산한다.

또 두상의 내부는 눈에 안 보이는 부분이므로 모두 채울 필요가 없다. 그렇다고 아예 재료를 안 채우면 깨지기 쉽다. 따라서 소프트웨어는 두상의 내부를 벌집 같은 구조로 만든다. 이렇게 해서 인쇄에 투입하는 재료와 시간을 최소화할 수 있다(3차원 프린트 서비스 업체에 캐드 파일을 보내 물건을 인쇄할 경우, 투입한 재료량이나 3차원 프린터를 돌린 시간에 따라 요금을 지불한다).

소프트웨어는 캐드 파일의 두상을 수평 방향의 레이어로 최대한 얇게 분해한다. 각 슬라이스에는 프린터 헤드를 X축과 Y축으로 움직이는 명령어 모음이 담겨 있다. 이 명령어에 따라 3차원 프린터가 액체 재료를 분사하거나 레이저를 비친다. 3차원 프린터의 헤드는 최소한의 경로만 움직여 레이어를 쌓아올린다.

이러한 3차원 프린터의 작동 원리는 30년 전 데스크톱 출판 붐을 일으킨 포스트스크립트 프린터 작동 원리와 비슷하다. 사람들이 알아볼 수 있는 시각적 언어(모니터에 뜨는 단어 또는 3차원 물건)를 컴퓨터가 이해할 수 있는 기계어로 바꾸는 것이다. 오늘날 컴퓨터가 이해할 수 있는 제조 언어를 G코드라고 부른다. 포스트스크립트가 원래 거대한 산업용 인쇄기에 쓰려고 만든 언어였으나 지금은 데스크톱 컴퓨터에서도 쓰이듯, G코드는 공장 기계에 쓰려고 만든 언어였으나 지금은 집에 있는 작업실 기계에서도 쓰이고 있다.

3차원 프린터가 한 슬라이스를 마치면 G코드는 Z축 모터에 프린터 헤드를 미세하게 위로 올리고, 또 한 층의 재료를 쌓아올리라고 지시한다. 이렇게 밑에서부터 재료를 쌓아올려 물건을 인쇄한다.

조형되는 물건이 밑으로 조금씩 내려가고, 액체 수지가 한 층씩 쌓이고, 프린터로 액체 수지를 굳게 하는 3차원 프린터도 있다. 이 프린터는 수십 나노미터 정도의 정밀도로 정교한 작업도 가능해 인체 세포 같은 작은 구조물도 인쇄할 수 있다. 매우 얇은 액체 플라스틱 막을 쌓고, 각 막 사이에 접착제를 사용해 프린터 헤드가 각 막에 모양을 조각하는 3차원 프린터도 있다. 어떤 3차원 프린터든 기본 개념은 똑같다. 물리적으로 최대한 얇은 두께로 한 층씩 재료를 쌓아올려 물건을 인쇄한다는 개념이다. 고품질 3차원 프린터는 한 층의 두께가 거의 눈에 보이지 않을 정도다.

레이저를 사용해 분말을 굳게 하는 3차원 프린터의 장점 중 하나는 돌출부를 인쇄하기 쉽다는 점이다. 아직 레이저를 비추지 않은 분말은 돌출부를 지지하는 구조물로 활용할 수 있다. 프로젝트가 끝나면 돌출부를 지지하는 구조물로 활용한 분말은 불필요해지므로 제거한다. 액체 플라스틱을 분사하는 3차원 플라스틱도 같은 일을 할 수 있으나 프린터 헤드가 1개 더 있어야 한다. 재료를 쌓아올릴 때 돌출부를 지탱할 기둥이 있어야 하기 때문이다.

이러한 제조 계산은 매우 성가지게 들리지만 모두 컴퓨터가 알아서 처리한다. 사람이 그저 지켜보기만 하면 마법처럼 허공에서 물체가 나타나는 것처럼 보인다. 이것이 디지털 제조의 좋은 점이다. 기계의 작동 원리나 최적화 방법을 몰라도 된다. 소프트웨어가 대신 처리해준다. 캐드 파일은 3차원 프린터가 요구하는 모든 정보를 담고 있다.

3차원 프린터 기업들

3차원 프린터 기술은 1980년대 산업용 도구 회사들이 개발했으나, 지난 10년 사이에 일반인에게 컴퓨터처럼 빠르게 보급됐다. 3차원 프린터의 활용 정도를 보려면, 지하철을 타고 브루클린 3번가로 가서 거대한 휴대전화 QR 코드가 인쇄된 금속 문을 노크하라. 머리가 약간 단정치 못한 청년이 문을 열고 안으로 들어오라고 할 것이다.

이곳은 보트케이브^{Botcave}라 불리는 곳으로 전에는 맥주 공장이었고, 지금은 메이커봇 프린터 공장이다. 이곳에서 브리 페티스^{Bre Pettis} · 잭 스미스^{Zach Smith}와 하드웨어 엔지니어팀은 가격이 1,000달러에 불과한 최초의 대중용 3차원 프린터를 만들고 있다. 메이커봇 싱오매틱 프린터는 액체 ABS 플라스틱을 분사해 0.33밀리미터씩 쌓아올려서 물건을 인쇄한다.

산업용 3차원 프린터는 대부분 의료기기처럼 무미건조하게 보이는데, 메이커봇 3차원 프린터는 주인의 취향에 따라 장식한 경우가 많다. 내가 만든 메이커봇 3차원 프린터는 검은색 바탕에 오렌지색 글자를 인쇄해놓았고 파란색 LED가 달려 있다. 어두운 방에서 파란색 LED를 밝히며 작동하는 3차원 프린터를 보면 정말 멋지다.

메이커봇 프린터는 일반인이 쓸 수 있는 3차원 프린터 중에서 단연 뛰어난 제품이다. 디지털 디자인 파일에서 정보를 읽어내 플라스틱으로 물건을 인쇄한다. 원하는 장치가 있으면 디자인 파일을 다운로드해서 직접 인쇄하면 된다. 이미 가지고 있는 물건을 변형하고 싶은가? 그럼 먼저 물건을 스캔한다. 구글에서 얻을 수 있는 무료 소프트웨어 스케치업을 사용해 스캔한 이미지에서 변형하고 싶은 부위를 정한다. 수정한 이미지 파일을 레플리케이터G 앱에 로딩한다. 몇 분 뒤에 완전히 새로운 물건을 손에 얻게 될 것이다.

메이커봇은 가장 단순한 3차원 프린터 중 하나다. 메이커봇 프린터에는 모터가 4개 달려 있다. X축 모터, Y축 모터, Z축 모터, ABS 플라스틱 필라멘트를 히터 옆에 통과시켜 녹이고 분사하는 모터다. 메이커봇 프린터 본체는 레이저로 깎은 합판으로 제조했다. 메이커봇 프린터 속에 든 일부 플라스틱 축바퀴는 다른 메이커봇 프린터로 제조한 것이다. 전자부품으로는 아두이노 프로세서 보드를 사용한다.

메이커봇 프린터에는 필요 이상으로 LED가 많이 달려 있다. 왜 이렇게 LED를 많이 달아놓았는지 묻는 사람은 3차원 프린터를 사용하는 목적을 이해하지 못한 사람이다. 3차원 프린터는 단순히 실용적인 도구일 뿐 아니라 장난감이기도 하다. 또한 혁명적인 도구이자, 움직이는 조각품이자, 정치적 선언이다. 실용적일 뿐 아니라 짜릿할 정도로 멋진 도구다.

집에 있는 데스크톱 잉크젯 프린터를 놓고 이렇게 말할 독자는 없으리라고 장담한다. 이것이 상업용 산업 도구와 DIY 운동 제품의 차이다. 메이커봇은 물건을 창조하는 과정뿐 아니라 제품 자체도 즐긴다. 또한 커뮤니티가 함께 디자인하고, 존경할 만한 비전을 가진 사람에 의해 제조됐으며, 이를 사용하는 주인의 개성을 나타낼 수 있는 장치이기에 특별하다. 3차원 프린터를 1대 사보라. 단순히 프린터 1대를 사는 것이 아니라 가장 앞좌석에 앉아서 사회변혁을 구경하게 될 것이다. 오픈소스는 효율적 혁신 수단일 뿐 아니라 민주주의나 자본주의처럼 강력한 신념 체제다.

메이커봇 프린터에는 철학이 있다. 렙랩 3차원 프린터, 아두이노 마이크로프로세서 보드, 캐드 파일을 3차원 프린터의 모터 3개를 움직이는 명령어로 변환하는 소프트웨어를 비롯해 이전에 있었던 여러 오픈소스 프로젝트를 기반으로 만든 제품이다. 여기서 오픈소스란 전자, 소프트웨어, 물리적 디자인, 문서, 로고까지 모든 것을 공개한다는 뜻이다. 메이커봇 프린터의 거의 모든 부분은 커뮤니티나 자발적 참여자가 개발한 것이다. 메이커봇 프린터는 지적재산권 보호를 포기해도 커뮤니티 지원과 선의라는 형태로 더 많은 보호를 받을 수 있다는 점을 보여주는 훌륭한 사례다.

내가 보트케이브를 처음 방문한 때는 메이커봇이 문을 열고 몇 달이 지난 2009년이다. 긴 벽돌벽 방에서 메이커봇 프린터 케이스를 담은 상자 100개가 줄지어 놓여 있고, 프린터 케이스에 부품을 집어넣는 작업이 진행 중이었다. 조립해야 하는 부품들이 받침대에 놓여 있었고, 레이저 커터가 프린터 본체 틀을 만들고 있었다(소비자로 방문한 나는 이 프린터 중 1대인 시리얼넘버 400번 제품을 가질 수 있다는 사실에 짜릿함을 느꼈다. 나는 이 제품을 무척 애용했고, 지금은 2세대 3차원 프린터인 싱오매틱으로 업그레이드했다).

이곳에서 메이커봇 프린터를 만드는 크리에이터들은 공급망 관리의 현실을 몸소 체험하고 있었다. 일부 부품은 제때 도착하지 않았고, 일부 부품은 결함이 있었다. 메이커봇 프린터는 수백 개의 부품이 들어가는데 하나라도 빠지면 소비자에게 상품을 보낼 수 없다.

내가 방문했을 때는 부품을 담은 상자 수십 개가 몇 주일째 놓여 있었다. 부품 재고가 떨어지는 사태를 막으려고 모든 부품을 필요한 수량보다 많이 주문한 탓이다. 이는 보험이라고 보기엔 비용이 많이 드는 방법이었다. 내가 이곳을 방문했을 때 메이커봇의 부품 재고는 30만 달러에 가까웠지만, 여전히 핵심 부품이 도착하지 않아 생산에 차질을 빚고 있었다. 이처럼 부품 재고에 돈이 묶여 있는 것은 특히 스타트업 기업에 고통스러운 문제다. 이 문제를 인식한 직원들은 연구개발보다 지루하지만 연구개발과 똑같이 중요한 일인 안정적 부품 공급 확보와 수요 예측에 집중하기로 했다. 이는 지난 세기에 제조업체들에서 일하는 모든 사람이 인식한 문제이지만, 오픈소스 하드웨어를 만드는 해커팀에는 생소한 문제였다. 혁명은 시행착오를 거쳐 일어난다.

내가 이 글을 쓰고 있는 시점에 5,200대가 넘는 메이커봇 프린터가 팔려 500만 달러가 넘는 매출액을 올렸다. 메이커봇 프린터가 한 대 나올 때마다 커뮤니티에서는 새로운 활용 방법과 개선책이 올라왔다. 이러한 개선을 거치면서, 최근 나온 메이커봇 프린터의 헤드 해상도는 0.2밀리미터다. 다른 헤드에 회전 커터를 부착해 3차원 프린터를 CNC 라우터로 전환할 수 있다. 헤드 크기를 키워 원래 설계한 것보다 2배 큰 물건도 인쇄할 수 있게 됐다.

지금까지 메이커봇은 아마존 설립자 제프 베저스$^{Jeff\ Bezos}$를 비롯한 투자자들에게서 천만 달러를 투자받아 사업을 확장했다. 앞으로 메이커봇은 중국 회사들을 비롯해 많은 저가 3차원 프린터 제조업체와 경쟁하기 위해 더 많은 자금이 필요할 것이다. 3차원 프린터 부품들은 곧 대량생산되어 지금보다 훨씬 싸게 공급될 것이다. 또한 3차원 프린터 사용법은 훨씬 쉬워질 것이다. 지금은 얼리어댑터$^{early\ adaptor}$(조기 수용자)들이 사용하고 있지만 곧 일반인도 3차원 프린터에 관심을 보이면서 3차원 프린터 시장이 급성장할 것이다.

한편 HP, 앱슨을 비롯한 거대 프린터 기업들은 아직 적극적으로 나서지 않고 있다. 현재로선 비싼 기업용 3차원 프린터 판매에 주력하고 있다. 하지만 몇 년 뒤에는 월마트와 코스트코에서 가정용 3차원 프린터를 대량 판매하는 날이 올 것이다. 이때가 되면 HP, 앱슨을 비롯한 대기업들이 규모의 경제를 활용해 훨씬 싼 3차원 프린터를 출시할 것이다. 99달러짜리 3차원 프린터가 나와 집집마다 3차원 프린터를 구매할 날이 멀지 않았다.

레이저 커터

3차원 프린터는 언젠가 모든 사람이 이용할 매혹적인 도구이지만 현재 제조자 운동에서 가장 많이 쓰는 도구는 3차원 프린터보다 수수한 레이저 커터다. 어떤 메이커스페이스를 방문하든지 레이저 커터들이 하루 종일 작동하고, 레이저 커터를 사용하려는 사람이 줄지어 기다리고 있는 모습을 볼 수 있다. 레이저 커터는 너무나 단순하고 누구나 사용할 수 있는 도구라서 모든 사람이 가장 먼저 사용하는 디지털 제조도구다. 그래서 메이커들은 레이저 커터를 디지털 제조로 유인하는 마약이라 부른다.

모든 디지털 제조도구가 그렇듯, 레이저 커터는 CNC 기계의 일종이다. 레이저 커터는 평면에서 고출력 레이저를 움직이는 모터를 컴퓨터가 제어하는 기계다. 레이저 커터는 평면 재료(합판, 플라스틱판, 얇은 금속판)를 태워 가느다란 줄을 긋거나 일부만 태워 깎거나 새긴다.

레이저 커터가 인기를 끄는 이유는 사용하기 쉽기 때문이다. 어도브 일러스트레이터Adobe Illustrator로 2차원 그림을 그리는 것이 3차원 물체를 디자인하는 것보다 쉽다. 누구나 2차원 그림을 그릴 수 있다. 종이에 그리면 2차원 그림이다. 그다음에는 레이저 커터가 그림과 똑같이 잘라준다. 톱을 사용해서 자르는 것보다 간단하다. 레이저 커터는 빠르고, 저렴하고, 조용해서 초보자도 쓸 수 있는 이상적 시제품 제작 도구다.

레이저 커터가 2차원으로 작동한다고 해서 3차원 물건을 만들 수 없는 것은 아니다. 3차원 물건 이미지를 평면 이미지로 분해하는 특수한 소프트웨어를 활용하면 레이저 커터로 평면 부품을 만들어 3차원 물건으로 조립할 수 있다. 흔히 볼 수 있는 장난감 조립 로봇은 레이저 커터로 만든 것이다.

소비자가 2차원 이미지 파일을 업로드하면 자동으로 에러를 수정해주고, 적당한 재료를 선택하도록 돕는 서비스 업체들이 포노코^{Ponoko}, 폴롤루^{Pololu} 등 수십 곳이나 있다. 합판이나 플라스틱판을 선택하면 약 0.1제곱미터에 15달러가 든다. 일주일 뒤에 서비스 업체가 보낸 물건을 배달받을 수 있다.

더 두껍고, 더 크고, 울퉁불퉁한 재료를 자르려면 CNC 라우터나 CNC 밀을 사용해야 한다. CNC 기계는 3차원 프린터처럼 X축, Y축, Z축을 따라 작동한다. 3차원 프린터는 재료를 쌓아올려 물건을 만들고, CNC 기계는 재료를 깎아 물건을 만든다. CNC 라우터는 레이저 커터와 달리 정확한 깊이로 자를 수 있기에, 한 번에 3차원 물건을 만들 수 있다. 5개 축으로 움직이는 더 정교한 산업용 CNC 기계는 노련한 조각가가 손으로 조각해야 하는 작업을 초인적인 속도로 해치운다.

나는 데스크톱 CNC 기계를 사용한다. 이름은 MyDIYCNC, 가격은 500달러, 커팅 헤드는 저렴한 드레멜^{Dremel} 제품이다. 나는 아이들과 함께 이 제품을 사용해 전쟁놀이 모형의 배경을 만들었다. 한 기업가가 레이저 커터를 이용해 비디오 게임 지도(헤일로 시리즈에 나오는 지도가 특히 인기)를 만들어 테이블 유리 밑에 깔아놓으라는 아이디어를 냈다. 나는 낯선 일이지만 아이들에게 좋은 교육 체험이 될 것이라고 생각해 데스크톱 CNC 기계에서 커팅 헤드 대신 레이저를 장착해 레이저 커터로 썼다.

최근 부엌을 리모델링할 때는 숍봇^{ShopBot}이라는 대형 CNC 라우터를 많이 사용한다. 이케아 가구도 공장에서 CNC 기계로 만든 것이다. 자동차도 방 하나만 한 대형 CNC 기계로 시제품을 제작한다. 비행기 동체를 만들 수 있는 창고만 한 크기의 초대형 CNC 기계도 있다.

리얼리티 캡처

모든 디지털 도구는 비트로 된 정보를 원자로 된 물리적 제품으로 바꾼다. 하지만 그 반대는 어떨까? 아무것도 없는 상태에서 컴퓨터로 3차원 물체를 그리는 일은 어렵다. 현실에 존재하는 이미지를 컴퓨터로 가져와 이미지를 변형하는 편이 훨씬 쉽다.

이러한 과정을 '리얼리티 캡처'라고 부른다. 물건을 스캔해서 물건 표면을 표시하는 점들로 구성된 '포인트 클라우드'를 만든다. 그러면 소프트웨어가 이를 폴리곤으로 바꾼다. 컴퓨터 애니메이션에서 캐릭터를 구성하는 와이어프레임^{wireframe}과 같이 컴퓨터로 폴리곤을 조작하고 변형할 수 있다.

상업용 3차원 스캐너를 사서 작업할 수도 있지만 더 싼 방법이 있다. 오토데스크가 제공하는 '123D 캐치'라는 무료 온라인 서비스를 이용하면 된다. 이 서비스는 사용자가 모든 각도에서 찍은 물체 사진들을 올리면 클라우드 기반 소프트웨어가 이를 3차원 이미지로 바꿔 사용자가 변형하고 3차원 프린터로 인쇄할 수 있게 해준다. 아이패드에서도 이용할 수 있는 서비스다.

3차원 스캐너를 스스로 만들 수도 있다. 그리드 패턴^{grid pattern}(물체인식을 위해 광원에서 나오는 빛에 고유한 패턴을 부가해 만드는 조명광 시스템-옮긴이)으로 물체를 비치는 포켓 프로젝터와 고화질 웹캠이 있으면 된다. 프로젝터 불빛을 받는 물체를 돌려가면서 웹캠으로 모든 방향의 이미지를 캡처한다. 물체 표면에 비친 빛의 패턴을 통해 3차원 이미지 정보를 컴퓨터가 읽어낼 수 있다.

마지막으로, 노트북이나 스마트폰에 내장된 웹캠으로 현실의 물체를 캡처할 수도 있다. 컴퓨터에서 사용할 수 있는 소프트웨어의 지시에 따라 물체를 회전시켜가며 웹캠으로 이미지를 찍으면 소프트웨어가 부족한 부분을 보완해서 3차원 이미지를 만든다. 언젠가는 휴대전화를 꺼내 휴대전화 지시에 따라 물체를 스캔하고 '인쇄' 버튼을 누르면 데스크톱 3차원 프린터로 똑같은 물체를 복제할 수 있는 날이 올 것이다.

그때가 되면 할리우드 영화에서나 보던 일이 현실에서도 가능해질 것이다. 스캐너의 성능은 계속 개선될 것이다. 형태를 복제한 다음에는 기능을 복제하는 단계로 넘어갈 것이고 얼그레이 차를 담을 컵은 이미 복제할 수 있다. 언제쯤 되면 얼그레이 차도 복제할 수 있을까? 언젠가는 〈스타트렉〉에 나오는 물질재조합장치가 현실이 되는 날이 올 수도 있다.

7장

오픈 하드웨어의 궁극적 미래

소비자가 생산자에게 돈을 내가면서
제품 개발을 도와주려는 시장이 있다면?

2007년 3월 화창한 금요일 오후, 나는 아이들과 함께 즐거운 주말을 보내기 위한 계획을 짜기 시작했다. 내가 근무하는 「와이어드」 편집부 사무실에는 언제나 그랬듯이 리뷰할 상품들이 상자째 놓여 있었다. 그중에는 레고 로봇과 무선 비행기도 있었다. 나는 이 두 장난감을 리뷰하겠다고 자청했다. 아이들과 함께 토요일에는 로봇을 만들고 일요일에는 무선 비행기를 날릴 생각이었다. 분명 아이들이 즐거워하리라 생각했다.

하지만 토요일 아침이 되자 벌써부터 예상이 빗나갔다. 아이들은 흥분한 상태로 로봇을 조립했지만 다 조립하고 배터리를 집어넣자 실망한 기색을 보였다. 할리우드 영화가 로봇에 대한 아이들의 환상을 너무 부풀려놓은 탓이다. 아이들은 레이저 무기를 갖추고 트럭으로 변신할 수 있는 인간형 로봇을 기대했다. 하지만 한 시간 동안 조립한 레고 로봇이 할 수 있는 일은 앞으로 구르고, 벽에 부딪치면 뒤로 물러서는 것뿐이었다. 다른 사람들이 레고 로봇으로 무슨 일을 하는지 인터넷에서 검색해봤더니 퍼즐을 맞추는 로봇, 복사하는 로봇 등 레고로 온갖 로봇을 만든 사람들이 올린 동영상이 나왔다. 우리도 새로운 것을 발명하고 싶었지만, 새로운 로봇을 만들 길이 없었다. 아이들은 점심때가 되자 흥미를 잃었다.

그렇지만 아직 비장의 무기인 무선 비행기가 남아 있었다. 일요일에 나는 아이들을 데리고 공원으로 가서 공중으로 무선 비행기를 힘껏 날렸다. 비행기는 즉시 나뭇가지로 돌진하더니 처박혔다. 아이들은 어안이 벙벙한 채 나를 쳐다봤다. 아이들은 내 형편없는 솜씨는 물론이고 유튜브에서 곡예비행 영상을 보여주면서 약속한 것과 영 딴판으로 시시하게 끝난 비행에 충격을 받은 모습이었다.

내가 나뭇가지에 걸린 비행기를 떨어뜨리려고 나뭇가지를 던지는 동안, 아이들은 돌처럼 경직된 채 떨어져 있었다. 아이들과 즐거운 주말을 보내려던 내 계획은 완전히 실패로 끝났다. 나는 나 자신에게 실망했고, 내 마음을 몰라주는 아이들이 야속했다. 그래서 열불이 나서 공원을 달렸다.

달리는 동안 나는 레고 로봇 장난감에 부착할 수 있는 센서를 생각해보았다. 가속도계, 경사각 센서, 자이로스코프 센서, 나침반 센서, 무선 GPS 센서에 접속할 수 있는 블루투스 장치가 있었다. 이러한 센서들을 무선 비행기에 장착하면 자동비행이 가능할 것이라는 생각이 들었다. 일석이조의 효과를 낼 수 있는 방안이었다. 전에는 보지 못한 멋진 레고 장난감도 만들고, 로봇으로 비행기를 날릴 수도 있으니 말이다. 최소한 나보다는 로봇이 비행기 날리는 솜씨가 좋을 터였다.

나는 집에 돌아가자마자, 식탁에서 레고 비행기 자동조종장치를 설계하기 시작했다. 아이가 소프트웨어 제작을 도와줬다. 우리는 사진을 찍어서 슬래시닷 사이트에 올렸다. 그날 저녁 슬래시닷 대문에 이사진이 떴다. 무선 비행기에 자동조종장치를 달아서 몇 주일 뒤 주말에 날렸다. 내가 의도한 대로 정확히 날지는 않았지만 상당히 높이 잘 날았다.

나는 의도한 대로 정확히 날아가는 자동조종장치를 부착한 레고 비행기를 만들기 위해서 이후로도 지금까지 수년간 연구하고 있다. 아쉽지만 아이들은 며칠 만에 흥미를 잃고 즉각적 만족을 느낄 수 있는 비디오 게임과 유튜브에 빠졌다.

나는 레고 비행기 자동조종장치를 개선하는 작업을 계속했다. 결국 전문 자동조종장치처럼 똑바로 날아가는 자동조종장치를 개발했다 (이 레고 비행기 자동조종장치는 현재 덴마크 빌룬트 레고 박물관에 있다). 그렇지만 레고 비행기에 실제 자동조종장치를 부착하는 것이 현명한 일이 아니라는 사실을 깨달았다. 레고 비행기는 크고 비쌌으며 나는 무선 조종기를 개선할 방법을 찾지 못했다.

방법이 없을까? 그때까지 연구한 바를 인터넷에 올려 공유하고 다른 사람에게서 답을 구하기로 했다. 당시는 2007년으로 페이스북이 뜨고 있었다. 나는 2004년에나 유행하던 블로그가 아닌 닝^{Ning}이라는 소셜네트워크 사이트에 DIY드론$^{DIYDrones.com}$을 개설했다.

혼자서 뉴스와 정보를 전하는 블로그와 달리 DIY드론은 커뮤니티가 만드는 사이트다. 이는 엄청난 차이를 낳는다. 소셜네트워크에서는 모든 참여자가 모든 기능을 사용할 수 있다. 참여자들이 댓글을 달고, 블로그 글을 작성하고, 토론을 시작하고, 비디오와 사진을 업로드하고, 자기소개 페이지를 작성하고, 다른 사람에게 메시지를 보낸다. 커뮤니티 회원들은 좋은 행동을 장려하고 나쁜 행동을 규제하는 중재자가 될 수 있다.

이러한 소셜네트워크의 특성 때문에 내가 개설한 DIY드론은 나만의 것이 아니라 모든 참여자의 것이 됐다. 초창기부터 DIY드론은 아이디어를 교환하고 자신의 프로젝트와 연구를 보고하는 사람들로 넘쳤다. 처음에는 회원들이 코드와 디자인 파일을 올리고 현실성이 떨어지는 아이디어를 주고받는 선에서 끝났다. 하지만 시간이 지나면서 이 사이트는 버전 통제 시스템, 파일 보관 시스템, 위키, 이메일 리스트, 규격화된 팀 과제를 포함하는 협동작업 시스템을 조직했다.

나는 커뮤니티에 모인 사람들이 커피 한 잔 값도 안 되는 휴대전화 센서와 반도체를 이용해 벌이는 프로젝트에 큰 충격을 받았다. 커뮤니티 회원들이 설계한 전자장비의 성능은 10년 전이었으면 수백만 달러는 했을 항공기 전자장비와 맞먹었다. 이는 항공 산업의 미래를 보는 듯했다. 컴퓨터 기술에 관심 있는 사람들이 모인 홈브루 컴퓨터 클럽에서 PC가 나오며 1980년대 산업용 컴퓨터 세계를 바꿨듯, 나는 항공 산업을 바꿀 잠재력을 DIY드론에서 발견했다. 항공 산업에서 애플 같은 기업이 나온다면 바로 DIY드론일 것이라는 생각이 들었다.

그 순간 기업가 기질이 발동했다. 나는 어떤 일을 순수하게 즐기기만 하지 못하고, 목적을 추구한다. 그래서 취미로 하던 일을 경제활동으로 전환해 더는 순수하게 즐기지 못하는 단점이 있다. 몇 해 전에는 아이들과 함께 재밌는 기술 프로젝트를 추진하다가 긱대드[GeekDad]라는 블로그를 만들었다. 이 블로그는 이후 긱대드 주식회사로 독립해 잘나가고 있다. 나는 특허를 내는 일이 취미가 아닌 업무처럼 느껴지기 전에 사이트를 다른 사람들에게 넘겼다. DIY드론도 예외가 아니었다.

3D 로보틱스 창업

나는 무선 비행기 사업을 시작했다. 커뮤니티 회원과 함께 디자인한 비행기 조종기를 만들고자 부품을 조립했다. 회로기판 디자인 파일을 공장에 보내 주문 생산하고, 소매가보다 싸게 부품을 구매하기 위해 몇 주간 돌아다녔다. 모터는 중국에서, 포장지는 캐나다에서, 프로펠러는 타이완에서 수입했다. 플라스틱으로 만든 무선 비행기 활주로를 큰 상자에 담고, 피자 상자에 부품들을 담았다.

처음에는 기판 수십 개를 직접 조립했지만 정말 힘들어서 포기했다. 기판 수백 개를 조립하는 일을 할 학생을 채용하고자 크레이그리스트[Craiglist](인터넷 지역정보 사이트-옮긴이)에 구인 광고를 냈으나 결과는 그리 신통하지 못했다. 결국 나는 공장에 연락해 자동화 기계로 부품 수백 개를 조립해달라는 계약을 체결했다. 공장에서 조립한 기판이 큰 상자에 담겨 집에 배달됐다. 나는 그날 저녁 기판을 테스트하고 기판에 소프트웨어를 탑재했다.

이제 상품을 포장하는 일만 남았다. 나는 아이들을 꼬드겨 포장하는 일을 돕게 했다. 부엌 식탁과 바닥에 상자들을 늘어놓고 각 상자에 어떤 상품이 몇 개 들어가야 하는지 포스트잇으로 붙여놓았다. 나는 아이들과 함께 상품을 상자에 집어넣었다. 아이들은 점점 더 지루해했다. 실제 공장에서 일하는 것이 어떤 기분인지 배우게 된 듯 보였다. 나는 그 일로 어른이 해야 할 일을 다섯 살짜리 아이에게 맡기지 말라는 교훈을 얻었다. 아이가 상품을 잘못 집어넣은 탓에 결국 모든 상자를 일일이 다시 확인해야 했다.

커뮤니티에서 개발한 다음 제품은 비행기 자동조종장치 기판이다. 이번에는 전문가들의 손에 맡기기로 했다. 오픈소스 하드웨어 커뮤니티의 의뢰를 받아 전자제품을 설계하고 제조하고 판매하는 업체인 스파크펀^{SparkFun}에 의뢰했다. 모든 부품 주문과 제조는 이 업체가 담당할 테니 커뮤니티에서는 연구개발에만 신경 쓰고 재고 관리로 속 썩이지 않아도 되리라고 예상했다.

하지만 시간이 지나면서, 커뮤니티의 개발 속도가 너무 빨라 스파크펀이 제품화 과정에서 커뮤니티의 주문을 모두 반영하지 못했다. 커뮤니티 전용 공장을 운영해야 할 필요를 느꼈다. 그래서 나는 3D 로보틱스라는 기업을 설립했다. 나중에 조르디 무노즈^{Jordi Munoz}가 파트너로 합류했다.

우리는 로스앤젤레스 차고를 빌려 스파크펀 같은 기업을 창업했다. 공장 기계는 없었고 아이가 와서 일을 지켜봤다. 회로기판에 땜납을

묻히고 오븐에서 열을 가해 납땜하는 공정에 사용하는 리플로 오븐reflow oven은 토스터 오븐을 개조해서 사용했다. 이곳에서 하루에 기판 수십 개를 생산했다.

주문이 밀려들자 공장을 샌디에이고 공단으로 옮겼다. 샌디에이고 옆에는 저임금 멕시코 노동자가 많은 티후아나Tijuana가 있다. 우리는 샌디에이고 공단에서 자동화 제조도구를 활용했다. 판매량이 늘면서 점점 더 큰 부품조립 기계를 사용했다. 질소 냉각 시스템을 갖춘 리플로 오븐을 새로 들여놓았다. 공장 내부 온도를 적정 상태로 유지하려면 질소 냉각 시스템이 필요했고, 이것을 유지하기 위해서 질소 발전기가 필요했다. 새로운 전문 장비들이 들어올 때마다 조르디 무노즈와 팀원들은 웹을 검색해 사용법을 배웠다.

3D 로보틱스 매출액이 계속 늘어 첫 번째 공장으로 주문량을 감당하지 못하자 공장을 옆으로 확장했다. 오늘날 3D 로보틱스가 샌디에이고에서 운영 중인 공장 면적은 약 1,115제곱미터다. 3D 로보틱스가 티후아나에 건설한 제2공장 면적도 이와 거의 같다. 3D 로보틱스 공장에서는 전자 기판을 만드는 산업용 로봇팔이 분주히 움직이고, 근로자들이 부품을 조립하고, 엔지니어들이 신상품을 개발한다. 레이저 커터, 3차원 프린터, CNC 기계가 초소형 무인항공기 부품들을 만든다. 조르디 무노즈가 식탁에 기판을 올려놓고 납땜인두로 기판을 조립한 지 3년 만에 이처럼 완전한 공장들을 운영하게 됐다.

3D 로보틱스의 성장

3D 로보틱스를 창업한 첫해인 2009년 매출액은 25만 달러였다. 2011년 매출액은 300만 달러를 돌파했고 2012년에는 500만 달러를 돌파했다. 연간 매출액 성장률은 75퍼센트에서 100퍼센트에 달한다. 이는 3D 로보틱스 같은 오픈소스 하드웨어 기업들에 흔한 현상이다. 3D 로보틱스는 첫해부터 흑자를 기록했다. 하드웨어 산업에서는 별로 어렵지 않은 일이다. 비용보다 높은 가격에 물건을 팔면 된다.

나는 생산 라인을 증설하기 위해 이익을 최대한 재투자하고자 했다. 3D 로보틱스는 입소문으로 네트워크 효과를 누릴 수 있고 글로벌하게 움직이는 온라인 기업으로 출발했기에 전통적 제조업 기업보다 빠르게 성장했다. 하지만 3D 로보틱스는 자본과 시간을 소요하는 하드웨어 제조 기업이라 가장 성공한 웹 기업들 같은 폭발적인 성장 곡선을 그릴 수는 없다.

3D 로보틱스의 비즈니스 모델은 현금 흐름이 좋은 전통적 제조업 기업의 이점과 마케팅하기 좋은 웹 기업의 이점을 동시에 가지고 있다. 여전히 작은 회사지만 미국 소기업의 대부분을 차지하는 세탁소나 구멍가게와 다른 점은 3D 로보틱스가 웹 중심으로 글로벌하게 영업한다는 점이다.

3D 로보틱스는 처음부터 국제시장에서 경쟁했다. 지역시장을 먼저 공략하고 나중에 국제적으로 확장하는 전략을 쓰는 기업은 글로벌 경쟁에 대비하지 못할 위험이 있다. 3D 로보틱스는 첫날부터 세계를 상대로 물건을 팔았기 때문에 강하게 성장할 수 있었다. 현재

3D 로보틱스 매출의 3분의 2는 미국이 아닌 해외에서 발생한다. 이처럼 글로벌 시장에 상품을 팔면 지역시장에 상품을 팔 때보다 훨씬 빠르게 성장할 수 있다.

가격 책정 구조

이익은 웹 기업들에 늘 골칫거리다. 웹 기업들은 트래픽을 늘리는 데 주력하는데, 트래픽이 늘면 비용이 많이 들어 적자를 보기 일쑤다. 하드웨어 기업들은 비용에 비해 높은 가격에 물건을 팔 수 있다면 사업을 지속할 수 있기에, 적정 가격을 청구하는 것이 중요하다.

제조자들이 창업해서 가장 먼저 저지르는 실수는 비용보다 낮은 가격에 제품을 판매하는 것이다. 더 싸게 팔면 더 많이 팔 것이라는 기대와 빨리 제품을 알려야겠다는 조급증 탓이다. 심지어 커뮤니티의 자발적 도움을 받아 제조한 상품을 비용보다 비싼 가격에 파는 것은 부당하다고 생각하는 제조자도 일부 있다.

이러한 생각을 이해하지 못하는 것은 아니지만 틀렸다. 합리적 수준의 이익을 거두는 것은 사업을 지속하는 유일한 방법이다. 예를 들어 여러분이 드럼 치는 소년 장난감을 100개 제조한다고 치자. 나무, 레이저 커터, 하드웨어, 제품 상자, 설명서에 드는 비용은 장난감 1개당 20달러다. 미처 고려하지 못한 비용도 있을 수 있으니 장난감 1개당 25달러에 판매한다고 생각해보자. 값싸고 재미있는 장난감이기에 곧

다 팔렸다.

성공에 고무된 나머지 똑같은 장난감 1,000개를 만들어 팔기로 한다. 이번에는 원자재 구입비가 수만 달러로 증가한다. 100개를 제조했을 때는 혼자서 여가시간을 활용해서 감당할 수 있었지만, 1,000개를 제조하려면 근로자를 고용해야 한다. 상자를 저장할 공간을 빌려야 하고 매주 택배 영업소로 가서 상품을 발송해야 한다.

이쯤 되면 취미로 시작한 활동이 실제 업무로 느껴진다. 게다가 온라인 소매상들이 장난감을 100개씩 주문하면서 할인해달라고 요구한다. 처음에는 자신이 만든 상품이 이렇게 인기를 끌고 더 많은 사람들에게 팔릴 것이란 사실에 흥이 난다. 하지만 소매상들에게 25달러에 팔면, 소매상들이 이익을 내지 못한다. 소매상들도 각종 비용을 감당하고 이익을 내려면 구입가보다 50퍼센트는 높은 가격에 팔아야 한다. 그래서 개당 17달러 이하에 공급해달라고 요구한다. 하지만 17달러에 장난감을 팔면 독자가 손해 본다. 처음에는 취미로 시작한 활동이고 개인이 감당할 수 있는 비용만 들었지만, 이제는 막대한 빚을 지게 생겼다.

기업가들은 제품 원가보다 2.3배는 높게 가격을 책정해야 할 필요를 느낀다. 이렇게 가격을 책정해야 자신도 비용을 감당할 만큼 50퍼센트의 마진을 확보하고, 소매상들도 50퍼센트의 마진을 확보할 수 있다(1.5곱하기 1.5는 2.25이다). 기업가가 챙기는 50퍼센트의 마진은 기업가가 처음에 고려하지 못한 각종 비용을 지불하는 데 필요하다. 예를 들어 처음에는 고려하지 못한 근로자 고용에 따른 임금과 보험료, 고객 지원 서비스 비용, 반품 비용이 있다. 그리고 소매상들도 50퍼센트 마진이 있어야 각종 비용을 감당할 수 있다(대다수 기업들은 60퍼센트 마진을 확보하기 위해 원가의 2.6배 수준으로 가격을 책정하지만 오늘날 메이커들은 이타심이 많고 메이커 기업이 빨리 성장한다는 점을 감안해 여기서는 50퍼센트 마진으로 계산).

다시 말해, 비용이 20달러 드는 장난감의 소매가는 25달러가 아니라 46달러가 돼야 한다. 너무 비싸다고 느낄 수도 있겠지만, 처음에 적정 가격을 책정하지 않으면 더는 제품을 생산할 수 없고, 모든 사람이 손해를 본다. 이것이 취미와 사업의 차이다. 한 가지 덧붙이자면 맞춤형 제품은 가격을 더 높게 책정할 수 있다. 맞춤형 상품 구매자들은 자신이 정말 원하던 것을 얻기 위해 더 높은 가격을 지불하려고 한다. 따라서 맞춤형 상품 판매는 매력적인 비즈니스 모델이다.

개방형 혁신 커뮤니티

현대인은 오픈 소프트웨어의 혁신을 흔히 접한다. 이를테면 파이어폭스 웹브라우저, 안드로이드폰, 대다수 웹사이트들이 이용하는 리눅스 웹서버, 그 밖에 인터넷을 구성하는 많은 요소가 오픈소스 소프트웨어다. 이는 앞으로 하드웨어에도 적용될 얘기다. 나는 오픈소스 하드웨어 자동차(로컬모터스 사가 제조한 랠리파이터 자동차)를 타보았고 오픈소스 비행기가 나는 모습을 지켜보았다. 오픈소스 잠수함, 우주로 쏘아 올릴 수 있는 오픈소스 로켓도 있다. 또한 오픈소스 손목시계,

오픈소스 알람시계, 오픈소스 커피메이커, 오픈소스 토스터 오븐도 있다.

이러한 오픈소스 하드웨어를 만드는 기업들은 비트를 포기하고 원자를 판매하는 전략을 쓴다고 할 수 있다. 모든 디자인 파일과 소프트웨어를 온라인에 무료로 공개하고, 누구든 계속 공개하고 공유하는 한 자유롭게 사용할 수 있게 허용한다. 하지만 물리적 제품은 여전히 돈을 받고 판다. 물리적 제품은 제조와 판매 과정에서 실제로 지불해야 하는 비용이 발생하기 때문이다.

급성장하는 오픈 하드웨어 비즈니스 모델 사례는 많다. 렙랩 프린터, 메이커봇 3차원 프린터도 오픈 하드웨어다. 아두이노, 시드스튜디오Seeed Studio, 스파크펀을 비롯한 기업들이 생산하는 제품들도 오픈 하드웨어다. 오픈소스 하드웨어 제조업체 에이다푸르트Adafruit의 필립 토론Phillip Torrone이 집계한 바에 따르면, 2011년 말 기준으로 오픈소스 하드웨어 제품은 300개가 넘고 연간 매출액은 5,000만 달러가 넘는다고 한다.[28]

미국 건국을 주도한 토머스 제퍼슨Thomas Jefferson을 비롯한 정치인들은 헌법을 비준하고 1년 뒤인 1790년에 특허법을 제정할 때 개방성을 중시했다. 한정된 기간에 독점권을 보장하는 특허의 요지는 발명가에게 돈을 벌게 하는 것이 아니다. 발명가는 발명한 기술을 특허받지 않고 계속 사업 기밀로 유지할 수도 있다. 특허는 발명가들이 기술을 대중과 공유하도록 장려한다. 발명가가 특허를 받으려면 기술 내용을 출판해야 한다. 이를 보고 사회 전체가 기술을 배울 수 있다(과학계도 같은 방식으로 움직이는데 과학자들은 학술지에 논문을 게재한 성과에 따라서 평가받는다).

개방형 혁신 환경에서 개발한 제품은 특허받은 기술만큼 법적 보호를 받지 않는다. 그렇지만 특허받을 때보다 상업적으로 성공할 확률은 높다고 할 수 있다. 혼자서 비밀리에 개발할 때보다 여러 사람과 함께 개발하는 편이 더 빠르고, 싸고, 성과가 우수하기 때문이다. 따로 돈을 들여서 시장을 분석하지 않아도 커뮤니티 반응을 보고 시장을 분석할 수도 있다. 커뮤니티는 신제품을 홍보해주기도 한다. 신제품에 투자한 커뮤니티 회원들이 알아서 제품을 홍보해준다. 커뮤니티를 이용해 출시했다는 사실 자체가 대부분의 특허 기술보다 성공을 보장할 수 있다.

개방형 혁신에 기반을 두고 창업한 기업들은 시장접근 이상의 이점을 누린다. 「메이크」 잡지를 출간하는 오렐리 출판사의 사장 팀 오렐리Tim O'Reilly가 말한 '참여 구조'를 잘 구성하면, 기술을 가진 커뮤니티 회원 수백 명이 무료로 제품에 기여한다. 개방형 혁신 커뮤니티는 공유하라는 규범이 있다. 오픈소스 소프트웨어부터 위키피디아까지 다양한 개방형 혁신 참여자들은 자신에게 이익이 되는 일을 하면서 타인과 성과를 공유한다.

이러한 협력 덕분에, 저렴하면서도 빠른 제품 개발이 가능하다. 이는 개방형 혁신 모델로 제품을 개발한 기업에 큰 경제적 이득이 된다. 개방형 혁신 커뮤니티는 연구개발뿐 아니라 제품설명서 제작, 마케팅, 지원 역할도 담당한다. 개방형 혁신 커뮤니티 참여자들에게 사회적 인센티브를 제대로 주면, 기업이 큰 비용을 지불해야 하는 일들을 무료로 처리할 수 있다.

3D 로보틱스는 모든 과정을 개방형 혁신 커뮤니티에 의존한다. 제품 디자인을 웹에 올려 다른 사람들도 사용할 수 있도록 허용하면, 무료로 조언하고 노동력을 제공해주는 커뮤니티와 신뢰를 얻을 수 있다. 3D 로보틱스는 캐드소프트의 이글 포맷^{Eagle format}으로 된 PCB^{Printed Circuit Board}(인쇄회로기판) 디자인 파일을 커뮤니티에 올린다. 디자인 파일에는 저작자표시 동일조건변경허락 라이센스^{Creative Commons Attribution ShareAlike license}(원작자를 표시하고 동일조건으로 다른 사람에게 사용을 허용하는 한, 자유롭게 디자인을 변형하고 이용할 수 있다는 표시 - 옮긴이) 마크를 단다. 한편 3D 로보틱스의 소프트웨어와 펌웨어는 모두 자유로운 사용과 배포를 허용하는 GPL^{General Public License} 제품으로 다른 사람들도 저작자를 표시하고 코드를 공개하는 한 3D 로보틱스의 소프트웨어와 펌웨어를 자유롭게 사용할 수 있다. 그 결과 커뮤니티 회원 수백 명이 참여해 3D 로보틱스 소프트웨어와 제품 디자인 개선에 기여하고 3D 로보틱스 제품과 상호보완적 제품을 만들었다.

3D 로보틱스는 오픈소스 개발을 통해 R&D 비용 수십만 달러를 절약하고 제품 품질도 개선했다. 3D 로보틱스 제품 개선에 참여한 커뮤니티 회원 중에는 각 분야 전문가도 있다. 소스를 공개하지 않고 3D 로보틱스 내부에서만 제품을 개발했다면 이런 전문가들을 고용하지 못했을 것이다. 각 분야 전문가들이 퇴근하고 집에 돌아와 3D 로보틱스에 무료봉사한다. 그들이 오픈소스 하드웨어 제품 개발에 열정적으로 참여하는 이유는 자신이 가지고 싶은 상품을 만들기 위해서고, 재능 있는 사람들이 더 많이 참여해 혁신 속도가 훨씬 빨라질 것이란 사실을 알기 때문이다.

커뮤니티에 제품 디자인을 올리고 참여자들을 끌어들였으면, 그들에게 적당한 역할을 줘야 한다. 건설적인 참여자로 보이는 사람들에게 중재자로 활동하게 하고, 커뮤니티에서 특히 우호적이고 도움이 되는 회원에게는 배지를 달아준다. 이처럼 회원들을 적절히 보상하면, 커뮤니티 회원들의 건설적 협동을 증진하고 회사도 업무 부담을 덜어 이득이다.

마지막으로, 자발적 참여자들에게 돈을 지불해야 하는지의 문제가 남아 있다. 나는 핵심 기여자들에게 제품 판매액의 일부를 줘야 한다고 생각하지만, 일부 참여자는 돈을 받지 않으려고 한다. 이유는 여러 가지다. 돈을 바라고 참여한 것이 아니기에 보상을 거부하는 참여자, 직장에서 버는 돈에 비해 푼돈에 지나지 않기에 사양하는 참여자, 다른 참여자가 돈을 받지 않는데 자신이 돈을 받는 것은 부당하다고 생각하는 참여자가 있다. 또 자신이 돈을 받으면 그만큼 제품 가격이 높아져서 더 많은 소비자가 제품을 이용할 수 없게 될 테니 자신이 참여한 의미가 없다고 생각해서 돈을 받지 않는 참여자도 있다.

하지만 꼭 돈만이 보상은 아니다. 특히 대체로 직장에서 성공을 거둬 소득 수준이 높은 최고 기여자들에게는 돈보다 큰 보상이 있다. DIY드론 프로그램 개발팀이 채택한 보상 체계를 소개한다. 별 것 아닌 것처럼 보이지만 효율적인 보상부터 큰 경제적 가치를 지닌 보상까지 있다. 예를 들어, 프로그램 코드에 조금이라도 기여한 사람에게 커피 머그컵을 주고, 최고 기여자에게는 큰 경제적 보상이 될 수도 있는 3D 로보틱스 스톡옵션을 준다.

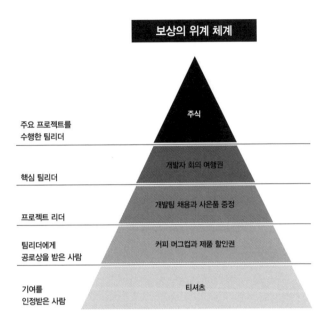

보상의 위계 체계

주요 프로젝트를
수행한 팀리더 — 주식

핵심 팀리더 — 개발자 회의 여행권

프로젝트 리더 — 개발팀 채용과 사은품 증정

팀리더에게
공로상을 받은 사람 — 커피 머그컵과 제품 할인권

기여를
인정받은 사람 — 티셔츠

커뮤니티를 건설하는 방법

오픈소스로 제품을 개발할 때는 포기하는 것보다 많은 것을 얻길 기
대한다. 하지만 언제나 더 많은 것을 얻는다는 보장은 없다. 오픈소스
로 개발하려면, 사람들의 이목을 끌고 커뮤니티를 건설하고 제품 개
발에 참여를 유도해야 한다. 오픈소스 커뮤니티를 운영하는 일만도
많은 시간과 정성이 든다. 하지만 오픈소스 커뮤니티가 제대로 돌아
가면 마법 같은 효과를 거둘 수 있다. 세계최대 기업들의 R&D 부서
보다 빠르고 저렴하게 나은 제품을 개발할 수 있다.

커뮤니티를 만들 때는 블로그나 토론 그룹이 아닌 소셜네트워크로 시작하라. 최근 나온 소셜네트워크에서는 블로그, 토론 그룹, 자기소개란, 메신저, 비디오, 사진 등 모든 메뉴를 이용할 수 있다.

커뮤니티의 성공 요인 중 하나는 폭넓은 호소력이 있는 콘텐츠다. 토론장뿐 아니라 블로그, 사진과 비디오 공유, 뉴스피드도 활용해야 한다. 모든 제작자 커뮤니티는 토론장, 블로그, 사진과 비디오 공유, 뉴스피드를 활용한다. 메이커봇, 스파크펀, 에이다프루트는 날마다 블로그 글과 동영상을 올려 사람들의 관심을 끌고, 킥스타터와 에치는 회원들이 자기소개 동영상을 올린다.

이러한 콘텐츠는 커뮤니티뿐 아니라 커뮤니티에서 만든 제품도 알리는 광고 역할을 한다. 가장 성실한 제작자는 최고의 홍보자이기도 하다. 그들은 프로젝트 진행 상황을 보고하는 블로그 글을 계속 올리고 트위터도 한다. 중요한 단계마다 사진과 비디오를 찍어서 인터넷에 올린다. 제작자가 제작 과정에서 느끼는 흥분이 사람들에게 전해져서 제품 출시에 대한 기대감이 높아진다.

이렇게 보면, 모든 공개 제작 과정이 일종의 마케팅이라 할 수 있다. 커뮤니티 관리도 마케팅이다. 제품 설명글을 올리는 것도 마케팅이다. 페이스북을 업데이트하는 것도 마케팅이다. 관련 분야의 다른 제작자에게 이메일을 보내는 것도 마케팅이다. 공개 제작 과정의 마케팅이 성공하는 이유는 단순히 광고에 그치는 것이 아니라 사람들이 관심을 기울일 만하고 참여할 만한 가치를 제공하기 때문이다. 제품에 붙이는 이름부터 부품 선택까지 모든 결정이 마케팅적 결정이다. 커뮤니티는 최고의 마케팅 채널이다. 또한 입소문 마케팅의 장소일 뿐 아니라 제작자가 안심하고 자신의 제품을 얘기할 수 있는 곳이기도 하다. 앞으로 만들 제품이 얼마나 사람들에게 필요하고 흥미로운 것인지 사람들을 설득했다면, 제품에 대해 얘기하는 것은 광고가 아니라 콘텐츠다.

개방형 혁신 기업의 우위

개방형 혁신 모델에 입각한 오픈 하드웨어 기업들은 어떻게 경쟁과 불법복제를 헤쳐나갈까? 커뮤니티와 모든 것을 공유한다는 사회적 협약을 맺는 개방형 혁신 기업들을 보호해주는 이점은 무엇일까?

브랜드일까? 오픈 하드웨어 기업들은 제품 디자인 파일을 공유하지만 지적재산권의 보호를 받는 등록상표(회사명과 로고)를 디자인 파일에 집어넣는다. 다른 사람도 제품 디자인 파일을 이용해 똑같은 제품을 만들 수는 있지만 똑같은 제품으로 판매할 수는 없다(최소한 상표를 등록한 국가들에서는 합법적으로 제품을 판매할 수 없다). 브랜드는 유용한 방어수단이다. 하지만 브랜드를 침해한 사람들과 법적으로 싸우다가 부담스러운 비용을 지불할 수도 있다. 그리고 오픈소스 개발 환경에서는 복제품의 품질이 떨어지지 않고, 복제품을 적발하기도 어렵다.

그렇다면 커뮤니티가 해답일까? 얼리어댑터와 제작자들이 있는 커뮤니티라면 그렇다. 중국 회사가 복제품을 만들어 더 싸게 판매할 수는 있지만 미국 회사와 동일한 커뮤니티를 가질 수는 없다. 그리고 커뮤니티가 복제품을 적발할 수도 있다. 하지만 솔직히 얘기해서, 미국에서 커뮤니티가 존재하는 주원인은 제품이 사용하기 어렵기 때문이다. 제품 사용 정보를 교환하고자 커뮤니티를 찾는 사람이 대부분이다. 제품 개발과 개선을 돕고자 커뮤니티를 찾는 사람은 1퍼센트 정도다.

개방형 혁신 프로젝트의 목표는 전통적인 폐쇄형 혁신 제품보다 나은 제품을 만드는 것이다. 더 나은 제품이란 디자인이 좋고 사용하기 쉬운 제품이다. 크레이트앤배럴에서 토스터를 살 때는 크레이트앤배럴 커뮤니티를 찾아가지 않는다. 위대한 제품은 위대한 커뮤니티가 없어도 된다. 위대한 제품은 종종 커뮤니티가 없어도 품질 자체로 말한다.

여기까지 고찰해봤을 때, 개방형 혁신 기업들이 누릴 수 있는 유일한 이점은 기업가들과 발명가들이 커뮤니티에 모여 제품을 혁신하는 경제 생태계다. 개방형 모바일 운영체제인 안드로이드를 지원하는 수만 개의 앱을 생각해보라. 오픈소스 블로그 플랫폼인 워드프레스WordPress에서 돌아가는 수백 개의 플러그인과 유틸리티를 보라. 개방성은 제품의 지속적 성공을 가능하게 하는 환경을 조성한다. 다른 사람이 복제할 수 있다는 사실은 중요하지 않다. 디지털 파일은 복제할 수 있어도 네트워크 효과를 만드는 사람들의 좋은 의도는 복제할 수 없기 때문이다.

그래도 이익을 강탈하려는 사람이 있다면? 강탈의 의미를 어떻게 규정하느냐에 달렸다. 다른 사람이 디자인 파일을 거의 수정하거나 개선하지 않고 제품화해서 원작자와 경쟁하려면, 원작자보다 훨씬 싸게 팔아야 할 것이다. 품질이 같은 제품을 더 싸게 판다면 그것은 그것대로 좋은 일이다. 소비자는 이득을 보고 원작자는 제품 생산을 중단하고, 더 나은 가치를 가진 제품을 개발하는 데 주력하면 된다(나는 남들도 만들 수 있는 제품을 가지고 가격경쟁하고 싶지 않다).

하지만 현실은 다르다. 3D 로보틱스 제품은 이미 매우 저렴하고 중국 공장에서 쓰는 것과 똑같은 로봇을 사용해 생산하기 때문에, 중국 기업이 3D 로보틱스보다 싸게 제품을 출시하기 어렵다. 여기서는 '인건비 차익거래(저임금 국가에 제조를 맡겨 인건비를 따먹는 것 – 옮긴이)'의 여지가 거의 없다.

그리고 중국 기업이 3D 로보틱스와 같은 품질의 제품을 더 싸게 출시해도 3D 로보틱스만큼 소비자를 지원해줄 수는 없다. 3D 로보틱스는 커뮤니티라는 비교우위를 가지고 있다. 커뮤니티 참여자들이 게시판 토론, 블로그 글, 위키 작성을 통해 소비자를 지원한다. 이베이에서 중국 복제품을 구매한 미국 소비자는 이러한 커뮤니티의 도움을 받을 수 없다. 복제품을 구매하는 것은 원작자의 노력을 훼손하는 일이기에 커뮤니티 참여자들이 도와주지 않는다.

사람들이 어떻게 3D 로보틱스 제품과 복제품을 구분할 수 있을까? 오픈소스 라이선스에 따라 복제품을 만들 수는 있지만, 똑같은 제품명을 사용할 수는 없다. 상표권은 오픈소스 제작 환경에서 유일하게 보호받는 지적재산권이다. 따라서 복제품을 팔려는 기업은 다른 제품명을 붙여야 한다. 아두이노 오픈소스 프로젝트도 이와 같은 전략을 사용해 원작자를 보호했다. 아두이노가 공개한 디지털 파일을 보고 똑같은 기판을 만들 수는 있지만 '아두이노'라는 이름을 붙여서 판매할 수는 없다('아두이노 호환 기종'이라는 말을 붙일 수는 있다). 이 덕분에 PCB 디자인 파일을 배포해도 원작자가 보호받을 수 있다. 오픈소스 프로젝트의 핵심 원리를 준수하는 동시에 원작자의 권리를 보호하는 훌륭한 수단이다.

오픈소스의 핵심 특징 중 하나는 사용자가 돈을 지불하지 않고 마음대로 제품을 만들 수 있다는 점이다. 이는 전체 사용자의 0.1퍼센트에게 유리하다. 그들은 새로운 아이디어와 혁신의 원천이다. 하지만 나머지 99.9퍼센트의 사용자는 자신이 직접 물건을 만들지 않고 남에게 맡긴다. 그래서 오픈소스 제작 환경에서도 원작자가 기업을 유지할 수 있다.

불법복제를 극복하는 법

실제 사례를 소개한다. 2010년 말, DIY드론에서 공개한 자동조종장치 아두파일럿 메가^{ArduPilot Mega}의 디자인 파일을 표절한 복제품이 타오바오^{Taobao}와 이베이를 비롯한 온라인 쇼핑몰에서 팔리고 있다는 제보가 DIY드론 사이트에 올라왔다. 품질이 좋고 잘 작동하는 복제품이었을 뿐 아니라 DIY드론이 제작한 제품설명서를 중국어로 번역해서 소프트웨어와 함께 제공하기까지 했다.

커뮤니티 회원들은 이처럼 뻔뻔한 해적 행위에 충격을 받고 어떤 조치를 취해야 할지 물었다. 나는 아무 조치도 취하지 말라고 답했다.

이는 오픈소스 하드웨어에서 예상할 수 있는 일이자 장려할 일이다. 소프트웨어는 배포 비용 외에는 무료로 복제할 수 있다. 하드웨어는 재료비가 많이 들기에 품질을 유지하면서 사업을 지속하려면 일정 수준 이상의 가격을 받아야 한다. 하지만 하드웨어 디자인 파일은 무료다. 커뮤니티 회원들이 사용하고, 개선하고, 변형 제품을 만들 수 있도록 모든 지적재산권을 공개한다.

다른 사람이 복제품을 만들 가능성은 처음부터 오픈소스 하드웨어 모델에 내재된 것이다. 특히 오픈소스 라이선스를 통해 그런 가능성을 허용하고 있다. 이상적인 상황은 사람들이 디자인을 수정해서 DIY 드론이 간과한 시장수요를 충족하는 제품을 만드는 것이다. 이것은 오픈소스의 원래 목표인 혁신으로서 장려해야 한다. 하지만 다른 기업이 완전히 똑같은 제품을 복제해서 더 낮은 가격에 팔아도 괜찮다. 어느 쪽 제품이 살아남을지 시장이 결정할 것이다.

아두이노 개발부서도 정확히 같은 상황에 직면했다. 많은 중국 기업들이 아두이노 개발부서의 제품들을 복제했다. 일부 복제품은 품질이 낮았지만 품질이 좋은 복제품도 있었다. 하지만 대다수 사람들은 복제품을 사지 않고 아두이노 정품을 구매했다. 현재 아두이노 복제품은 시장점유율이 낮고, 그나마 중국처럼 가격에 민감한 시장에서 주로 팔린다. 그리고 솔직히 더 싸게 만들어서 파는 것도 혁신이다. 나쁘게 볼 일이 아니다. 나는 복제품을 보고 유쾌했다. 이유는 다음과 같다.

1. 영어로 된 제품설명서를 중국어로 번역해 더 많은 사람이 이용

할 수 있게 된 것은 잘된 일이다.

2. 복제품이 나왔다는 것은 우리 회사가 만든 제품이 성공했다는 증거다. 사람들이 원하지 않는 제품이라면 복제당하지 않았을 것이다.

3. 경쟁은 바람직하다.

4. 복제품을 만드는 기업도 나중에는 혁신과 개선에 참여할 것이다. 우리 회사가 공개한 디자인 파일로 만든 제품은 다른 사람에게도 공개해야 한다. 중국 개발팀이 우리 회사 개발팀보다 나은 디자인을 내놓으면 얼마나 좋을지 생각해보라. 이번에는 우리 회사가 중국 개발팀의 디자인을 받아들이고, 중국어로 된 제품 설명서를 영어로 번역해서 중국 외의 시장에 판매할 것이다. 모든 사람이 상생할 것이다.

내가 이 글을 쓴 직후 '헤이지Hazy'라는 아이디를 쓰는 사람이 자신이 바로 아두파일럿 메가 복제품을 만드는 팀에서 영어 제품설명서를 중국어로 번역하는 일을 맡았다고 밝혔다. 나는 그의 신속한 작업 속도를 칭찬하고, 그가 만든 중국어 제품설명서를 우리 회사의 공식 중국어 제품설명서로 사용해도 될지 물었다. 아두파일럿 메가의 제품 설명서는 구글 코드Google Code 사이트에 위키 문서 형식으로 올라와 있다. 그가 동의하자, 나는 그에게 구글 코드에 가서 위키 문서를 편집할 권한을 줬다.

당시는 우리 회사는 서브버전Subversion이라는 소프트웨어 버전 관리 시스템을 사용하고 있었는데(지금은 분산 버전 관리 시스템 Git을 사용한다)

구글 코드로는 서브버전을 잘 구현하지 못해 파일 정리가 제대로 되지 않았고, 제품설명서와 소스코드가 같은 리포지터리repository에 있었다. 제품설명서를 편집하는 권한을 줄 때는 전체 리포지터리에 접근하고 파일을 편집하는 권한을 줘버렸다.

나는 커뮤니티 회원들에게 이 권한을 줄 때마다 소스코드 파일을 건드리지 말라고 요청했다. 소스코드가 엉망이 되면 곤란하므로 코드 개발팀에서 일하는 사람들에게만 소스코드 파일을 수정하도록 했다. 하지만 헤이지에게 권한을 줄 때는 이런 말을 하는 걸 깜빡했다.

헤이지는 우선 중국어 제품설명서를 깔끔하게 기존 제품설명서와 통합해서 영어 제품설명서를 보던 사람도 중국어 제품설명서 페이지로 넘어갈 수 있도록 했다.

그다음에는 헤이지 자신도 자동조종장치 전문가였기에 영어 제품설명서의 오류도 수정했다. 나는 위키 페이지 수정 요청이 계속 들어오는 것을 보고 모두 승인했다. 모든 내용이 정확하고, 영어 문장이 완벽했기 때문이다.

헤이지는 소스코드의 버그를 수정하기 시작했다. 처음 이 일이 벌어졌을 때, 나는 그가 실수로 제품설명서 파일을 소스코드가 있는 폴더에 넣었다고 생각했다. 하지만 파일을 확인해보니, 정확히 수정한 코드였을 뿐 아니라 문서도 적절히 작성해놓았다. 헤이지도 프로그래머인 줄은 몰랐다.

나는 그에게 감사하다고 말하고 더 생각하지 않았다. 하지만 그는 계속해서 코드를 수정하고, 우리 회사의 개발팀이 바빠서 방치한 버그들을 수정했다. 현재 그는 우리 회사 개발팀에서 돋보이는 인물 중

한 명이다. 아직 그를 직접 만난 적은 없지만, 얼마 뒤 그에게 신상정
보를 물어봤다. 그의 이름은 황샤오장, 거주지는 베이징이고 베이징 대
학교 컴퓨터공학과 박사 과정에 있었다. 그는 자신의 얘기를 보냈다.

어렸을 때 호기심이 많던 나는 RC 비행기를 꼭 가지고 싶었습니다. 대학
을 졸업할 때 RC 헬리콥터를 살 돈이 생겼습니다. RC 트럭과 RC 비행기
도 샀습니다. 가끔 다 큰 어른이 '장난감' 가지고 논다는 놀림도 받지만, 어
릴 적 꿈을 이뤄 행복합니다. 웹을 검색하다가 우연히 아두파일럿 제품을
접하고 강력한 기능에 매료됐습니다. 몇몇 친구도 관심을 보였지만 제품
설명서가 영어로 되어 있어서 불편함을 느꼈습니다. 그래서 나는 중국 팬
들이 쉽게 아두파일럿 제품을 가지고 놀 수 있도록, 영어 제품설명서를 중
국어로 번역했습니다. 훌륭한 제품을 만든 DIY드론에 감사합니다. 내 작
업으로 더 많은 사람이 꿈을 이룰 수 있기를 바랍니다.

요술 같은 일이다. 중국에서 복제품을 만든다는 소식이 처음 들렸
을 때, 몇몇 커뮤니티 회원은 중국인들이 또 뻔뻔하게 저작권을 침해
했다고 분개하며, 언제 중국인들을 고소할 것인지 물었다. 하지만 내
가 중국인이 만든 물건은 '해적 행위'가 아니라 오픈소스 라이선스에
서 허용하고 장려하는 '파생 디자인'에 해당한다고 말하자 분위기가
바뀌었다.

우리가 중국 팀을 매도하지 않고 DIY드론 커뮤니티의 일원으로 대
우했기에 중국 팀도 커뮤니티 일원으로 행동했다. 헤이지는 우리 연
구를 이용했을 뿐 아니라 우리 연구에 기여했다.

우리가 공개한 디자인 파일을 사용한 복제품이 있지만, 이러한 복제품도 기술 진보에 기여해 모든 사람에게 도움이 된다. 헤이지는 자신의 꿈을 이뤘고, 그 과정에서 우리가 꿈을 이루도록 거들었다.

8장

재탄생할 공장의 미래

사람 대신 컴퓨터가 관리하는 공장
고객이 물건을 주문한 후 제작하는 시스템

메이커 기업들이 소기업으로 머물라는 법은 없다. 오늘날 HP부터 애플까지 미국 최대 IT 기업들은 주차장에서 시작했다. 대학교에 다닐때 사업을 시작해 부자가 된 웹 기업 창업자가 많기에 이제는 컴퓨터 관련 공대생이 졸업하기 전에 사업을 시작하지 않으면 기업가 정신이 부족한 것처럼 보일 정도다. 전통적 제조업체와 웹 신생기업의 하이브리드인 메이커 기업들은 소프트웨어의 성장률과 하드웨어의 수익 창출 능력을 결합해 대기업이 될 수 있는 잠재력을 가지고 있다.

궁극적으로 제조자 운동은 제품 카테고리와 기업가가 돈을 버는 방식을 바꿀 뿐 아니라 경제 전체의 방향을 얼마나 바꾸느냐로 평가받을 것이다. 제조자 운동이 경제의 방향을 바꾸려면 가장 큰 제조업인 자동차 산업에 영향을 미칠 수 있어야 한다. 제조자 운동이 가장 성공하기 어려운 제조업 분야로 보이는 자동차 산업에서도 메이커 기업이 활약할 여지가 보인다. 메이커 기업들은 규모의 경제는 부족할지 몰라도, 오늘날 소비자에게 가장 가까운 기업들을 정의하는 특징인 유연성과 집중력을 갖추고 있다.

물론 메이커 기업들이 등장하기 이전부터 자동차 산업에서 틈새 기업들과 소규모 공급자들은 늘 존재했다. 하지만 일부 차종에 특화된 영국 자동차 기업들이 차례차례 거대 글로벌 자동차 회사들에 밀려 인수합병당한 것에서 보듯이 자동차 산업에서 작은 기업들이 생존하기가 점점 어려워지고 있다. 문제는 거대기업이 장악한 자동차 산업은 역사적으로 혁신에 미온적인 모습을 보였다는 점이다. 단적인 사례로 자동차 앞 유리를 닦는 와이퍼의 발명 과정을 보면 된다.

20세기 발명가의 시련

1953년 로버트 컨스Robert Kearns라는 젊은 엔지니어가 자신의 결혼식 파티에서 샴페인을 터트리다가 병마개에 왼쪽 눈을 맞아 실명했다. 10년 뒤 그는 디트로이트에 있는 웨인 스테이트 칼리지에서 학생들을 가르쳤다. 약화된 시력 외에도 그가 불편을 느끼는 일은 많았지만, 그중에서 자신이 운전하는 포드 갤럭시Ford Galaxie 차량의 와이퍼만큼은 개선할 수 있을 것 같았다.

당시 자동차 와이퍼는 두 눈이 모두 보이는 사람들에게도 불편했다. 와이퍼를 작동시키면 강수량과 상관없이 계속 창문을 닦았다. 와이퍼 속도를 늦출 수는 있었지만 비가 약간만 와도 와이퍼가 많이 움직였다. 이러한 와이퍼의 움직임은 눈을 이따금씩 깜빡거리는 것이 아니라 눈을 끊임없이 깜빡이는 것처럼 운전자의 시야를 방해했다. 한쪽 눈이 안 보였지만 공대 교수였던 로버트 컨스는 와이퍼를 개선할 방법을 모색했다.

그는 집 지하실을 작업장으로 삼아 와이퍼를 개발하기 시작했다. 그는 강수량에 따라 원하는 시간만큼 와이퍼 작동을 멈출 수 있는 전기회로장치를 개발했다. 이 사례를 2008년 영화화한 〈플래시 오브 지니어스Flash of Genius〉에서 배우 그렉 키니어Greg Kinnear가 연기했듯이 로버트 컨스는 아내의 자동차에서 꺼낸 와이퍼 모터를 사용한 시제품을 아이들에게 보여주며 자랑스러워했다(감명받은 아이들이 아버지의 발명을 도와주는 것은 영화 속 얘기일 뿐이다). 그는 혼자 힘으로 시제품 개발에 성공했다.

로버트 컨스가 시제품을 만든 과정은 내가 기억하는 외할아버지의 모습과 비슷하다. 두 사람 다 자신의 발명에 대한 특허를 신청했다. 차이점은 컨스는 직접 제품을 만들어 팔려고 시도했다는 사실이다. 컨스는 자동차 회사로 가서 자신의 특허를 상품화할 생각이 없었다. 그는 자신이 발명한 와이퍼를 직접 자동차 회사들에 판매할 생각이었다. 그러려면 와이퍼 생산 공장을 건설해야 했다.

컨스는 1960년대 중반에 와이퍼 공장을 짓는 데 필요한 돈을 모으기 위해 지인에게서 돈을 빌리고, 투자를 유치하고, 집을 담보로 대출을 받았다. 이는 위험 부담이 크고 현명하지 않은 선택이었다.

영화는 이 과정을 잘 보여준다. 그는 약 2,787제곱미터의 텅 빈 산업용 부지를 빌렸다. 생산설비를 채우고, 근로자들을 고용해 일하게 하고, 모토롤라 트랜지스터를 구입하기 위해 모토롤라 직원들을 만나 재무적 협상을 벌이는 일은 발명가에게 큰 부담이었다.

시련은 여기서 그치지 않는다. 컨스가 공장 가동을 시작하기 직전에 포드가 갑자기 연락을 끊었다. 컨스는 영문을 몰랐지만 포드에 와이퍼를 납품할 수 없게 됐다. 판매처를 찾지 못한 컨스는 와이퍼를 1개도 생산하지 못한 채 공장 문을 닫아야 했다.

영화에서 컨스는 1년 반 뒤 비오는 날에 차를 운전하다가 새로 출시된 포드 무스탕Ford Mustang 차량 3대가 지나가는 것을 본다. 포드 무스탕 차량의 와이퍼가 컨스가 발명한 와이퍼처럼 작동한다. 그는 포드가 자신의 아이디어를 도용했다고 생각하고 분노한다(실제로 포드가 로버트 컨스가 발명한 것과 같은 와이퍼를 처음 도입한 것은 영화에서 묘사한 것보다 이후의 얘기로, 1969년 머큐리 차종부터 도입했다.[28] 이후 컨스는 영화에서 묘사한 것처럼 불행을 겪었다).

컨스는 결국 포드와 크라이슬러가 특허를 침해했다고 소송을 제기했다. 컨스는 1,000만 달러를 들여 수년간 법정 공방을 벌인 끝에 포드에서 1,000만 달러 가량, 크라이슬러에서 3,000만 달러를 받아냈다. 그는 자신이 소송을 제기한 이유가 돈을 벌기 위해서가 아니라 정의와 원칙을 세우기 위해서라고 밝혔다. 2005년 로버트 컨스의 부고 기사에는 다음과 같은 구절이 나온다. "생전에 그는 자신이 원하는 것은 여섯 자녀와 함께 공장을 운영하고 와이퍼 모터를 만들 기회뿐이라고 말했다."[29] 그는 이 기회를 잡지 못했다. 소송에서 이겼지만 자신이 직접 와이퍼를 만들어 팔기는 어려웠다.

로버트 컨스가 지금 살아 있었으면 다른 선택을 내렸을 것이다. 여전히 지하실에서 시제품을 만들었겠지만, 자신이 직접 공장을 세우지 않고 여러 회사에 부품을 주문하고, 광둥성이나 오하이오 주에 있는 업체에 부품 조립을 의뢰했을 것이다. 이 업체가 조립한 제품은 소비자와 자동차 회사로 직접 배송될 것이다. 이 모든 과정은 몇 달 만에 이루어진다. 대기업들이 기술을 훔쳐가기엔 짧은 기간이다. 발명가가 공장을 지을 필요도, 소송을 벌일 이유도, 분노할 이유도 없다. 로버트 컨스가 지금 시대를 살았다면 대기업을 상대로 진을 빼지 않고 자신의 발명을 제품화하는 꿈을 이룰 수 있었으리라.

발명가의 기회

굳이 로버트 컨스를 예로 들어 상상하지 않더라도, 애리조나 주 챈들러에 있는 로컬모터스Local Motors 공장은 21세기 발명가가 어떻게 제품을 만드는지 단적으로 보여주는 곳이다. 이 공장의 특징은 공장처럼 보이지 않는다는 점이다. 피닉스에서 남쪽으로 20분 거리에 있는 SUV 차량 창고 안에 있고, 페라리 공장 인테리어를 모방해 기둥을 식물 화분으로 장식했다(하지만 햇빛이 안 드는 실내에서 식물이 생존하는 것은 어렵다). 공장이라기보다는 자동차 판매 대리점처럼 보인다. 우선 컨베이어벨트가 보이지 않는다. 그 대신 차량을 하나씩 작업하고 있다.

이곳은 세계 최초의 오픈소스 자동차 공장이다. 이곳에서 생산한 대표적 차량은 전투기 동체를 모방한 7만 5,000달러짜리 레이싱카인 랠리파이터Rally Fighter다. 직원 수가 40명 정도에 불과한 로컬모터스 공장은 미국 최초의 '마이크로팩토리microfactory(초소형 공장)'다. 미국 전역의 기업들이 이러한 마이크로팩토리를 건설할 계획을 가지고 있다. 소비자와 전문가가 모인 커뮤니티에서 자동차를 설계하면, 마이크로팩토리가 생산할 것이다. 이는 자동차를 설계하고 생산하는 완전히 새로운 방식이다. 앞으로 자동차를 비롯한 여러 제품이 마아크로팩토리에서 생산될 것이다.

로컬모터스는 메이커 원리를 기반으로 설립된 자동차 회사다. 로컬모터스는 크라우드 소싱crowd sourcing(외부 전문가나 일반 대중이 참여하는 제품 개발 과정 – 옮긴이)으로 자동차를 디자인하고, 대부분 진열대에서 즉시 꺼내 사용가능한 부품들을 조합해 자동차를 제작한다. 로컬모터스는 아이디어를 특허 내지 않고, 커뮤니티에 공개해 여러 사람이 사용하고 개선할 수 있도록 한다. 로컬모터스는 제고가 거의 없다. 고객이 돈을 지불하고 제품 출시 날짜를 예약한 다음에야 부품을 구입하고 조립한다.

로컬모터스는 "어떻게 하면 웹에서 자동차 회사를 만들 수 있을까?"란 질문에서 출발한 회사다. 제이 로저스Jay Rogers와 제프 존스Jeff Jones가 2007년 이 질문에 답하고자 자동차 디자이너(전문가, 아마추어, 자동차 디자인에 관심 있는 일반인)들이 아이디어를 공유하고, 자신이 좋아하는 디자인에 투표하는 사이트를 만들었다. 이 사이트에 모인 사람들은 미국 각 지역에 있는 초소형 공장에서 고객이 주문한 디자인

대로 자동차를 제작할 날이 오리라고 예상하고 로컬모터스란 이름을 사이트에 붙였다. 근처에 사는 소비자들이 주문한 디자인대로 자동차를 맞춤 제작하는 초소형 공장이 점점 시장점유율을 높일 것이다.

제이 로저스는 이런 일을 하도록 타고난 사람 같다. 할아버지 랠프 로저스^{Ralph Rogers}는 1945년 인디언 모터사이클 컴퍼니^{Indian Motorcycle Company}를 사들였다. 그리고 제2차 세계대전 후 가벼운 오토바이를 파는 영국 회사 트라이엄프^{Triumph Motorcycles}가 미국 시장에 진출했다. 랠프 로저스는 자사의 주력 상품인 대형 오토바이 치프^{Chief}가 경쟁력이 떨어진다고 생각했다. 그래서 가벼운 엔진을 개발해 저렴하고 날렵한 오토바이를 출시하고자 했다. 하지만 기업 방향을 바꾸는 선택은 비용이 많이 들고 성공하기 어렵다. 랠프 로저스는 결국 경영권을 잃었다.

오늘날 제이 로저스는 할아버지보다 훨씬 적은 예산으로 과격한 일을 하려 한다. 그가 하려는 일은 완전히 새로운 자동차 제조 방식을 도입하는 것이다. 오늘날에는 아이디어를 가진 사람이 사업을 진행하기 쉬워졌다. 제이 로저스의 회사는 1,000만 달러의 투자금을 유치했다. 제이 로저스는 이 정도 자금으로도 회사를 흑자 전환할 수 있다고 믿는다.

제이 로저스가 생각하는 과거와 지금의 차이는 무엇일까? 과거에는 제조 공정이 빠듯하게 짜여 있어 시장에 진입하기 어려웠다. 반면 지금은 공급망이 소기업에도 열려 있어 작은 기업이 시장에 진입하기 쉽다.

제이 로저스와 제프 존스는 이러한 개방형 혁신이 자동차 산업을 바꿀 것이라고 믿는다. 그들은 자신의 사명을 다음과 같이 표현했다.

기존 자동차 대기업들의 방식

오늘날의 자본집약형 글로벌 자동차 제조업체들은 하나의 모델을 디자인하고 수십만 대를 복제해 유통망에 밀어넣는다. 이런 비즈니스 모델에서는 대량 맞춤생산을 선택하기도, 소규모 수요 조사를 실시하기도 어렵다. 그렇기에 소비자의 생각을 생산에 반영하는 일이 거의 없다.

로컬모터스의 방식

1년에 2,000대만 판매하면 이익을 낼 수 있는 가볍고 안전한 섀시^{chassis}(자동차의 기본 골격을 이루는 차대. 프레임에 엔진, 변속기, 클러치, 핸들, 차축, 차바퀴를 조립한 것 – 옮긴이)를 생산한다. 오픈소스 디자인 커뮤니티에서 제공한 디자인으로 섀시에 부품을 더해 자동차를 만든다. 세계 각국의 디자이너들이 이 커뮤니티에 모여 디자인을 개선하고 혁신한다. 로컬모터스 직원들은 가격대와 디자인을 고려해 부품을 주문한다. 협력업체들은 부품들을 조립해놓은 서브어셈블리^{subassembly}를 알맞은 시기에 생산해 로컬모터스에 공급한다. 로컬모터스 기존 자동차 공장의 100분의 1의 자본만 투자하고 20명 정도의 직원이 근무하는 작은 공장에서 최종 조립하고, 품질을 테스트하고, 완성된 자동차를 고객에게 전달한다.

로컬모터스 방식의 이점은 지난 30년간 글로벌 기업들이 만든 추세의 장점을 이용할 수 있다는 점이다. 지난 30년간 세계 자동차 회사들은 대기업이 모든 부품을 생산하는 방식에서, 부품을 공급하는 업체들이 생태계를 이루어 대기업에서 주문을 받으면 적기에 생산해 공급하는 일본 방식으로 전환했다. 덕분에 소기업도 시장에서 부품을 조달할 수 있게 됐다. 소기업은 대기업보다 협상력이 떨어지기에 대기업보다 부품을 비싸고 늦게 공급받을 수도 있지만, 글로벌 부품 공급망은 모든 기업에 열려 있다. 현재의 부품 공급망은 인터넷처럼 규모에 얽매이지 않는 네트워크다. 부품을 수백만 개 주문할 수도 있고, 한 개만 주문할 수도 있다.

해병대 대위로 제대하고 이라크 작전에 참가한 경험이 있는 제이 로저스는 현재 나이가 38세지만, 공군 비행복 스타일 옷을 자주 입는다. 그는 하버드 경영대학원에서 MBA를 받고 중국에서 사업한 경험이 있다. 대학원을 다니며 고객이 디자인한 티셔츠를 만들어주는 오픈디자인 기업 스레들리스^{Threadless} 사례를 공부하고 크라우드 소싱의 위력을 깨달았다.

자동차, 티셔츠는 많은 사람이 재능을 보이고 공동으로 혁신할 수 있는 '플랫폼'이다. 자동차, 티셔츠 전문 디자이너보다 훨씬 많은 사람이 자동차, 티셔츠를 디자인할 수 있다. 자동차 디자인학과 졸업생들은 대부분 자동차 디자인 일을 하지 못하고 치약이나 장난감을 디자인한다. 이들은 잘 구축된 디자인 커뮤니티에 기여할 수 있는 재능을 가진 인재다.

자동차 회사 로컬모터스의 개방형 혁신 모델

로컬모터스는 보스턴에서 남쪽으로 한 시간 거리에 있는 매사추세츠 주 웨어햄 타운의 공단에서 시작했다. 로컬모터스 공장 옆에는 로컬모터스에 투자한 조립형 자동차 회사인 팩토리파이브레이싱Factory Five Racing 공장이 있다. 조립형 자동차는 로컬모터스와 비슷해 보이지만, 로컬모터스가 피해야 하는 사업 모델이다. 조립형 자동차는 수십 년 전부터 자동차 산업의 틈새시장에서 존재했다. 조립형 자동차 회사들은 일반인도 집에서 자동차를 조립할 수 있을 정도로 미리 조립해놓은 자동차 조립세트를 판매한다.

조립형 자동차 회사들은 주로 유명한 레이싱카와 스포츠카를 모델로 삼아 부품을 판매하기에 자동차 회사에 소송을 당하고 특허료를 내야 하는 부담이 있다. 이 때문에 조립형 자동차 회사들이 이익을 내고 성장하기가 어렵다. 팩토리파이브가 1995년 문을 연 이래 판매한 자동차 조립세트는 8,000개뿐이다.

그래서 로컬모터스의 창업자 제이 로저스와 제프 존스는 다른 길을 생각해냈다. 로컬모터스는 기존 자동차 모델의 디자인을 사용하지 않고, 커뮤니티에서 생각해낸 새로운 디자인만 사용하기로 했다. 커뮤니티를 위원회로 혼동해서는 안 된다. 위원회는 타협과 동의를 통해 디자인을 결정하지만, 고객이자 디자이너의 모임인 커뮤니티는 투표와 경쟁을 통해 가장 좋은 디자인을 뽑는다.

2008년 로컬모터스는 최초로 생산할 자동차인 랠리파이터의 디자인을 결정하기 위한 콘테스트를 열었다. 제이 로저스는 제2차 세계대전에 참전한 P51 무스탕 전투기의 디자인을 참고하라는 과제를 제시했다. 로저스는 P51 무스탕 전투기의 매력인 파워, 강인함, 민첩성, 멋을 지닌 자동차 디자인을 원했다. 더 중요한 점은 무스탕 전투기는 자동차가 아니기에 자동차 회사의 재산권을 침해해 고소당할 위험이 없었다.

전체적인 차체 디자인 부문의 우승자는 캘리포니아 주 패서디나에 있는 디자인 아트센터 칼리지Arts Center College of Design에서 디자인을 공부하던 학생 김상호였다. 하지만 전체적인 디자인을 결정한 뒤에도 페인트 대신 사용할 비닐 스킨부터 백미러까지 10여 가지의 서브 조립 디자인을 결정하기 위한 콘테스트를 열었다. 이러한 콘테스트를 통해 참여자들은 기존의 대량생산 자동차에서 볼 수 없는 고유한 디자인을 생각해냈다. 결국 160명이 넘는 사람들이 최종 디자인에 기여했다.

통상적으로 위원회가 디자인을 구상하면 터무니없는 디자인을 생각해 삼천포로 빠지기 쉽다. 로컬모터스는 이러한 위험을 어떻게 피했을까? 랠리파이터를 설계하는 과정에서 한때 많은 참가자가 한 미등尾燈 디자인을 지지했다. 로저스는 이런 미등을 장착하려면 자동차 가격을 1,000달러 인상해야 한다고 말했다. 커뮤니티 참가자들은 그런 비용을 감수하면서까지 미등을 장착할 생각이 없다고 답했다. 대신 그들은 75달러짜리 혼다 부품을 선택했다. 이 부품은 전체적인 디자인에도 완벽히 들어맞았다. 로저스는 결과를 지시하지 않은 채, 참가자들이 경제적 요소까지 감안해 더 영리하게 디자인하도록 유도했다.

여기서 잠깐, 현재 2만 명에 이르는 로컬모터스 커뮤니티 회원의 면면을 살펴보는 것도 의미 있다. 그들은 아마추어와 전문가가 섞인 집단이다. 일부는 자동차 전문 디자이너이고, 일부는 다른 분야 디자이너, 일부는 자동차를 열정적으로 좋아하는 아마추어다. 그들은 자신의 지식과 관심사를 고려해 문제 영역(산업 디자인, 역학, 스킨, 전자기계 시스템, 운영, 구매 등)을 선택하고 문제 해결에 기여한다.

하지만 졸업장이나 자격증으로 회원을 차별하지는 않는다. 로컬모터스 커뮤니티에서는 아마추어도 전문가만큼 영향력을 미칠 수 있다. 이는 거의 모든 개방형 혁신 커뮤니티에 적용되는 얘기다. 참가자들의 기여도를 집계해보면, 해당 분야의 전문가가 아닌데도 크게 기여한 사람이 많다는 점을 발견할 수 있다.

제이 로저스는 참가자를 둘로 분류했다. 해법 모색자와 해결자다. 해법 모색자는 특정 문제의 해법을 중시한다. 반면 해결자는 문제를 해결하는 과정을 즐긴다. 자신이 필요한 물건을 만드는 사람들은 개발 과정에서 도움과 조언을 요청하기 위해서 또는 개발 경험을 공유하기 위해 오픈소스 커뮤니티에 글을 올린다. 커뮤니티를 움직이는 것은 동종애다. 성향이 비슷할수록 서로 친근감을 느낀다. 자신과 취향이 같은 사람을 도와주려는 마음이 커뮤니티를 움직인다.

여기서 재능의 롱테일이 나타난다. 학위를 받은 전문가의 수, 학위는 없더라도 도움이 될 만한 기술과 아이디어를 가진 사람의 수를 비교하면 후자가 전자를 압도한다. 전문가들은 상사의 지시를 받아 일할 때보다 자신의 열정에 따라 일할 때 큰 잠재력을 발휘한다. 다른 사람을 도우려는 전문가와 아마추어의 잠재력이 개방형 혁신 커뮤니티를 움직이는 힘이다.

미국 최고의 자동차 디자인 학교인 디자인 아트센터 칼리지를 예를 들어보자. 이 학교에서 자동차 디자인을 공부하는 학생은 180명 정도, 산업 디자인 등 다른 분야의 디자인을 공부하는 학생은 수백 명이다. 하지만 결국 이중 50명만 자동차 디자인을 직업으로 삼는다. 나머지 졸업생은 다른 제품을 디자인한다.

대학에서 자동차 디자인을 배운 졸업생 대다수가 자동차 디자인 이외의 일을 한다. 하지만 이들은 아직도 자동차를 디자인하려는 욕구가 있다. 단지 지금 자동차 산업에 일자리가 없을 뿐이고, 이들도 먹고 살기 위해 다른 일을 해야 할 뿐이다.

로컬모터스 커뮤니티는 자동차 디자인을 업으로 삼지 않는 사람들에게도 자동차 디자인에 참여할 수 있는 기회를 제공한다. 자동차 기업에 취직하지 못한 졸업생들도 자동차 디자인에 필요한 기술, 경험, 아이디어를 가지고 있다. 이들은 낮에는 다른 일을 해도, 밤에는 자동차 디자인에 열정을 쏟아 커뮤니티에 기여한다. 그리고 김상호처럼 자신이 올린 디자인이 콘테스트에서 우승하면 상금을 받을 수도 있다.

로컬모터스 커뮤니티가 구현하는 개방형 혁신 모델은 클레이 셔키 clay shirky가 '인지 잉여'라고 표현한 사람들의 숨겨진 '암흑 에너지dark energy'를 발산시킨다. 개방형 혁신 커뮤니티를 통해 잠재 공급(해당 분야에서 쓰이지 못한 재능)과 잠재 수요(기존 생산 방식에서는 경제성이 없어 생산되지 못한 상품)가 만난다. 그리고 이런 커뮤니티에서 자동차 디자이너로서 재능을 입증하면 취업에도 도움이 된다. 랠리파이터 설계에 참여한 김상호는 현재 GM 한국 지사에서 일하고 있다.

로컬모터스 커뮤니티가 디자인을 정하면 로컬모터스 엔지니어들은 이 디자인에 따라 자동차를 제조한다. 대부분의 부품은 펜스케Penske Automotive Group 같은 자동차 부품 공급업체에 주문할 수 있다. 엔진과 변속기는 GM과 BMW를 비롯한 자동차 대기업에서 직접 구입할 수 있다. 랠리파이터의 차축은 포드 F150 트럭의 차축과 동일하다. 랠리파이터의 연료 캡은 미츠비시 이클립스의 연료 캡과 동일하다. 이러한 분업(커뮤니티가 자동차의 형태와 디자인을 결정하고, 자동차 성능, 안전, 제조 가능성에 결정적 요소들은 전문가들이 맡는 것)은 운전자의 목숨이 오갈 수도 있는 자동차까지도 크라우드 소싱으로 제작 가능하게 한다.

최종 조립은 챈들러에 있는 로컬모터스 공장을 방문한 고객이 전문가의 지시에 따라 직접 한다. 이 공장은 언제 방문해도 6대의 랠리파이터 차량이 조립 중에 있다. 각 차량에는 고객이 붙어서 도구를 가지고 부품들을 조립하고 있고, 전문가가 돌아다니면서 고객을 도와준다.

고객은 2주 동안 걸친 주말에 자동차를 조립한다. 자동차 보닛을 한 번도 열어본 적이 없는 사람이더라도 전문가의 도움을 받아 차근차근 하다 보면 자동차를 조립할 수 있다. 우선 너트를 조이는 법부터 시작해 도구를 사용해 부품을 조립하는 기초적인 기술을 배운다.

직원들이 미리 차체에 주요 부품들을 조립해놓았기에 고객이 하는 일은 실제 제조라기보다는 이미 다른 공장에서 만들어 가져온 부품들을 간단히 조립하는 것뿐이다. 자세히 살펴보면 랠리파이터의 엔진은 GM이나 BMW가 제조한 6.2리터 V8 엔진임을 알 수 있다. 자동변속기, 속도계, 서스펜션도 세계적 자동차 회사들의 제품이다. 백미러는 크라이슬러의 닷지 챌린저Dodge Challenger와 동일하고, 운전대는 포드 F150과 동일하다.[31]

보통 아버지와 아들이 함께 와서 둘이서 조립하지만, 고객이 원하면 혼자서 조립할 수도 있다. 어쨌든 부품을 조립하기만 하면 된다. 조립을 마친 자동차를 타고 집으로 갈 수도 있다. 랠리파이터는 사막과 울퉁불퉁한 지형을 달리는 데 적합하도록 설계됐지만, 미국환경보호국이 테스트하고 승인한 엔진을 사용했기에 미국 어디서든 합법적으로 타고 다닐 수 있다. 주위 시선을 신경 쓰지 않는다면 쇼핑하러 갈 때 탈 수도 있다.

고객이 최소 50퍼센트의 자동차 부위를 만들기에, 자동차 규제법을 적용받지 않는다. 집에서 실험적으로 만든 비행기가 미국연방항공국의 규제를 거의 받지 않는 것과 같은 이치다(집에서 비행기를 만들 정도의 사람이면 자신이 안전하게 비행기를 탈 능력이 있는 사람이거나 최소한 비행기의 위험을 아는 사람이라고 전제한다). 로컬모터스 자동차는 충돌 테스트를 받을 필요가 없다. 에어백을 장착할 의무도 없다. 이러한 점이 불안한가? 그러면 로컬모터스 자동차를 사지 않으면 된다. 이러한 점을 알고서도 로컬모터스 자동차를 사려는 사람들이 있다.

소비자가 자신이 쓸 물건을 직접 만들 때는 법적 의무 조항과 소비자 보호법을 느슨하게 적용받는다. 랠리파이터에 문제가 생겼으면 자동차 판매 딜러에게 연락하거나 로컬모터스에 리콜을 요구할 것 없이 스스로 수리하면 된다. 공장에서 랠리파이터를 조립해서 집까지 몰고 갔으면, 자동차에 늘 연장통을 싣고 다니다가 랠리파이터를 수리할 수 있다. 커뮤니티에 참여해서 다른 사람을 도울 수도 있다.

로컬모터스 공장에는 자동차 산업의 과거와 미래가 공존한다. 19세기 자동차 공장에서처럼 사람이 로봇의 도움 없이 간단한 도구를 사용해 부품을 조립해 자동차를 만든다. 로컬모터스 공장에는 로봇도, 컨베이어벨트도 보이지 않는다. 고객들 눈에 띄지 않는 방에서 금속을 자르는 CNC 기계들이 있긴 하다.

하지만 이곳에선 자동차 산업의 미래를 볼 수 있다. 오픈소스 커뮤니티 접근법으로 더 빨리, 더 저렴하게, 더 나은 디자인을 얻을 수 있다. 또 시장조사를 하지 않아도 된다. 자동차를 구매하려는 사람이 설계 과정에 적극 참여하기 때문이다. 커뮤니티가 디자인한 제품을 한 명만 구입할 수도 있지만, 커뮤니티가 개선된 디자인을 계속 내놓는다. 로컬모터스에서 새로운 차종을 처음부터 디자인해서 출시하기까지 18개월이 걸린다고 한다. 디트로이트의 거대 자동차 회사들이 자동차 문고리를 바꾸는 데만도 18개월은 걸린다.

로컬모터스는 2011년 초에 진가를 입증했다. 2011년 미국 국방부 방위고등연구계획국DARPA 연구소가 '실험적 크라우드 기반 전투 지원 차량XC2V' 디자인을 공모했다. 로컬모터스 커뮤니티는 이 디자인 공모전에 참여해 수주일 만에 디자인을 결정하고 로컬모터스 엔지니어들이 디자인을 다듬었다.

3개월 반 뒤, 로컬모터스 커뮤니티가 제출한 디자인이 우승했다. 한 달 뒤, 제이 로저스는 이 디자인으로 제작한 차량을 오바마 대통령에게 선물했다. 물론 이 디자인 공모전은 로컬모터스 같은 개방형 혁신 커뮤니티에 유리하도록 설계됐지만, 전통적 국방부 납품업체라면 이 기간 동안 차량 디자인과 제조는 고사하고 서류 작업도 다 끝내지 못했을 것이다.

전통적 DIY와 개방형 혁신의 차이

개방형 혁신은 왜 혁명적인가? DIY 자동차는 수십 년 전부터 있었다. 메이어스 맨스Meyers Manx라는 회사가 디자인하고 폭스바겐이 제작한 섀시에 부품을 조립한 사막 주행용 소형차는 1960년대와 1970년대에 어느 정도 인기를 끌었다. 당시 추정 판매량은 25만 대이고, 오늘날 랠리파이터처럼 다른 제조업체에 주문해서 생산한 부품들을 사용했다. 하지만 이러한 DIY 자동차들은 세상을 바꾸지도, 거대 자동차 회사들을 위협하지도 못했고, 큰 성공을 거두지도 못했다.

지금은 뭐가 다를까? 로컬모터스가 거대 기업으로 성장하거나 자동차 수백만 대를 팔 것이라고 예상하는 사람은 없다. 로컬모터스는 하나의 디자인으로 최대 2,000대만 생산하겠다는 상한선을 정했다. 그렇기에 지금까지 로컬모터스가 아무리 많이 판 차종일지라도 2,000대에 못 미친다. 자동차 마니아에게 이국적인 자동차를 판매하는 틈새업체들은 오래전부터 있었다.

로컬모터스는 어떤 면에서는 이러한 업체들과 비슷하다. 제이 로저스는 자신의 회사가 독특한 디자인을 원하는 자동차 마니아의 틈새시장을 공략하고 있다고 표현한다. 그는 자동차 시장을 구슬들이 들어 있는 항아리로 비유했다. 구슬은 거대 자동차 기업들을 상징한다. 구슬 사이에 빈 공간을 모래알로 채울 수 있다. 이러한 모래알이 바로 로컬모터스다.

로컬모터스 차량은 한 대에 7만 달러 정도다. 비싼 편이다. 랠리파이터는 고성능 레이싱카이지만, 다른 차량이 아직 선보이지 못한 혁신적 기술은 들어 있지 않다.

로컬모터스가 창조한 것은 자동차 1대를 넘어서는 것이다. 로컬모터스는 혁신의 플랫폼을 창조했다. 애플의 아이폰이 여러 독립적 소프트웨어 개발자들이 개발한 앱을 팔 수 있는 플랫폼인 것과 같은 이치다. 로컬모터스 커뮤니티는 소수의 전문가들이 사무실에서 개발한 디자인보다 나은 디자인을 빠르고 저렴하게 개발할 수 있다.

그뿐 아니라 모든 디자인을 온라인에 공개하기 때문에 커뮤니티 회원들이 이러한 디자인들을 토대로 자신만의 프로젝트와 비즈니스를 전개할 수 있다. 기존 디자인에 자동 타이어 충전 시스템을 추가하고 싶은 사람은 추가하면 된다. 사람들이 이 디자인을 좋아하면 제조해서 판매할 수도 있다. 로컬모터스 공장에 가서 엔지니어들에게 만들어달라고 할 필요도 없다. 로컬모터스 커뮤니티에 올라온 디자인은 커뮤니티 회원들의 공유재다. 실제로 2011년 말, 로컬모터스는 이러한 일을 장려하고자 로컬포지^{Local Forge}라는 특화된 커뮤니티를 출범했다.

제이 로저스는 말했다. "우리는 지금까지 수행한 프로젝트를 계속할 것이다. 하지만 이 플랫폼을 모든 사람이 사용 가능하다." 샌프란시스코와 댈러스에 있는 마이크로팩토리들도 로컬모터스 커뮤니티의 디자인을 주문받아 자동차를 생산할 예정이다.

이는 1970년대 사막 주행용 소형차 디자인과 관련하여 성장한 제3자 애드온 시장^{third party add-on market}과 크게 다르지 않다. 하지만 앞으로 자동차가 전자 시스템과 소프트웨어의 통제를 받아 움직이는 컴퓨터에 가깝게 발전한다면? 이 경우 '플랫폼'이라는 개념이 훨씬 흥미로운 의미를 지닌다.

로컬모터스의 다음 시장은 개방형 혁신 모델을 전기자동차에 적용하는 것이 될 것이다. 전기자동차는 휘발유 엔진 대신 전기 모터를, 휘발유 탱크 대신 리튬 폴리머 전지를, 복잡한 구동장치 대신 소프트웨어를 장착한 차다. 누구든지 전기 모터와 리튬 폴리머 전지를 구입할 수 있다. 그리고 오픈소스 현상이 이미 증명했듯이 개방형 혁신 커뮤니티는 종종 기업들보다 소프트웨어 제작에 나은 모습을 보인다. 게다가 전기자동차를 따로 떨어진 제품으로 보지 말고, 전체 네트워크(주택에 전기를 공급하는 스마트그리드, 거리의 전기자동차 충전소, 충전소 위치를 검색하기 위한 휴대전화 통신망)의 일부로 생각해보라.

거대한 네트워크로 연결되는 소프트웨어와 장치를 만들 기업으로 어떤 기업이 적합하다고 보는가? 아마도 애플, 구글, 몇몇 IT 신생기업 이름이 머릿속에 떠오를 것이다. 반면 도요타, 혼다, 닛산, BMW, 벤츠가 이런 소프트웨어와 장치를 만들 것이란 생각이 선뜻 떠오르진 않을 것이다.

과거의 DIY 자동차가 그저 기계 수레에 불과했다면, 미래의 자동차는 굴러가는 컴퓨터가 될 것이다. 물론 랠리파이터는 1970년대 사막 주행용 소형차와 크게 다르지 않다. 하지만 로컬모터스가 최초로 만들 전기자동차는 완전히 새로운 자동차일 것이다. 그때가 되면 거대 자동차 회사들이 개방형 혁신 커뮤니티의 개발 모델을 주목하고 시기할 것이다.

GM의 전기자동차인 볼트^{Volt}는 개발 기간이 6년이고 개발비가 65억 달러다. 실리콘밸리에서 벤처기업 정신으로 출발한 테슬라의 전기자동차 로드스터^{Roadster}의 개발 기간은 6년이고 개발비는 2억 5,000만 달러다. 랠리파이터의 개발 기간은 18개월이고 개발비는 300만 달러다. 물론 랠리파이터는 볼트나 로드스터보다 훨씬 단순한 차다. 하지만 전기자동차 개발에서 복잡한 부분은 원자 세계가 아닌 비트 세계에 있다. 커뮤니티가 기업보다 빠르고 싸게 나은 전기자동차를 만들지 못할 이유가 없다.

이것이 어떻게 자동차 산업을 바꿀까? 우선 자동차는 구입 후 시간이 지날수록 낡아져 폐기해야 한다는 통념이 바뀔 수 있다. 하드웨어보다 소프트웨어가 결정적으로 자동차 성능에 영향을 미친다면, 구입 후 시간이 지나도 소프트웨어 업그레이드를 통해 자동차 성능을 개선할 수 있을 것이다.

웹사이트 제작자가 웹사이트를 업데이트하면 웹사이트가 얼마나 개선되는지 생각해보라. 자동차도 웹사이트처럼 업데이트할 수 있다면? 자동차가 소프트웨어에 가까워질수록 업데이트가 용이해진다.

자동차 부품들은 점점 통신 장비와 연결될 것이다(페달이나 운전대가 바퀴나 엔진과 직접 연결된 기계장치가 아니라 바퀴나 엔진을 움직이는 소프트웨어에 지시를 내리는 조이스틱이 될 날이 올 것이다). 그렇다면 웹브라우저 회사가 웹브라우저를 정기적으로 업데이트하는 것처럼 자동차 회사가 자동차 성능을 개선하기 위해 자동차 제어 소프트웨어를 꾸준히 업데이트하지 않을까?

자동차 회사들은 소비자가 낡은 자동차를 버리고 빨리 새 자동차를 구매하도록 유도하고자 일부러 소프트웨어 업데이트를 소홀히 할 수도 있다. 자동차 회사로서는 소비자가 빨리 새 자동차를 사야 이익이 늘어 좋다. 하지만 커뮤니티가 만든 제품은 사람들이 빨리 제품을 바꿀 필요가 없다. 커뮤니티 회원들이 구식제품을 업데이트할 수 있다. 원자로 만든 제품에 새로운 비트를 첨가해 신제품으로 만들 수 있다.

포드는 이미 이러한 점에 주목하고 있다. 2012년 초 포드는 테크숍과 협력해 디트로이트에 메이커스페이스를 건설했다. 약 1,580제곱미터 규모의 거대한 디트로이트 테크숍에 75만 달러 상당의 레이저커터, 3차원 프린터, CNC 기계를 구비했다. 포드는 직원들에게 언제든 이 시설을 이용해 업무와 관련된 작업이나 개인적인 발명을 하도록 허용했다. 포드는 첫해에 직원 2,000명에게 이 시설을 이용할 권한을 줬다. 포드 직원들은 이곳에서 눈에 갇힌 차량을 꺼내는 장치, 유리에 낀 서리를 제거하는 장치, 시험용 차량 문을 쉽게 열 수 있는 장치 등 다양한 시제품을 만들어 아이디어를 실험했다. 포드 직원들이 디트로이트 테크숍을 이용한 후, 포드가 신청한 특허 건수는 30퍼센트 증가했다. 포드 경영진은 직원들이 테크숍을 이용해 메이커 정신을 발휘한 결과라고 말한다.

이렇듯 제조자 운동은 자동차 산업을 재발명할 수 있다.

자동차 산업의 미래

제조자 운동이 자동차 산업의 미래를 어떻게 바꿀지 상상할 필요는 없다. 이미 현실에 있기 때문이다. GM과 도요타의 합작기업 누미^{NUMMI}의 프리몬트^{Fremont} 공장이 있던 자리에는 테슬라가 운영 중인 최첨단 공장이 있다. 이 공장은 주로 자동차를 만들고 있지만 뭐든지 만들 수 있다. 이곳은 현재 세계에서 가장 첨단기술이 적용된 공장으로 여러 생산 로봇이 분주히 움직이며 자동차를 제조한다. 다용도 쿠카^{KUKA} 로봇 팔이 금속을 구부리고 부품을 조립한다. 평평한 로봇 자동차들이 자동차의 기본 골격을 이루는 차대를 운반하고, 건전지가 떨어지면 스스로 충전한다. 일본 화낙^{FANUC} 사가 제조한 로봇 팔이 자동차 문을 열어 도색하고, 도색이 끝나면 문을 닫는다.

테슬라는 이 공장에서 연간 2만 대의 자동차를 제조할 계획이다. 이는 글로벌 자동차 기업들의 생산량에 비하면 매우 적다. 하지만 일반인의 눈에는 여전히 거대한 규모다. 테슬라 공장은 길이가 1.6킬로미터에 가까운 건물의 일부를 차지하고 있다. 이 공장은 지금도 이미 실리콘밸리에서 가장 큰 공장이지만 앞으로 1,000명 이상을 고용할 계획이다. 〈아이언맨$^{Iron Man}$〉이라는 영화를 본 사람은 테슬라 공장을 보면 친근함을 느낄 것이다. 이 영화에 나오는 악당인 토니 스탁$^{Tony Stark}$은 테슬라 창업주 엘론 머스크$^{Elon Musk}$를 모델로 만든 캐릭터다. 테슬라 공장의 모습은 영화 속 장면 같다.

테슬라 공장이 혁신적인 이유 중 하나는 일반적으로 볼 수 있는 차와 다른 차를 생산한다는 사실이다. 이 공장에서 최초로 생산할 차량인 모델S는 100퍼센트 전기자동차다. 모델S는 전통적인 휘발유 차량의 특성을 공유하는 동시에 노트북 컴퓨터의 특성도 똑같이 공유한다. 전통적 휘발유 차량은 엔진, 변속장치, 구동장치 등 복잡한 기계 부품들을 조립해 만드는 반면 테슬라 자동차는 리튬 이온전지, 전기 모터, 정교한 전자부품과 소프트웨어를 조립해 만든다. 테슬라 자동차는 전통적 자동차보다 훨씬 적은 단순한 기계 부품을 사용한다. 따라서 쉽고 간단하게 제조할 수 있다.

테슬라의 생산 부문을 책임지는 길버트 패신Gilbert Passin 부사장은 공장이 생산을 시작한 날에 공장을 참관하러 온 사람들에게 테슬라 공장은 거대한 CNC 기계와 같아서 무엇이든 만들 수 있다고 말했다. 전체 공장 설비를 컴퓨터로 제어하기에 모든 차량을 각기 다르게 제조할 수 있다. 각기 완전히 다른 부품을 사용하는 다른 모델의 차량들을 동시에 제조할 수 있다. 헨리 포드는 "검은색이기만 하면 어떤 색이든 괜찮다"는 말을 남겼을 정도로 표준화를 강조했지만 테슬라는 자동차 색상부터 리튬 이온전지 개수까지 맞춤생산을 지향한다. 공장 내부에 울퉁불퉁한 도로를 재현한 트랙이 있어서 생산한 차량을 바로 테스트할 수 있다. 이 트랙은 최종 조립 라인 옆에 있기에, 도로주행 테스트에서 이상이 있는 차량은 바로 수리할 수 있다. 전통적인 내연기관 자동차 공장에서는 불가능한 얘기다.

테슬라 공장은 고객에게 주문받은 대로 생산하는 대량맞춤 생산 원리에 따라 운영된다. 자동차 생산 과정의 대부분을 한 공장에서 처리하기에 부품을 많이 확보할 필요가 없다. 이에 따라 공급망 관리 부담이 줄고 유연한 공장 운영이 가능하다. 생산 과정을 수직 통합해 철저히 통제할 수 있다. 궁극적인 적기공급생산JIT, just-in-time 방식이다. 고객이 주문한 자동차를 그때그때 생산한다.

예전에 이 자리에 있던 누미 공장과 비교해보라. 누미는 1984년 도요타의 '재고 없는 제조' 기법을 도입해 생산효율을 높이려는 GM의 노력에서 나온 합작회사다. 누미 공장이 들어서기 전에 이곳에 있던 공장은 GM의 프리몬트 조립 공장으로 1982년에 폐쇄될 때까지 20년간 가동됐으나 미국에서 가장 효율이 나쁜 자동차 공장으로 평가받았다. 이 GM 공장은 1970~1980년대에 쇠퇴한 미국 제조업의 모든 단면을 보여줬다. 노조는 부패했고, 근로자들은 열의가 없고 경영진에 적대적이고, 주차장에서는 마약을 팔고 매춘 행위도 있었다.

누미는 미국 자동차 산업을 근본부터 쇄신하고자 설립됐다. 어떤 면에서 보면, 누미 공장은 자동차 산업 최초의 '재개발'이라고 할 수 있다. 과거에 실패한 공장을 완전히 개조해 새로운 공장으로 운영하는 전략이다. 도요타가 개발하고 다른 일본 자동차 회사들도 받아들인 적기공급생산은 근로자들이 생산 과정에서 일어나는 낭비와 오류를 줄이기 위해 끊임없이 노력하는 방식이다. GM은 작업환경을 개선하고 근로자가 주체의식을 가지고 제조공정 개선책을 건의하도록 유도하면, 미국 근로자도 일본 근로자만큼 생산성이 높아질 것이라고 기대했다.

1980년대 누미 공장과 지금 테슬라 공장의 차이는 크다. 목표는 같다. 자동화 설비를 이용해 품질을 개선하고, 적기공급생산으로 재고비용을 낮추고, 생산 유연성을 높이는 것이다.

하지만 1980년대 누미 공장에서 사용한 자동화 설비는 각각 한 가지 작업만 할 수 있었다. 당시에는 아직 다용도 로봇 팔이 개발되지 않은 탓이다.

1세대 컴퓨터 통제 기계는 현재의 다용도 생산 로봇보다는 증기기관으로 돌아가는 직기織機에 가까웠다. 한 가지 일을 인간보다 잘할 수 있었지만 다른 일은 하지 못했다. 그 결과 한 제품을 만드는 데는 효율적이었지만, 새로운 제품을 생산하기는 무척 어려웠다. GM은 도요타가 누미 공장을 폐쇄한 2009년까지도 도요타 코롤라Corolla 차량과 타코마Tacoma 차량을 다른 라인에서 생산했다. 도요타 프리우스Prius 하이브리드 차량에 GM 상표를 부착 생산해 비용을 절감하자는 의견도 있었지만 공장 설비를 바꾸는 비용이 많이 들어 실현되지 못했다.

누미 공장이 채택한 적기공급생산 모델은 전통적 디트로이트 생산 모델보다 훨씬 나았지만, 여전히 부품 공급망이 길고 복잡했다. 부품 업체들은 대부분 캘리포니아 주 바깥에 있었다. 누미 공장이 망한 결정적 원인은 대부분 미국 중서부에 있던 부품업체들에서 먼 곳에 공장을 지었기 때문이다. 적기공급생산은 공급망을 개선했지만 거리에 따른 한계를 극복하지 못했다. 공장에서 멀리 떨어진 공급업체에 더 많이 의존할수록, 품질 관리가 어렵고 가격이 불안정하다. 누미 공장은 대부분의 부품을 멀리 떨어진 부품업체에서 조달했기에, 공장의 상당 부분은 재고 부품과 미완성 차량을 쌓아두는 용도로 쓰였다.

테슬라 공장이 누미 공장과 다를 수 있는 비결은 디지털 제조 기술이다. 누미 공장에서 사용하던 자동화 설비와 달리 테슬라 공장에 있는 생산 로봇은 대부분 가벼운 팔을 장착하고, 6개 축으로 움직이고, 1톤을 들 수 있는 독일 쿠카 제품이다. 보통 수십 개의 다양한 작업을 수행하고, 몇 분 만에 새로운 작업 내용을 입력할 수도 있다. 로봇 팔이 있는 곳을 지나가면 알루미늄을 용접하고, 볼트를 조이는 등 다양한 작업을 하는 헤드들이 늘어서 있다. 모든 생산 과정을 로봇이 자동으로 처리한다. 금속판을 운반하는 일도 쿠카 로봇 팔이 한다. 이전 공장에서 사용하던 수송 기계와 달리 쿠카 로봇 팔은 흡착 빨판이나 기압 장치를 사용해 다양한 크기와 형태의 물건을 운반할 수 있다. 테슬라 공장의 스탬핑 머신stamping machine은 누미 공장에서 쓰던 것이지만 새로운 자동화 시스템을 도입해 다른 용도로 사용한다.

공급망에도 자동화를 도입해 효율을 높였다. 테슬라 창업주 엘론 머스크는 제조공정을 최대한 공장 내부로 끌어들이려고 한다. 그는 현재 민간우주산업을 주도하고 있는 회사인 스페이스엑스SpaceX를 경영하면서 이러한 방법을 터득했다. 스페이스엑스가 사용하는 기술은 미국항공우주국NASA이 사용하는 기술과 별로 다르지 않지만, 생산 과정은 많이 다르다. 미국항공우주국은 정치적으로 복잡하게 얽힌 여러 하청업체들에서 부품을 공급받는 반면, 스페이스엑스는 디지털 제조 도구를 사용해 거의 모든 부품을 자체 제작한다. 기술발전 덕분에 복잡한 제조 과정을 단순화하고 관료주의를 제거하고 비용을 대폭 절감하고 품질을 높일 수 있게 됐다. 우주항공산업을 혁신하기 위해서 우주선 성능을 개선할 필요는 없다. 대부분의 혁신은 공장에서 일어난다.

엘론 머스크는 자동차 산업에서도 똑같은 일을 하고자 한다. 전통적 공급망은 분업과 비교우위라는 경제학 원리에 근거를 둔 것이다. 변속기를 만드는 회사는 ABS 소프트웨어를 만드는 회사와 다른 기술을 가지고 있다. 공급업체마다 각기 다른 전문기술을 가지고 있고, 전통적 자동차 회사들은 이런 복잡한 공급업체들을 관리해야 한다.

초기 컴퓨터 산업도 이랬다. 회계 전문 컴퓨터, 탄도미사일 궤도 계산 컴퓨터, 인구통계 작성 컴퓨터가 각각 따로 존재했다. 그러다가 기술자들이 다목적 컴퓨터를 발명했고, 지금은 책상에 있는 컴퓨터로 무슨 일이든 할 수 있다. 컴퓨터에서 여러 프로그램을 돌려 다양한 일을 할 수 있다.

웹브라우저를 띄웠을 때 마우스 커서가 하는 일은 게임을 할 때 마우스 커서가 하는 일과 다르다. 어떤 소프트웨어를 돌리느냐에 따라 컴퓨터는 책이 될 수도, 전화기가 될 수도, 텔레비전이 될 수도, 신문이 될 수도, 장난감이 될 수도, 경비원이 될 수도 있다.

생산 로봇으로 가동되는 자동화 공장도 마찬가지다. 생산 로봇에 소프트웨어를 설치해 컴퓨터처럼 다용도로 활용할 수 있다. 테슬라는 레이저 커터나 CNC 기계를 비롯한 다목적으로 디지털 생산도구들을 이용해 과거에는 협력업체에 맡겼어야 할 일을 자체적으로 처리할 수 있다. 테슬라가 생산하는 전기자동차는 기계보다는 컴퓨터에 가깝다. 테슬라 전기자동차의 성능을 좌우하는 것은 복잡한 기계가 아니라 소프트웨어다. 여러 계기판이 달린 전통적 휘발유 자동차와 달리 테슬라 전기자동차는 컴퓨터처럼 다용도 스크린 하나만 달려 있다.

테슬라 공장에서 엿볼 수 있는 제조업의 미래란 어떤 것일까? 미국을 비롯한 고임금 국가들의 제조업 경쟁력이 높아질 것이다. 저가 외국 제품이 들어오고, 미국 기업의 생산 과정이 유연하지 못해 누미 공장이 문을 닫아야만 했다. 하지만 다용도 생산 로봇을 활용하는 테슬라가 그 자리에 다시 공장을 열었다.

이 경우 로봇은 인간을 대체하지 않았다. 누미 공장은 테슬라 공장이 들어서기 전에 문을 닫았기에 이곳에는 일자리가 없었다. 테슬라 공장의 로봇들은 죽은 공장을 되살렸고 1,000개의 새로운 일자리를 만들었다. 테슬라 공장에서 일하게 될 근로자들은 누미 공장 근로자보다 기술수준과 임금수준이 높다. 물론 누미 공장에서 일하던 근로자가 모두 테슬라 공장에서 일하는 것은 아니겠지만, 일부는 테슬라 공장에서 일할 것이다. 더 중요한 것은 테슬라 공장 모델이 세계화에 따라 심각한 경쟁에 시달리는 미국 기업에 대안이 될 수 있다는 사실이다.

서구 기업들은 중국 기업들과 같은 가격으로 쿠카 로봇을 구입할 수 있다. 공장 자동화가 진행되면서 자동차를 비롯한 제품 가격에서 인건비가 차지하는 비율이 급격히 낮아질 것이다. 이에 따라 저임금 근로자를 쓰는 개도국 기업들의 우위도 줄어들 것이다. 플라스틱, 알루미늄, 리튬 같은 원자재들은 국제원자재시장에서 어떤 나라 기업에나 똑같은 가격에 팔린다. 남은 것은 토지 비용, 전기 비용, 세금이다. 이러한 비용은 개도국보다 선진국이 비싸다. 하지만 인건비만큼 크게 차이가 나는 것은 아니다. 자동화 공장의 대두로 선진국 기업들이 저임금 근로자를 찾아 개도국으로 빠져나가는 수세기에 걸친 흐름이 중단될지도 모른다.

물론 테슬라 공장은 특수한 사례다. 테슬라 공장은 누미 공장터에 들어서 많은 이점을 누렸다. 아직도 작동하는 생산 설비로 가득 찬 공장을 불과 4,300만 달러에 구입했다. 비교적 최근(2003년)에 설립된 자동차 회사이기에 디트로이트에 있는 주요 자동차 기업들이 겪는 근로자 연금 부담과 노사 갈등을 아직 겪지 않고 있다. 아직 근로자를 많이 채용하지 않은 상태이기에 자동화 설비를 확장할 때 노조의 반발에 부딪치지 않는다. 2010년에는 연방정부에서 5억 달러의 대출을 받았다.

이러한 여러 가지 이점에도 테슬라는 실패할 수 있다. 테슬라가 진입하려는 전기자동차 시장은 세계적 대기업들이 피 터지게 경쟁하는 곳이고, 10여 년 전에 상용화된 하이브리드 자동차를 구매하는 것조차 망설이는 사람이 많다.

테슬라가 어떤 어려움을 겪든, 테슬라의 생산 모델은 승리할 것이다. 디지털 제조 기술의 힘으로 움직이는 테슬라 공장은 미래 모든 선진국 제조업이 가야 할 방향을 제시한다. 쿠카 로봇이 독일에서 제조됐다는 사실은 우연이 아니다. 독일 기업의 유연한 자동화 생산 덕분에 고임금 국가인 독일이 중국 기업의 저가 공세를 이겨내고 제조업을 유지하고 있고, 독일 경제가 유럽 경제를 이끌고 있다. 테슬라 공장은 최근에 문을 열었기에 가장 혁신적이다. 테슬라 공장은 자동차를 만들고 있지만, 테슬라 공장 모델은 다른 산업에서도 사용할 수 있다.

몇 세대에 한 번씩 제조업이 크게 바뀐다. 과거에는 증기기관, 전기, 표준화, 조립 라인, 적기공급생산이 생산현장을 바꾸었고, 지금은 생산 로봇이다. 가끔 경영기법의 변화가 생산현장을 바꾸기도 하지만, 진정으로 강력한 변화를 일으키는 것은 새로운 도구다. 컴퓨터는 공장을 관리할 뿐 아니라 공장의 모델이 되고 있다. 유연성과 적응성이 풍부한 다용도 산업용 로봇들이 모여 하나의 보편적 제조 기계가 될 수 있다. 컴퓨터처럼 로봇은 길이 1.6킬로미터의 공장부터 조그만

책상까지 어떤 규모로도 작동할 수 있다. 첨단 기술의 등장과 첨단 기술의 민주화, 이것이야말로 진정한 혁명이다.

9장

개방형 조직의 경쟁력

과거에는 싼 외국인 노동자만 쉽게 구했지만
지금은 싼 외국인 천재도 쉽게 구할 수 있다

1930년대 중반 런던 정치경제대학을 갓 졸업한 로널드 코스^{Ronald Coase}
는 다음과 같은 문제를 고찰했다. 기업은 왜 존재하는가? 사람들은
왜 기업에 충성하고 같은 건물에 모여 일하는가? 그는 1937년 「기업
의 본질^{The Nature of the Firm}」[33]이라는 논문으로 답했다. 그는 기업이 시간,
흥정, 혼란, 실수 같은 '거래비용'을 최소화하기 위해 존재한다고 답
했다.

사람들이 목적을 공유하고, 정해진 역할과 책임감을 가지고 있고,
서로 소통할 수 있으면, 일을 추진하기 쉽다. 옆 사무실에 가서 담당
자에게 해당 업무를 지시하면 된다.

하지만 반세기 뒤 빌 조이^{Bill Joy}는 로널드 코스의 설명에 결점이 있
다고 말했다. "당신이 누구든지 간에, 가장 똑똑한 사람들은 대부분

당신 이외의 사람과 일하고 있다." 이는 현재 '조이의 법칙'으로 알려져 있다. 풀어서 말하면 다음과 같다. 직원들은 최적의 능력을 가진 사람과 함께 일하는 것이 아니라, 기업이 고용할 수 있는 사람과 일한다. 최고의 기업에서도 이러한 비효율적 과정이 나타난다.

빌 조이의 경구는 프리드리히 하이에크Friedrich Hayek의 주장을 현대적으로 바꿔 말한 것이라 볼 수 있다. 하이에크는 로널드 코스와 동시대인이다. 로널드 코스가 중앙집권적 조직이 존재하는 이유를 설명한 반면, 하이에크는 중앙집권적 조직이 존재해서는 안 된다고 주장했다. 그는 1945년에 발표한 「사회 정보의 사용The Use of Information in Society」[34] 이라는 기념비적 논문을 통해 지식이 사람들에게 평등하게 배분되지 않고, 중앙계획조정기구는 지식의 불균형을 해소하지 못한다고 주장했다. 하이에크는 자유시장만이 이 일을 할 수 있다고 생각했다.

빌 조이가 고찰한 내용은 하이에크와 유사하다. 당시 빌 조이가 설립한 선마이크로시스템스Sun Microsystems는 세계에서 가장 주목받는 IT 기업이었다. 빌 조이의 경구는 회사가 잘나가는 상황에 안주하지 말자는 취지에서 나온 말이다. 선마이크로시스템스에서 일하는 사람들은 자사에 최고의 기술과 최고의 엔지니어가 있다고 생각해도, 실제로는 회사 밖에 더 유능한 인재가 많이 있다. 아무리 선마이크로시스템스가 노력해도 외부에서 더 위협적인 경쟁자가 나타날 가능성이 존재한다. 개방형 혁신 모델은 가장 우수한 기업도 이길 수 있다. 실제로 선마이크로시스템스는 몰락했고, 오라클Oracle 사에게 인수 당했다(빌 조이는 회사를 떠나 벤처 캐피털리스트로 활동하고 있다).

이는 비단 이 회사만의 문제가 아니다. 지금 가장 성공한 기업인 애플이 채용하는 과정을 살펴보라. 우선 애플 본사는 미국에 있다. 본사 직원은 대부분 캘리포니아 주 쿠퍼티노Cupertino에 있다. 따라서 미국에서 합법적으로 거주하는 사람, 그중에서도 샌프란시스코 해안지역에 살고 있거나 이 지역으로 이사할 사람이 애플 본사에서 일할 확률이 높다. 쿠퍼티노는 살기 쾌적한 곳이지만, 이탈리아나 태국에서 가족과 함께 살려는 사람은 애플 본사에서 일하기 어렵다.

애플이 채용하는 기준은 다른 기업과 비슷하다. 자사가 운영하는 분야의 경력자를 선호한다. 더 좋은 대학을 졸업한 사람일수록 똑똑하고 직업의식이 높을 것이라고 가정한다. 스티브 잡스는 어린 나이에 학교를 중퇴한 천재였지만, 애플은 스티브 잡스와 같은 길을 걸은 사람을 좀처럼 채용하지 않는다. 애플은 "다르게 생각하라think different"고 광고했지만, 애플의 채용 기준은 다른 대기업과 별반 다르지 않다. 그들은 전문자격증을 가진 사람을 채용한다.

애플은 애플에서 일하려는 사람만 채용할 수 있다. 따라서 지금 하는 일에 만족하거나 지금 하는 일을 관두고 싶지 않은 사람을 채용할 수 없다. 아무리 똑똑해도 어린이, 노인, 흉악범을 채용하는 경우는 거의 없다. 또 회사 비밀을 지키지 않는 사람이나 고용계약 조건에 얽매이고 싶지 않은 사람도 채용할 수 없다.

하지만 이런 식으로 애플의 채용 기준에서 빠진 사람들 중에서 영리한 사람이 많다. 애플은 열린 커뮤니티가 아니라 기업이기 때문에 영락없이 '조이의 법칙'을 적용받는다.

커뮤니티는 사람들을 자유롭게 받아들인다. 기업만큼 법적 책임과 위험을 부담하지 않기 때문이다. 기업은 사람을 채용할 때 이력서를 확인하고 계약을 체결하지만 커뮤니티는 그럴 필요가 없다. 기업은 임금을 주고 사람을 채용하므로 필요하지 않은 사람을 채용했을 때 손실이 크다. 따라서 기업은 몇 가지 기준에 따라 구직자를 평가한 끝에 사람을 채용한다. 반면 커뮤니티는 사람을 받아들이는 데 따르는 비용이 없기에 자유롭게 사람을 받아들인다. 그렇다고 커뮤니티에 가입하는 것이 더 유리하다는 것은 아니다. 기업에 있는 사람은 성과가 없어도 어쨌든 임금을 받지만, 커뮤니티에 가입한 사람은 임금을 받지 못한다.

물론 커뮤니티가 모든 것을 해결해주지는 못한다. 자발적 참여로 움직이는 커뮤니티는 세계경제를 결코 책임질 수 없다. 하지만 인터넷의 급속한 보급으로 커뮤니티의 활용성이 점점 높아지고 있다. 인터넷에 접속하면 멀리 떨어진 그 분야의 유능한 사람들과 비교적 쉽게 만나고 그들의 참여를 이끌어낼 수도 있다. 개방형 혁신 커뮤니티에서는 사람들이 자신의 참여 여부를 스스로 결정한다. 개방형 혁신 커뮤니티에서는 영리한 사람이 제안한 멋진 프로젝트일수록 더 많은 사람의 참여를 이끌어낸다. 나는 로봇공학 커뮤니티를 운영하면서 이러한 사실을 배웠다.

개방형 조직, 3D 로보틱스

DIY드론 사이트를 개설하고 몇 달 뒤 회원 수가 수백 명이었을 때,

한 멕시코 청년이 가입했다. 그는 오픈소스 마이크로프로세서 보드 아두이노를 사용해 제작한 발명품을 소개하는 글을 올렸다. 그는 닌텐도 게임기 컨트롤러로 장난감 헬리콥터를 조종하는 방법을 고안했다고 말했다.

그가 DIY드론 토론 포럼에 처음 올린 글은 이렇게 시작한다. "내 모국어는 영어가 아니므로, 프로젝트를 설명하는 과정에서 실수를 해도 양해해주기 바랍니다. 나는 닌텐도의 쌍절곤 컨트롤러에서 추출한 가속도계를 사용해 RC 헬리콥터의 자동조종장치를 만들었습니다." 그는 기판과 전선이 붙은 헬리콥터 사진 몇 장을 첨부하고, 실제로 RC 헬리콥터가 하늘을 나는 동영상을 올렸다.

사람들은 즉각 반응했다. 한 회원이 격려하는 글을 올렸다. "당신의 영어 실력은 훌륭합니다. 번역한 영어 문장에 너무 걱정하지 마십시오. 사진 한 장이 천 단어보다 낫습니다. 비디오를 보니 흥미롭습니다. 멋진 헬리콥터 잘 구경했습니다. 복잡한 아이디어를 구현한 모습을 보는 것은 멋진 경험입니다."

나도 감명받았다. 그때까지 나는 아두이노 제품을 사용한 적이 없었지만 그가 올린 글을 보고 아두이노 제품에 관심이 생겼다. 그래서 그에게 전화를 걸어 아두이노 제품에 관해 물어봤다. 이를 계기로 서로 연락을 주고받게 됐다. 나는 그의 에너지와 불굴의 실험 정신에 감명받고, 내가 이해하기 어려웠던 소프트웨어 개념을 쉽게 이해하는 것을 보고 감탄했다. 나는 그가 대단한 일을 벌일 청년이라는 예감이 들었다. 그는 본능적으로 더 흥미로운 기술을 이용하고자 부단히 시도하고 공부했다. 새로운 센서를 발견하면 사용법을 알아내고, 기술

알고리즘을 공부했다.

결국 우리는 DIY드론에서 몇몇 프로젝트를 함께 시작했다. 먼저 비행기 자동조종장치 프로젝트를 추진했고, 그다음에는 비행선 컨트롤러 기판을 제작하는 프로젝트를 함께했다. 우리는 전자회로 기판 디자인에 관한 의견을 주고받았고, 저녁에는 작업대에 부품들을 올려놓고 납땜인두를 이용해 부품들을 조립하고 테스트했다. 그는 아두이노 제품에 프로그램을 입력하는 방법이나 부품을 구매해 기판을 조립하기 좋은 곳을 내게 알려줬다. 나는 우리의 프로젝트 진행 상황을 보고하는 글을 블로그에 올리고, 프로젝트 내용을 문서화했다.

처음에 우리는 취미로 전자제품을 만들면서, 다른 커뮤니티 회원들과 정보를 공유했다. 우리 프로젝트를 따라하려는 사람들이 부품을 살 수 있는 사이트 주소를 링크했다. 하지만 우리 프로젝트를 따라하려면 스스로 PCB를 만들고, 모든 부품을 직접 인터넷으로 주문해야 했다. 그 결과 우리 디자인을 사용한 커뮤니티 회원은 수십 명에 지나지 않았다.

사람들의 참여를 유도하려면 프로젝트를 더 간단하게 구성해야 했다. 디자인 파일을 공유하고 사람들에게 부품을 사서 스스로 물건을 만들도록 하는 것만으론 충분하지 않았다. 모든 것을 포함한 세트를 제공해야 했다. 이는 우리가 부품을 대량 구매하고, 주문을 받은 다음 세트를 포장해서 보내야 한다는 뜻이다.

이런 일을 하려면 회사를 만들어야 했다. 나는 그에게 함께 회사를 설립하자고 제안했고 그는 동의했다. 나는 그와 대화를 나누면서 그를 개인적으로 알게 됐다.

그의 이름은 조르디 무노즈 바르달레스^{Jordi Munoz Bardales}다. DIY드론에 처음 글을 올릴 당시 나이는 19세였으며 멕시코 엔세나다^{Encenada}에서 태어나 티후아나에 있는 고등학교를 다녔다. 최근에 로스앤젤레스 근교인 리버사이드로 이사왔다. 고등학교 시절부터 여자 친구와 사귀었는데, 미국과 멕시코 국적을 가지고 있는 여자 친구가 임신했고, 두 사람은 결혼했다. 그는 미국 영주권을 기다리는 동안 리버사이드 아파트에서 지냈는데 할 일이 없어서 헬리콥터를 가지고 놀았다. 그는 대학에 가지 않았다.

하지만 이러한 사실은 문제가 되지 않았다. 중요한 것은 능력이었다. 그는 대학 졸업장이 없었지만 자신의 능력을 입증했다. 현재 그는 샌디에이고에 있는 최신 공장을 가진 수백만 달러 규모의 기업인 3D 로보틱스 CEO다. 내가 이 글을 쓰는 시점에 그의 나이는 24세였다. 그의 성공은 다음 세 단계를 거쳤다.

1. 머리는 명석하지만 미국에서 태어나지 않았고 영어 실력이나 학교 성적도 별로 좋지 않던 젊은이가 인터넷에 접속했다. 호기심이 많고 의욕이 넘쳤기에 역사상 가장 풍부한 정보가 흘러넘치는 인터넷을 통해 공부해 세계 최고수준의 항공 로봇 전문가가 됐다. 그는 자신의 열정이 향하는 대로 움직였을 뿐이지만 어느새 '구글 박사'가 됐다.
2. 내가 항공 로봇 회사를 창업하기로 했을 때, 내가 알고 있는 사람 가운데 항공 로봇 분야를 가장 많이 아는 사람과 함께 창업하기로 했다. 나는 그에게 이력서를 요구하지 않았다. 이력서는 필

요 없었다. 조르디는 이미 여러 가지 놀라운 물건을 만들어 자신의 능력을 입증했기 때문이다.

3. 조르디는 커뮤니티의 도움을 받고, 구글을 검색해가며, 전자제조업과 제조업 경영의 기초를 배웠다. 그는 영리한 직원들을 고용했다. 대부분 20대였다. 미국인도 있었고, 티후아나에서 온 멕시코인 엔지니어도 있었다.[35] 그들도 조르디처럼 인터넷을 검색하고 사람들에게 도움을 받아 로봇 제조 회사에서 일하는 데 필요한 것을 빠르게 학습했다. 18개월 뒤 그들은 세계적 수준의 로봇 공장을 운영했다.

20년 전이었다면, 미국 잡지 편집장이 고등학교만 졸업한 19세 멕시코 젊은이와 함께 항공로봇 회사를 설립할 확률이 몇 퍼센트였을까? 오늘날은 이것이 전혀 이상한 일이 아니다. 이미 함께 작업했고, 자신의 능력을 입증한 사람과 회사를 시작하지 못할 이유가 있는가? 오히려 알지 못하는 사람들에게서 이력서를 받아서 좋은 학교를 나왔다는 이유만으로 채용하는 편이 더 위험하다.

이것은 재능의 롱테일을 보여주는 사례다. 웹은 사람들에게 학교 졸업장이나 자격증과 상관없이 자신이 할 수 있는 일을 보여준다. 웹은 사람들이 직업이라는 맥락에서 벗어나 함께 모여 작업하도록 돕는다. 이러한 비공식적 조직은 기업보다 장소의 제한을 덜 받는다. 세계 각지의 재능 있는 사람이 참여할 수 있다.

「뉴욕타임스」칼럼니스트 토머스 프리드먼Thomas Friedman은 이렇게 지적한다. "과거에는 싼 외국인 노동자만 쉽게 구할 수 있었지만 지금

은 싼 외국인 천재들을 쉽게 구할 수 있다." 그들이 싼 이유는 적은 돈
을 받고도 일할 뿐 아니라 종종 돈을 받지 않아도 일하기 때문이다.
그들은 낮에는 직장에서 돈을 벌고 밤에는 집에 돌아와 자신이 가치
있다고 생각하는 프로젝트에 참여한다.

현재 3D 로보틱스의 제품 개발 과정에 재능을 기부해주는 사람이
100명 정도 있다. 그중 20명 정도는 3D 로보틱스의 직원이고, 주로
하드웨어 개발과 공장 제조 과정에서 일한다. 나머지 80명은 소프트
웨어 개발을 돕는 봉사자다. 봉사자들은 모두 다른 직장에 다니고 있
다. 그중에는 애플 엔지니어도 있고 제빵사도 있다. 일부 봉사자는 몇
주에 걸쳐 시간을 소비해가며 로봇 개발 프로젝트를 돕는다. 봉사자
중에는 전문 소프트웨어 프로그래머와 취미로 경험 삼아 참여하는
아마추어가 섞여 있다.

3D 로보틱스가 로널드 코스가 말한 기업이었다면, 현재 해당분야
에서 일하고 있는 전문가들만 발견하고 채용했을 것이다. 제빵사, 브
라질 광고 회사에서 일하는 그래픽 아티스트, 이탈리아 구급차 라디
오 회사 경영자, 은퇴한 자동차 판매업체 주인, 스페인 카나리아 제도
에 있는 에너지 기업에서 일하는 스페인 사람을 비롯한 비전문가들
의 열정적인 도움은 받지 못했을 것이다.

3D 로보틱스는 로널드 코스가 말한 기업 방식대로 운영되지 않기
에 더 영리한 사람들의 도움을 많이 받을 수 있다. 3D 로보틱스는 직
원들 사이의 물리적 거리를 줄여 거래비용을 최소화하는 것이 아니
라 기술을 이용해 거리비용을 최소화한다. 전통적 기업 직원들이 한
건물 안에서 함께 일한다면, 우리는 소셜네트워크 상에서 함께 일한

다. 전통적 기업에서는 사무실로 가서 직원들에게 일을 시키지만, 3D 로보틱스에서는 스카이프^{skype}(인터넷 화상전화 서비스-옮긴이)를 통해 직원과 봉사자가 함께 작업한다. 전통적 기업에서는 직원들이 목표를 공유한다고 말하지만 실제로는 사장이 직원들에게 목표를 지시한다. 반면 3D 로보틱스에서는 정말로 직원들과 봉사자들이 목표를 공유한다.

새로운 제조업 모델이 필요하다

누구나 접근할 수 있는 웹에 기반을 둔 기업과 커뮤니티는 로널드 코스가 말한 전통적 기업보다 거래비용이 적다. 옆 사무실에 있는 직원은 그 일을 가장 잘할 수 있는 사람이 아니라 그저 입사시험을 통과해 그 자리에 앉아 있는 사람이다. 인터넷 커뮤니티에서는 해당 분야에 관심이 있고 재능 있는 사람을 쉽게 찾을 수 있다.

기업은 관료주의가 심하다. 기업에서는 조직의 통일성을 유지하기 위해 설계된 절차와 승인 과정을 거쳐서 업무를 처리할 수 있다. 반면 커뮤니티는 이해관계를 공유하고, 복잡한 절차를 거치지 않는다. 커뮤니티는 프로젝트를 위해 존재하지 프로젝트를 관리하는 기업을 지원하기 위해 존재하지 않는다.

하지만 커뮤니티는 자체적으로 물리적 제품을 제조할 수 없다. 제조하는 작업, 재고를 관리하는 일, 보험을 드는 일, 소비자 지원 서비스를 운영하는 일을 누군가 맡아야 한다. 이런 일들은 돈이 들고, 법적 조직이 필요하고, 매일 책임지고 일해야 한다. 이런 일을 하려면 기업이 필요하다.

따라서 커뮤니티에 기반을 둔 새로운 제조업 모델에서는 새로운 종류의 제조업 기업이 필요하다. 새로운 종류의 제조업 기업은 전통적 기업의 모든 기술과 노하우를 활용할 수 있어야 한다. 전통적 기업 수준의 엄격한 품질 관리, 효율적 재고 관리, 공급망 관리가 가능해야 전통적 기업에 비해 가격과 품질이 밀리지 않아 시장에서 살아남을 수 있다. 그와 동시에 웹 기업의 기술도 활용할 수 있어야 한다. 더 빠르고 저렴하게 더 나은 품질로 신상품을 개발하기 위해 커뮤니티를 만들고 활용할 수 있어야 한다. 다시 말해 최고의 하드웨어 기업이자 최고의 소프트웨어 기업이어야 한다. 원자 세계와 비트 세계 중 어느 한쪽을 소홀히 해서는 안 된다.

에머리 대학교 고이주에타 경영대학원의 부학장 마리암 알라비Maryam Alavi는 기업들이 오픈마켓보다 거래비용을 낮추려면 점점 복잡해지는 외부시장에 대응할 수 있을 만큼 기업 내부가 복잡해져야만 한다고 주장한다. 「기업의 미래The Future of Work」라는 아스펜 연구소 보고서에서 마리암 알라비는 '필수다양성의 법칙law of requisite variety'이라는 시스템 이론을 들어 설명한다. 자연에서 다양한 적응 메커니즘을 가진 종일수록 새로운 환경에 유연하게 대응해 생존 확률이 높듯, 경제계에서도 시장의 다양성만큼 기업 내부가 다양한 기업만이 생존할 수 있다. "기업의 일부 부서는 기업이 상대하는 외부 불확실성 때문에 점점 위계구조를 강화할 것이다. 일부 부서는 지금과 다르게 더 역동적이고 더 개방적으로 변해야 한다."[36]

따라서 새로운 산업조직 모델이 필요하다. 작은 부분을 느슨하게 연결한 기업이 필요하다. 더 작고, 격식에 얽매이지 않고, 웹을 활용하는 기업이다. 직원보다 훨씬 많은 참여자가 필요하다. 소속과 의무보다는 능력과 필요에 따라 참여자들이 제품을 디자인하도록 해야 한다. 최고의 사람들이 어디에서 일하는지는 중요하지 않다. 충분히 흥미로운 프로젝트라면 최고의 사람들이 알아서 찾아와 참여할 것이다.

애플의 리쇼어링은 무엇을 의미하나

미국 제조업이 개방형 조직 원리를 받아들이면 어떻게 바뀔까? 언뜻 보면 실없는 질문처럼 보인다. 언론에서는 매일 미국 제조업의 미래가 없다는 말한다. 단순히 미국보다 인건비가 싼 나라가 많기 때문만은 아니다. 기업들이 미국보다 인건비가 싼 나라로 이전하면서 공급자들과 기술자들이 해외로 빠져나가고 있는 것이 더 문제다.

개리 피사노Garry Pisano와 윌리 시Willy Shih가 2009년 「하버드 비즈니스 리뷰」에 기고한 글[37]에서 지적했듯이 다음과 같은 이유 때문에 아마존은 킨들Ⅱ를 미국에서 제조할 수 없다.

1. 플렉스 회로 커넥터는 중국에서 제조된다. 미국 부품업체들이 생산기지를 아시아로 이전했기 때문이다.

2. 전자책 리더 디스플레이 EPD는 타이완에서 제조된다. 미국이 LCD를 생산하지 않고, 반도체 제조업체들이 있는 아시아 국가들이 LCD를 생산하기 때문이다.

3. 본체 케이스는 중국에서 제조된다. 장난감, 전자제품, 컴퓨터 제조업체들이 중국으로 이전해 본체 케이스를 만들 만한 미국 부품업체가 미국에서 사라졌기 때문이다.

4. 무선 카드는 한국에서 제조된다. 한국이 휴대전화 부품 제조의 중심국이 됐기 때문이다.

5. 컨트롤러 보드는 중국에서 제조된다. 미국 기업이 오래전에 PCB 제조 공장을 아시아로 이전했기 때문이다.

6. 리튬 폴리머 전지는 중국에서 제조된다. 가전제품 개발업체와 제조업체, 노트북 제조업체들이 아시아로 이전해 전지를 개발하고 제조하는 업체도 중국으로 이전했기 때문이다.

개리 피사노와 윌리 시는 "애플만이 소비자 수요에 적극 대응하고자 제품 개념 설정, 부품 선택, 산업 디자인, 소프트웨어 개발에 깊숙이 관여하기 때문에, 최고급 제품 디자인 인력을 미국 내에 계속 유지하고 있다"고 평가했다. 이런 애플조차 제조는 중국에 맡긴다.

우울한 얘기다. 하지만 지난 30년간 쇠퇴했음에도 미국 제조업이 여전히 세계 최대규모라는 사실을 명심하자. 곧 중국 제조업에 역전당할 테지만 말이다. 지금 미국 공업생산량은 물가상승을 감안하더라도 1975년의 2배 이상이고 역대 최고에 가깝다.

미국에서 여전히 만들고 있는 것은 무엇일까? 미국에서 팔리는 자동차 같은 대형 제품, 비행기처럼 인건비가 소매가에서 차지하는 비율이 낮은 제품, 의료기기처럼 가격경쟁이 치열하지 않은 전문제품이다.

GE, P&G, 3M, 보잉, 록히드 마틴은 물론 전통적 굴뚝 산업인 철강업에 있는 US스틸도 세계 최대규모의 미국 기업이다. 미국 자동차 기업 GM과 포드도 정부지원과 구조조정에 힘입어 강한 회복세에 있다. 외국 기업들이 미국에서 만드는 자동차 대수까지 포함하면, 2011년 미국 자동차 생산대수는 역대 최고치에 가깝다. IT 거품이 한창이던 1990년대 후반의 두 해만 제외하면 역대 최고치다.

따라서 일부 제조업 분야는 중국이 부상해도 건재하다. 이는 가장 인건비가 싼 나라로 제조업 기반을 이전하는 것만이 능사가 아님을 암시한다. 애플이 입증했듯이 소비자와 가까운 곳에서 영업해야 소비자의 필요에 맞는 제품을 디자인할 수 있다. 아이폰 뒷면에는 '캘리포니아에서 설계하고 중국에서 제조했다'고 나오지만, 캘리포니아 대학교의 케네스 크리머^{Kenneth Kraemer}와 미국 경제학자 두 명은 판매액을 기준으로 할 때 아이폰 부품의 절반 이상은 여전히 미국에서 생산한다고 연구결과를 발표했다. 그들은 다음과 같이 기술한다.

아이폰과 대부분의 부품은 중국에서 제조되지만, 아이폰 판매에 따른 혜택은 주로 미국 경제가 본다. 애플이 제품 디자인, 소프트웨어 개발, 제품 관리, 마케팅을 비롯한 고임금 일자리를 해외로 이전하지 않고 국내에 유지하고 있기 때문이다. 일반인이 생각하는 것보다 중국의 역할은 크지 않다. 점점 증가하는 운송비, 무역 전쟁이라는 정치적 리스크, 관세, 배송 과정에서 발생하는 제품 손실과 지연에 따른 숨은 비용, 이러한 제품손실과 지연을 대비하기 위한 과도한 재고를 감안하면, 미국 제조업의 아시아 이전이 정점을 지났을 수도 있다.[38]

메이커와 일자리

최근 미국 경제가 만들지 못한 것이 있다. 바로 일자리다. 지난 40년 사이에 미국 제조업 생산량은 2배 이상 증가했지만, 제조업 일자리는 30퍼센트 정도 감소했다. 자동화에 따른 생산효율 증가로 1인당 노동생산성은 크게 늘었지만, 제조업 기업이 고용하는 미국인 수는 늘지 않았다.

미국 경제에서 가장 많은 일자리를 공급하는 주체는 중소기업이다. 그런데 미국 제조업 기업 중에서도 바로 중소기업들이 지난 수십 년간 저임금 외국 기업들과 경쟁하기 위해서 해외로 공장을 이전했다.

따라서 정확히 말하자면, 미국 경제에서 가장 많은 일자리를 파괴하는 주체는 중소기업이다. 중소기업의 절반 이상이 문을 연 지 3년 안에 망하기 때문에 중소기업이 만드는 일자리보다 없애는 일자리가 더 많다. 살아남는 기업도 상당수는 직원을 고용하지 않는 자영업자고, 그중에서 상당수는 비정규직이다.

정말로 일자리를 만드는 기업은 대기업으로 성장하는 중소기업이다. 하지만 1차 산업혁명 때와는 달리, 현재 미국에서 대기업으로 성장 중인 기업들은 커다란 공장을 지어 많은 근로자를 고용하는 거대 제조업 기업이 아니다. 트위터, 텀블러 같은 인터넷 기업들조차 직원 수가 수백 명에 불과하다. 메이커 모델에 따라 성장 중인 제조업 기업들도 마찬가지다.

예들 들어, 소음 방지 무선 헤드폰 제품인 조본^{Jawbone}을 제작하는 앨리프^{Aliph}는 1999년에 설립된 회사로 연간 수백만 개의 헤드폰과 휴대용 잼박스^{JamBox} 스피커를 판매한다. 앨리프는 모든 제품 생산을 다른 회사에 맡긴다. 1,000명 이상이 조본 헤드폰 생산에 투입되지만 앨리프 직원은 100명을 조금 넘고 나머지 인력은 협력업체 직원들이다. 앨리프는 이러한 협력관계를 통해 소니와 경쟁할 수 있다. 다른 성공한 기업들도 대부분 이와 같은 방식으로 제품을 생산한다. 앨리프의 매출액과 이익은 '소기업'의 범주를 넘었지만 직원 수는 여전히 소기업 수준이다. 앨리프 같은 기업들은 웹을 기반으로 운영되기에 매출이 늘어도 직원 수가 별로 늘지 않는다.

하지만 웹 기반 기업들은 수가 많다. 시장진입 장벽이 매우 낮기 때문이다. 그리고 여러 소기업 중에서 몇 개는 대기업으로 성장할 것이다. 제2의 페이스북을 꿈꾸며 창업하는 실리콘밸리 모델은 미국 경제 성장의 엔진이다. 대부분은 페이스북 수준으로 성장하지 못하겠지만, 몇몇 기업은 수백만 달러 이상의 산업과 수만 개의 일자리를 만들 것이다. 그리고 웹 기반 메이커 모델을 따르는 기업들도 이런 대기업으로 성장할 수 있다. 그 이유는 다음 세 가지다.

첫째, 대부분 개방형 커뮤니티로 시작하기 때문에 네트워크 효과에 따른 강력한 성장 잠재력이 있다. 커뮤니티는 더 빠르고, 저렴한 제품 개발 과정을 제공할 뿐 아니라 더 우수하고 저렴한 마케팅 수단이 된다. 입소문만큼 좋은 마케팅은 없다. 제품 개발에 참여했거나 제품 개발 과정을 본 사람에게서 나오는 입소문보다 나은 마케팅은 없다.

둘째, 웹 기반 메이커 모델을 따르는 기업들은 저비용 공급업체를 찾는 일부터 제조 대행 서비스 업체를 찾는 일까지 뭐든지 웹을 활용해 처리할 수 있다. 웹 중심 기업들은 웹을 통해 돈을 절약하고 제품 개발 속도를 높일 수 있다.

셋째, 이러한 기업들은 웹에서 태어났기에 처음부터 글로벌하다. 처음부터 국경을 넘어선 틈새시장을 공략하고, 처음부터 수출기업이다. 대부분 인터넷으로 판매하기에 전통적인 유통망과 지리의 제약을 받지 않는다. 덕분에 더 빨리 성장할 수 있을 뿐 아니라 외국 기업의 공세에 맞서 선전할 수 있다. 이미 글로벌 시장에서 경쟁하고 있기에 수입 제품이 들어와도 새삼스러울 것이 없다.

한편, 저임금 국가에서 들어오는 수입품이 과거만큼 미국 기업에 위협이 되지 못할 수도 있다. 예를 들어 중국은 저임금 국가에서 탈피하고 있다. 광둥성을 비롯한 공업지역에서는 1년에 17퍼센트씩 임금이 오르고 있다. 게다가 위안화 평가절상으로 달러로 환산한 중국임금 인상속도는 더욱 높다. 게다가 미국 근로자의 생산성은 중국 근로자의 3배에 가깝다. 이는 미국 근로자가 더 열심히 일하거나 기술수준이 높아서가 아니라, 미국 근로자가 더 많은 자동화 설비를 이용하기 때문에 1인당 생산액이 중국 근로자보다 높기 때문이다. 보스턴 컨설팅 그룹은 2015년경 중국의 순제조 비용이 미국과 같아질 것이라고 추산한다.[39]

공장 자동화가 더 진행되면 제품 가격에서 인건비가 차지하는 비율이 낮아질 것이다. 이는 인건비 따먹기를 위해 제조업 일자리를 해외로 이전하던 추세가 약해질 것이라는 뜻이다. 현재 자동차 산업에서 인건비가 소매가에서 차지하는 비율은 15퍼센트도 안 된다. 전미자동차노조는 10퍼센트일 뿐이라고 주장하지만 이는 사무직, 경영자, R&D 인력의 임금을 제외하고 생산직 근로자 임금만 계산한 것이다. 생산 로봇이 더 많이 보급되고 성능이 향상될 것이다. 공장 근로자들은 생산 로봇이 필요한 부품을 제때 공급하고 제품을 포장해 배송하는 업무를 맡게 될 것이다. 저임금 국가로 공장을 이전해 인건비를 따먹는 기업들은 1차 산업혁명 시대부터 있었다. 하지만 공장 자동화 덕분에 인건비가 소매가에서 차지하는 비율이 감소하는 반면, 다른 가격요소[최종소비자에 대한 접근성, 교통비(앞으로 부과될지 모르는 탄소배출세), 유연성, 품질, 신뢰성]의 비율은 높아지고 있다.

예를 들어, 건설장비 제조업체 캐터필러^{Caterpillar}는 소비자나 부품업체들과 가까이 있는 텍사스 공장에서 굴착기 생산량을 3배로 늘리고 500명을 더 고용했다. 현금인출기 생산 업체 NCR^{National Cash Register Co.}는 시장에 더 민첩하게 대응하고 회사 내부의 협력을 강화하고자 중국에 있던 ATM 생산 공장을 조지아 주 콜럼버스로 이전하기로 했다. 장난감 회사 웸오^{Wham-O}는 중국 공장에서 생산하던 원반圓盤의 절반을 공장자동화로 효율이 높아진 미국 공장에서 생산하기로 했다.

한편 틈새상품 제조업체들은 더 가까이 다가가 소비자들이 더 높은 비용을 지불할 수 있는 맞춤형 상품을 팔려고 한다. 지역에 기업들을 유치하는 일을 맡고 있는 지역개발 전문가들은 '경제 정원^{economic gardening}'이라는 개념을 제시한다. 공장들 사이에 있는 좁은 공간에서도 풀과 나무가 자랄 수 있듯이 작은 제조업체일지라도 민첩하고 혁신적으로 경영하면 번창할 수 있다는 개념이다.

뉴욕은 여전히 작은 제조업체들이 봉투(소비자는 언제든 공장을 방문해 디자인을 고를 수 있다)부터 브루클린 머신 웍스^{Brooklyn Machine Works}의 BMW 수제 자전거(1대에 2,800달러인데도 팔리니 저임금 근로자를 쓸 필요가 없다)까지 다양한 상품을 만들고 있다. 샌프란시스코에는 가방 제조업체 팀북투^{Timbuk2}부터 전기 오토바이 제조업체 미션 모터스^{Misson Motors}까지 지역 제조업체 수십 개가 모여 결성한 'SFMade'라는 단체가 있다.

소비자와 가까운 곳에서 생산해야 하는 산업은 맞춤형 가구부터 고급 침대, 고급 여성복(내가 일하는 사무실 건물 근처에는 중국인 노동자들이 지역에서 디자인한 옷을 제조하는 공장들이 있다)까지 다양하다. 이러한 업종에 있는 기업들은 해외로 이전하지 않았다. 이제는 지역 소비자에게만 물건을 팔지 않는다. 충분히 혁신적인 지역기업들은 인터넷을 통해 세계 각지 소비자에게 판매할 수 있다.

샌프란시스코 고급 초콜릿 제조업체 초^{Tcho}는 「와이어드」 설립자들이 경영하고 있다. 그들은 샌프란시스코 부근에서 영업하는 고급 커피 체인점 피츠^{Peets}가 수십 년 전에 거둔 성공 사례를 보고, 고급 웰빙 식품을 먹으려는 샌프란시스코 지역 사람들을 먼저 공략했다. 하지만 피츠는 웹 시대에 설립된 기업이었기에 전자상거래와 입소문으로 쉽게 글로벌 시장에 진출할 수 있었다. 2012년 현재 설립된 지 5년 된 초는 미국 전역의 400여 개 소매점에서 초콜릿을 팔고 있다. 샌프란시스코 항구에 있는 초 공장에서는 웹 시대를 개척한 사람들이 밀려드는 주문에 맞춰 초콜릿을 만드느라 바쁘다.

오프쇼어링

미국 기업이 중국을 비롯한 저임금 국가들로 제조업을 아웃소싱하지 않을 것이라고 주장할 생각은 없다. 일부 산업은, 상대적으로 낮은 노동력과 공급업체가 밀집한 광둥성의 경쟁력을 따라갈 수 없다. 그래서 미국에선 휴대전화를 만들지 않고, 중국에선 그토록 많은 장난감을 만드는 것이다.

분명한 것은 오프쇼어링offshoring(기업들이 해외로 공장을 이전하거나 해외기업에 아웃소싱하는 것 - 옮긴이)이 유일한 선택은 아니라는 사실이다. 제품 판매량에 따라서 어떤 제품은 중국에서 생산하는 것이 나을 수도 있고, 어떤 제품은 소비자와 가까운 미국에서 생산하는 것이 지연을 최소화하고 유연성을 최대화해 나을 수도 있다. 그리고 자동화 설비 보급 덕분에 중국에서 제조하는 비용과 미국에서 제조하는 비용의 차이가 줄고 있다.

다음은 제품 생산량에 따라 국내생산과 해외생산 중 어느 쪽이 더 유리한지 대략적으로 설명한 그래프다.

윈코WindCo라는 가정용 풍력발전기 회사가 첫 제품을 만든다고 상상해보라. 시제품은 회사에서 만든다. 하지만 생산할 때가 되자 회사가 제조설비를 살 돈이 없다. 그래서 중국 공장으로 생산을 위탁한다.

이렇게 해서 제품을 출시했다. 하지만 제품 판매량이 수백 개가 되면 아웃소싱 모델의 한계가 분명해진다. 우선 유연성이 낮다. 제품이 매진되면 새로운 제품이 올 때까지 수개월이 걸린다. 게다가 중국 공장도 대량생산을 선호하기에, 결국 윈코는 미리 많은 제품을 주문해

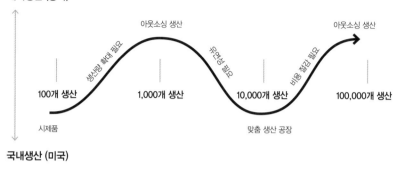

해외생산 (중국)

아웃소싱 생산   아웃소싱 생산

생산량 확대 필요

맞춤 상점

비용 절감 필요

100개 생산   1,000개 생산   10,000개 생산   100,000개 생산

시제품   맞춤 생산 공장

국내생산 (미국)

창고에 쌓아놓고 팔아야 한다. 그 결과 현금이 재고에 묶인다.

이 경우 가까운 지역에서 제조하는 것이 경제적이다. 그래서 윈코는 지역 공장을 설립한다. 그 결과 재고 관리가 수월해지고 소비자의 수요와 피드백에 따라 제품을 개선하기 편하다.

하지만 판매량이 수만 개로 증가한다고 치자. 이 경우 국내에서 생산하는 것보다 중국에서 생산하는 것이 유리해 보인다. 중국과 미국의 제조 비용 차이는 수백 개를 생산할 때는 시간과 유연성을 포기해가며 택할 만한 중요한 요소가 못 되지만, 수만 개를 생산할 때는 절대금액으로 볼 때 제조 비용 차이가 막대하다. 특히 경쟁업체들이 저임금을 무기로 시장에 진입할 때는 윈코도 비용을 절감해야 한다. 그래서 다시 중국으로 아웃소싱한다.

이제는 기업이 제품을 어디에서든 생산할 수 있는 시대가 온다. 디지털 디자인 파일을 어느 공장으로든 보내서 생산할 수 있고, 새로운 제조도구를 이용하는 비용이 크게 낮아졌고, 모든 공장이 똑같은 생산 로봇을 사용하기 때문이다.

이 시대가 오면 미국이 경쟁할 수 있다. 중국도, 독일도, 멕시코도, 폴란드도 경쟁할 수 있다. 디지털 제조는 각국의 인건비 차이에 따른 장단점을 없앤다. 디지털 제조 시대에 중요한 것은 인건비가 아니라 어느 나라가 더 잘 물건을 만드느냐다.

미국 공장의 미래, 스파크펀

자세히 찾아보면, 디지털 제조 현장을 어디서든 볼 수 있다. 실리콘밸리는 물론이고 브루클린의 자동차 수리소, 라스베이거스의 외곽 공단, 위스콘신 주의 농촌에서도 볼 수 있다. 공통점은 창업자가 사는 곳이란 것이다. 과거 공장들은 철도나 고속도로 옆에 있었지만 지금 창업자들은 철도나 고속도로 옆에 살 필요가 없다. 또 값싼 노동력과 토지도 필요 없다. 택배 서비스를 이용할 수 있는 곳이라면 어디서든 제조업 기업을 창업하고 경영할 수 있다.

스파크펀을 보라. 창업자 네이선 시들Nathan Siedle은 2003년에 덴버에서 한 시간 거리에 있는 대학 도시 볼더Boulder에서 콜로라도 대학교를 다니는 공대생이었다. 그는 자신의 프로젝트에 필요한 전자부품을 구하는 데 어려움을 겪다가 결국 인터넷으로 몇몇 부품업체를 찾았다. 이 시점에서 만족하고 다른 일을 할 수도 있었지만 네이선 시들은 이 책에서 소개한 다른 메이커들과 마찬가지로, 자신의 정보를 다른 사람들과 공유하기로 했다.

그는 구하기 힘든 부품을 파는 인터넷 상점을 열고, 전자부품을 구하지 못해 애를 먹었다가 마침내 부품업체를 찾았을 때 눈이 번쩍 뜨인 경험을 담아 '스파크펀'이라고 이름 붙였다. 그가 처음으로 주정부에서 '진짜 기업'으로 인정받아 세금 공제를 받았을 때, 그는 너무도 흥분해서 오토바이를 타고 쏜살같이 집으로 갔다. 중간에 경찰에게 걸려 법원에 출두해야 할 정도로 심각한 과속 딱지를 받았을 정도였다.

네이선 시들이 대학을 졸업할 무렵, 스파크펀은 기업으로 손색없는 규모로 성장했다. 네이선 시들은 다른 곳에 취업하지 않고 스파크펀을 계속 경영하기로 했다. 그는 볼더가 마음에 들었기에 다른 곳으로 이사하지 않고, 근처 오피스 빌딩 1층 공간을 빌려 사무실로 삼았다.

현재 스파크펀의 직원 수는 120명이 넘고 연간 매출액은 3,000만 달러 정도이며, 해마다 50퍼센트씩 성장하고 있다. 야구장 넓이의 건물 1층에는 자동화 생산 라인이 들어서 있고, 밤낮으로 전자부품을 생산한다. 매일 블로그 글과 제품 소개 글을 올리는 스파크펀 웹사이트는 현재 하루 5만 명 이상이 방문하는 커뮤니티로 성장했다.

스파크펀이 영업하고 있는 곳은 미국에서 가장 부동산 가격이 높은 지역에 속하는 볼더라는 사실을 주목하라. 그리고 미국이 중국에 오래전에 넘겨준 듯 보이는 전자부품을 제조하고 있다는 사실도 주목하라. 스파크펀이 어떻게 인건비가 낮은 중국과 경쟁할 수 있을까? 자동화 설비로 인건비 부담을 줄이고, 소비자의 필요를 정확히 파악해 공략했다(전자제품을 좋아한 공대생이 설립한 스파크펀은 소비자가 원하는 전자제품을 제조하는 데 강점을 보인다). 또, 웹사이트에서 소비자가 참여하는 커뮤니티를 형성했다(스파크펀 웹사이트에 매일 글을 올리는 직원들은 메이커들 사이에서 유명해졌다). 스파크펀은 값싼 노동력이 없어도 제조업 기업이 성공할 수 있다는 점을 입증한 사례다.

사람들은 미국 제조업을 얘기할 때 우울한 수치를 인용한다. 애플, 구글, 모토롤라 등 휴대전화 산업을 주름잡는 미국 기업이 많은데도, 미국에서 제조되는 휴대전화는 없다. 미국 기업들은 기술의 선두주자이지만 비트(제품 개념과 소프트웨어)만 만들 수 있고, 원자(물리적 제품)는 만들 수 없다. 아이폰 뒷면에 나오는 '캘리포니아에서 설계하고, 중국에서 제조'라는 문구가 단적인 예다.

하지만 스파크펀 공장을 방문하면 생각이 달라질 것이다. 대형 부품업체들과 달리 스파크펀은 판매하는 부품을 거의 다 미국에서, 게다가 땅값이 비싼 볼더에서 제조한다. 여러 개의 산업용 로봇팔이 엄청나게 빠른 속도로 PCB에 반도체와 전자부품을 조립한다. 조립된 PCB는 컨베이어 벨트를 통해 리플로 오븐으로 들어가 납땜 작업을 거친다. 다른 CNC 기계들은 부품과 보드를 준비한다. 24시간 가동되는 공장을 관리하는 직원은 3명이다.

즉, 수백만 개가 아니라 수천 개씩 팔리는 특수주문 제품이라면 미국에서도 전자제품을 만들 수 있다.

킨들Ⅱ와 아이폰은 최신 디스플레이와 가장 빠른 반도체가 필요하다. 이런 부품은 몇몇 아시아 기업만 만든다. 하지만 다른 전자제품은 대부분 최신 부품, 가장 작은 부품, 가장 가벼운 부품, 가장 빠른 부품이 필요 없다. 전자제품을 스마트 온도계나 자동차 계기판이라고 생각해보라. 꼭 애플 제품처럼 최고 성능 부품을 쓸 필요는 없다. 그 대신 중요한 것은 소프트웨어다. 소프트웨어는 미국에서도 할 수 있을 일이다.

소수 소비자를 대상으로 하는 특수 상품들은 이익률이 높고 대기업들과 가격경쟁을 벌일 확률이 낮다. 중간 크기 제조업체들이 공략할 만한 전형적인 틈새시장이다. 글로벌 시장에 팔 수 있고 브랜드를 만들 정도로 큰 시장이지만, 대기업들과 피 말리는 가격경쟁을 벌이고 경기침체와 소비자 취향 변화에 과도하게 노출될 정도로 큰 시장은 아니다.

스파크펀과 대조적으로, 애플 아이폰을 비롯해 미국인이 구매하는 여러 전자제품을 생산하는 중국 기업 폭스콘Foxconn은 직원 수가 100만 명이다. 이는 제2차 세계대전 이후 민간기업 중 월마트에 이어 2위에 해당한다.[40] 폭스콘 공장 단지는 하나의 도시를 형성하고, 폭스콘의 근로조건은 (근로자 자살을 포함해) 뉴스 헤드라인을 장식한다. 폭스콘은 제품을 개발하지 않는다. 다른 기업이 생산을 의뢰한 제품만 생산할 뿐이다. 이는 폭스콘 이익률이 낮다는 뜻이다. 경제학자들은 폭스콘 공장에서 300달러짜리 휴대전화 1대를 조립할 때 폭스콘이 챙기는 돈을 6.5달러 정도로 추산한다.[41] 아이폰에 부품을 공급하는 다른 아시아 기업들도 사정은 마찬가지다. 아이폰에서 나오는 수익은 대부분 아이폰을 디자인한 애플에 돌아간다. 여러분이 창업한다면 어떤 기업으로 키우고 싶은가?

스파크폰은 제품 디자인과 제조를 모두 맡는다. 스파크펀은 소비자 커뮤니티에 기반을 둔 개방형 혁신 모델의 사례다. 스파크펀 제품들은 대부분 오픈소스 하드웨어다. 이는 스파크펀 제품 디자인 파일은 인터넷으로 공개되고, 누구나 수정할 수 있다는 뜻이다. 상당수 제품이 소비자가 디자인하고 스파크펀 엔지니어들이 제조할 수 있도록 약간 개선한 것이다.

반면 스파크펀은 전형적인 커뮤니티 중심 기업이다. 스파크펀 웹사이트를 방문할 때 첫 화면에 뜨는 것은 제품이 아니라 직원들이 찍은 동영상과 블로그 글이다. 스파크펀 커뮤니티는 다른 소비자를 도우려는 소비자로 붐빈다. 매년 스파크펀은 전자제품 축제를 연다. 이 축제에는 로봇을 주제로 노래를 부르는 밴드가 참여하고, 아이들이 장난감 자동차를 타고 논다(나는 이 축제의 항공기 경쟁 부문에 첫해부터 참가했는데 아직 우승하지 못했다). 스파크펀 엔지니어들은 세계 각지에서 열리는 메이커 축제에 참석해 사람들에게 납땜하는 법을 가르친다. 글로 보면 재미없을 것 같지만 실제로 가서 보면 훨씬 재밌다.

스파크펀 직원들은 젊고 열정적이고 자신의 일을 정말로 사랑하는 듯 보인다. 스파크펀은 직원들이 사무실에 개를 데리고 오고, 사무실에서 취미 활동을 하는 것을 허용한다(생산 공장은 예외). 스파크펀의 직장 분위기는 문신과 인디 펑크록이 연상된다. 제조업체라고 해서 분위기가 어두침침하지 않다. 산업혁명 시절의 '어두운 사탄의 공장'과는 거리가 멀다.

스파크펀은 21세기 미국 메이커 제조업 성공 사례로 꼽히며 아시아 기업들과 경쟁에 직면해서도 번창하고 있다. 매출액은 급증하고 끊임없이 일자리를 만들고 있으며 이익률도 높다. 스파크펀 성공 사례를 볼 때 특히 간과하지 말아야 하는 것은 승수효과$^{multiplier\ effect}$(어떤 경제요인의 변화가 다른 경제요인의 변화를 초래해 파급 효과를 낳고, 최종적으로 처음보다 몇 배 큰 변화로 나타나는 총효과―옮긴이)다. 일반적으로 제조업 일자리가 1개 늘면 다른 직종 일자리는 4개가 늘어난다. 하지만 스파크펀은 다른 기업들의 영업을 돕는 기술을 팔고 있으므로 스파크펀의 성장은 더 많은 일자리를 만들고 있다.

얼마나 많은 일자리를 만들고 있을까? 딱 잘라 말하기는 어렵지만 다른 사례를 통해 짐작할 수는 있다. 2012년 페이스북 직원 수는 2,500명이다. 하지만 페이스북 최고운영책임자 셰릴 샌드버그[Sheryl Sandberg]는 3만 명이 넘는 사람이 '페이스북 생태계'에서 일하고 있다고 추산한다. 게임업체 징가[Zynga]처럼 소셜미디어에서 영업하는 기업이 고용하는 직원 수에 기업들이 페이스북을 관리하려고 고용한 '소셜미디어 전문가'들을 더한 수치다. 페이스북 직원 수보다 최소 10배는 많다.

개리 피사노와 윌리 시는 「하버드 비즈니스 리뷰」에 미국 산업경쟁력에 관한 글을 기고해 '산업공유재[industrial commons]', 즉 혁신을 지속할 수 있는 집단 R&D, 엔지니어링, 제조 능력을 재구축해야 한다고 촉구했다. 상품 제조 능력뿐 아니라 발명 능력, 부품 제조 능력, 이 모든 일을 할 세대를 훈련시킬 능력을 키워야 한다.

성공한 기술 기업들이 이러한 능력을 키울 수 있다. 이 기업들의 진정한 낙수효과[trickle-down effect]는 직원 가족들에게 장사하는 세탁소와 피자 가게 숫자로 나타나는 것이 아니라, 다른 기업의 경쟁력 강화를 도와주면서 나타난다. 다시 말해, 성공한 기술 기업들은 새로운 일자리를 만들 뿐 아니라 더 많은 일자리를 창출할 새로운 기업들을 만든다.

스파크펀은 새로운 산업공유재의 허브다. 스파크펀 모델이 얼마나 퍼져 산업공유재를 늘릴지가 관건이다.

10장

자금조달을 위한 협업

은행에서 대출받지 않아도 되는 시대
스타트업 기업을 위한 크라우드 펀딩 사이트

보통 어항에는 해파리를 넣지 않는 게 좋다. 행여 넣었다가는 당혹스러운 일을 겪을 것이다. 해파리가 물 흐름을 따라 물 펌프 흡입구 쪽으로 흘러가다가 흡입구에 빨려 들어가 찢긴다. 그렇지만 해파리를 관상용으로 어항에 넣는 사람들이 있다. 대형 수족관에서 해파리가 평화롭게 물속을 떠다니는 모습을 보면 아름답고 마법 같은 생물이라는 생각이 든다. 투명한 해파리 몸체가 조명을 받아 형형색색으로 빛나면서 떠다니는 모습은 예술적이다. 하지만 집에서 해파리를 키우고 싶다면 수천 달러를 내고 해파리 전용 어항을 사야 한다.

그러나 알렉스 앤돈Alex Andon는 달랐다. 그는 청소년기에 영국령 버진아일랜드를 여행하면서 해파리에 흥미를 느꼈다. 2006년에 듀크대학교 생물학과를 졸업한 그는 바이오테크 업종의 일자리를 구하고

자 샌프란시스코로 왔다. 하지만 그는 샌프란시스코에서 일보다 해파리에 매료됐다. 샌프란시스코 해안은 세계적으로 해파리를 잡기 가장 좋은 곳으로 꼽힌다. 그는 직장을 관두고 친구 집 차고에서 해파리 전용 수족관을 만드는 회사를 창업했다. 회사 이름은 젤리피시 아트라고 지었다. 이 회사는 해파리가 흡입구에 끼는 현상을 방지하는 특수 펌프와 수류 조절 장치를 구비한 해파리 전용 수족관을 제조해 급성장했다. 그는 플랑크톤을 얼려 해파리 사료로 만드는 방법과 작은 보름달물해파리를 산 채로 배송하는 방법을 배웠다.

관상용으로 해파리를 키우는 집이 늘면서, 알렉스 앤돈은 새로운 해파리 전용 수족관을 판매하려고 제품 디자인을 구상했다. 그는 해파리가 수족관 유리나 펌프에 끼는 사태를 방지하고자 층류(일정한 방향을 유지하는 균일한 물의 흐름−옮긴이) 여과 장치를 부착하고, 시각 효과를 극대화하고자 리모컨으로 조절할 수 있는 LED 램프를 부착하고자 했다. 또, 책상에 올려놓을 수 있을 만큼 아담하면서도 해파리 4마리를 키울 수 있을 만큼 넉넉한 수족관을 만들고자 했다.

새로운 수족관을 만들려면 공장 설비가 필요했다. 그러나 이런 일을 하는 데에는 돈이 많이 들었다. 기업가가 다른 곳에서 돈을 끌어와야 했다. 아니면 은행에서 대출을 받든, 벤처 투자가에게 투자를 받는 것이 흔한 방법이었다. 하지만 둘 다 쉽지 않고 위험했다. 은행 대출을 받으려면 재산을 담보로 내놓아야 했고 나중에 이자를 보태 원리금을 상환해야 했다. 벤처 투자가에게 투자를 받으려면 기업 지분의 상당 부분을 넘겨줘야 했다.

하지만 제3의 길이 있었다. 지난 수년 사이 '크라우드 펀딩crowd

funding'이란 투자 형태가 등장했다. 이는 제품 출시를 바라는 잠재적 소비자가 제품 생산에 필요한 자금을 모으는 것을 말한다. 크라우드 펀딩은 여러 가지 형태가 가능하다. 모금 상자를 들고 돌아다닐 수도 있고, 잠재적 소비자에게 차용증을 쓰고 돈을 빌릴 수도 있다.

알렉스 앤돈은 킥스타터Kickstarter라는 웹사이트를 이용해 자금을 모금하기 시작했다. 킥스타터에 자신의 '데스크톱 해파리 탱크'라는 제품 생산 계획을 설명하는 글을 올리고 도움을 호소했다. 그는 350달러 이상 기부한 사람들에게 가장 먼저 정가보다 낮은 가격에 제품을 선주문할 수 있는 권리를 주겠다고 약속했다. 대다수 기부자는 350달러 이상을 기부했다.

알렉스 앤돈은 킥스타터에 글을 올릴 때 최소 목표금액을 설정해야 했다. 글을 올리고 30일 안에 기부의사를 밝힌 사람들의 기부금액 합이 최소 목표금액에 도달하면, 그들이 실제로 돈을 입금하고 알렉스 앤돈은 제품 생산을 진행할 수 있었다. 아무도 돈을 입금하지 않고 최소 목표금액에 도달하지 못하면, 알렉스는 다른 곳을 찾아봐야 했다. 그는 최소 목표금액을 3,000달러로 정했다.

'데스크톱 해파리 탱크' 제조 계획은 24시간 안에 목표금액을 달성했다. 이후 해파리 수족관에 관심 있는 사람들의 입소문을 타 계속 기부자들이 늘었다. 알렉스 앤돈은 한 달간 13만 달러를 기부받고, 330명에게 데스크톱 해파리 탱크를 주문받았다. 그는 이러한 성공에 놀랐다. 그는 집에서 해파리를 키우려는 사람이 많을 것이라고 예상했지만 얼마나 많을지는 확실히 알 방법이 없었다. 하지만 소비자들이 자신이 원하는 제품에 기부하는 킥스타터에서 고객 수를 예측하고 제품을 생산할 수 있었다.

앤돈은 제품 생산에 필요한 자금을 얻었을 뿐 아니라, 제품 주문도 받고 제품 수요가 있다는 확신도 얻었다. 기업 지분을 잃을 위험도 없었다. 이런 도움을 얻기 위해 앤돈이 한 일은 웹사이트에 동영상과 생산 계획을 올린 것뿐이다.

킥스타터

킥스타터 웹사이트는 스타트업 기업가들의 세 가지 문제를 해결해준다. 첫째, 기업가들이 제품을 생산하기 전에 매출을 올리게 해준다. 기업을 창업하는 사람들이 처음에 투자를 유치하는 이유는 제품 개발, 재료 구매, 제조에 드는 비용을 충당하기 위해서다. 제품을 출시해서 팔아야만 돈이 들어오기 때문에 그전에는 투자를 받아야 한다. 하지만 킥스타터 웹사이트를 이용하면 제품을 출시하기도 전에 선판매할 수 있다. 스타트업 기업가들이 벤처 캐피털리스트나 은행에 의존하지 않아도 필요한 시기에 돈을 조달할 수 있다.

둘째, 킥스타터 웹사이트는 소비자를 커뮤니티로 전환한다. 소비자는 프로젝트를 후원하면서 제품을 선구매하는 것 이상의 일을 한다. 제작팀이 후원자들에게 제품 생산 진행 상황을 계속 알려주고, 후원자들은 토론과 아이디어 제안으로 제작팀에 피드백을 준다. 이러한 과정은 프로젝트 참여의식을 고양하고 후원자들이 제품을 적극 홍보하도록 북돋는다. 이러한 후원자들 덕분에 제품이 성공할 확률이 높아진다.

셋째, 킥스타터 웹사이트는 스타트업 기업에 가장 중요한 서비스를 제공한다. 그것은 바로 시장조사다. 킥스타터에서 모금 목표액도 채우지 못한 제품이라면 출시해봤자 실패할 확률이 높다. 제품을 개발하고 제조하기 전에 손실위험 없이 소비자 반응을 살펴보는 기회는 대다수 신생기업이 얻지 못하는 귀중한 것이다.

이처럼 기업 창업자들에게 소중한 기회를 주는 킥스타터는 웹의 등장 이전에는 존재할 수 없었다. 이러한 유형의 크라우드 펀딩이 제공하는 것은 단순하다. 어떤 제품을 가장 원하는 사람들에게 실제로 제품이 출시되도록 돕는 방법을 제공한다. 소비자는 제품 가격보다 적은 돈을 내는 것만으로도 소기업에서 혁신이 일어나는 것을 가로막는 최대 장벽을 제거한다. 그 장벽이란 초기 자본 마련의 어려움이다.

게다가 웹은 이러한 소비자들을 찾아준다. 웹이 없었다면 기업가가 무엇을 보고 해파리 수족관 시장 규모를 파악했겠는가? 물고기 수족관을 가진 사람? 수족관 장식용 램프를 가진 사람? 키네틱 아트^{kinetic} ^{art}(움직이는 물체를 이용한 예술-옮긴이)를 좋아하는 사람? 이러한 사람들의 수를 파악한다고 해도 완전히 새로운 종류의 소비자(책상에 해파리 수족관을 올려다놓을 사람) 수가 얼마나 될지 알 방법이 없다. 시장조사에 많은 비용이 들 것이다.

킥스타터를 비롯한 웹사이트들은 소비자들과 기업가들을 연결시켜 준다. 이러한 웹사이트들은 궁극적인 사회적 자본이다. 한 프로젝트에 관한 정보가 다양한 경로를 통한 입소문으로 잠재적 소비자들에게 전달된다. 전달되는 경로는 평범하다. 이메일, 트위터, 페이스북 같은 소셜미디어다. 하지만 웹은 실로 다양한 소비자를 마법처럼 연결한다.

독자가 웹사이트를 방문하지 않더라도 킥스타터에 올라온 프로젝트를 알 수 있는 경로가 많다. 친구가 말해줘서 알 수도 있고, 다른 사람이 트위터에 올린 글을 보고 알 수도 있고, 언론 보도를 보고 알 수도 있다. 여기에 반응한 사람은 프로젝트의 잠재적 소비자다.

스타트업 기업가들은 킥스타터를 방문하지 않는 잠재적 소비자들도 파악할 수 있다. 킥스타터 같은 웹사이트가 없었다면 불가능한 일이다. 킥스타터는 투자유치뿐 아니라 시장조사도 할 수 있다. 웹이 등장하기 전에는 파악할 수 없었을 수요도 파악할 수 있게 됐다.

메이커 VS 다국적 기업

2012년 4월 12일, 소니는 스마트워치 신제품을 발표했다. 이 신제품은 손목시계처럼 손목에 찰 수 있는 150달러짜리 기계로 블루투스 기술로 휴대전화와 연결해 문자와 이메일을 보여준다. 예전 같았으면 모든 언론이 대서특필했겠지만, 이날 소니의 신제품 발표는 완전히 묻혔다. 바로 하루 전에 팔로 알토에 있는 아파트 1층에서 제품을 개발한 작은 스타트업 팀이 자신들의 스마트워치 프로젝트를 킥스타터에 올렸기 때문이다. 엔지니어와 프로그래머로 구성된 이 팀이 만들려는 페블Pebble 스마트워치가 소니의 스마트워치보다 나았다.

페플Pebble 스마트워치는 햇빛이 비춰도 글자를 읽을 수 있는 전자종이 디스플레이를 사용해 소니의 칼라 OLED 디스플레이보다 야외에서 사용하기 편하다. 칼라 OLED 디스플레이는 컴퓨터 모니터로는 적합하지만 햇빛이 비치는 야외에서 건전지 용량이 적은 손목시계용으로 사용하기에는 적합하지 않다. 또, 칼라 OLED 디스플레이로 스마트워치를 만들면 1970년대 나온 LED 전자시계처럼 버튼을 누르거나 시계를 흔들어야 글자를 볼 수 있다. 안드로이드폰만 연동하는 소니 스마트워치와 달리 페블 스마트워치는 안드로이드폰과 아이폰 모두 연동한다. 소니 스마트워치는 유럽에서 몇 달 전부터 판매됐지만, 페블 스마트워치에서 사용가능한 앱이 더 많았다. 그리고 페블 스마트워치 가격은 소니 스마트워치보다 25퍼센트 가까이 낮은 115달러였다.

즉, 메이커 스타일의 기업가 몇 명이 세계 최대 전자회사보다 설계, 마케팅, 가격 면에서 앞선 제품을 제조하겠다는 프로젝트를 발표한 것이다. 킥스타터 덕분에 페블 스마트워치는 소니 스마트워치 판매량을 앞지를 준비를 마쳤다.

페블 팀이 킥스타터에서 모금하기로 설정한 최소 목표금액은 10만 달러였는데 2시간 만에 이 목표를 달성했다(나도 초기에 후원을 결정했다). 페블 팀이 프로젝트를 올린 첫날에 모금한 금액은 100만 달러를 넘었다. 일주일 만에 킥스타터 역대 기록인 334만 달러를 돌파했다. 3주일이 조금 지나자 페블 팀이 후원받은 금액은 1,000만 달러를 돌파했고, 선판매한 스마트워치 물량은 8만 5,000대를 돌파했다. 그러자 페블 팀은 제품 매진을 선언하고 비행기를 타고 홍콩에 가서 스마트워치 8만 5,000대를 제조할 방법을 모색했다. 페블 팀은 이전에도 스마트워치를 제조한 적이 있지만, 가장 많이 제조한 모델도 1,500대에 불과했다. 페블 팀의 한 달에 걸친 킥스타터 모금 활동 기간이 끝나기 전에 스마트워치는 역사상 가장 많이 팔린 스마트워치로 등극했다. 아직 한 대도 만들기 전에 말이다.

특히 흥미로운 점은 디자인 팀이 소비자들에게 반응한 방식이다. 후원자들이 방수기능이 뛰어난 스마트워치를 원하자 페블 팀은 손목에 차고 수영할 수 있는 스마트워치를 설계했다. 후원자들이 기존의 블루투스 2.0(또는 소니가 스마트워치에 사용한 블루투스 3.0)보다 전력소비가 적은 블루투스 4.0 기능을 요구했다. 밀려드는 주문에 고무된 페블 팀은 제품에 적합한 블루투스 4.0 부품을 찾아 디자인에 추가했다.

페블 팀이 개선한 요소는 이러한 소비자의 요구뿐만이 아니다. 페블 팀은 '사물 인터넷' 장치인 트와인Twine을 비롯한 다른 킥스타터 프로젝트와 연계하겠다고 발표했다. 이 사물 인터넷 장치를 추가한 덕분에 스마트워치에 다양한 기능이 추가됐다. 가령 스마트워치를 착용한 소비자는 다른 사람이 집을 방문해 현관에서 문을 두드릴 때 스마트워치로 신호를 받을 수 있다.

내가 이 글을 쓰고 있는 시점에 페블은 아직 이 제품을 한 대도 출시하지 않았고(2012년 9월 출시예정) 어쩌면 생산 차질로 출시 일자가 늦춰질 수도 있다. 아직 출시하지 않았지만 페블 스마트워치의 사례는 크라우드 펀딩을 이용하는 작은 팀이 제품 개발, 자금 조달, 마케팅 등 모든 측면에서 거대 전자기업보다 빠르게 움직일 수 있다는 사실을 보여준다.

　물론 페블 팀은 스마트워치를 처음 만든 아마추어들의 모임이 아니다. 페블 팀은 3년 전에 결성해 자금을 모금하고 블랙베리 사에 스마트워치를 공급한 전력이 있다. 당시 이 제품은 성공을 거두지 못했다. 하지만 페블 팀은 여전히 20대들로 구성된 스타트업 기업이다. 페블 팀은 다른 메이커들과 마찬가지로 3차원 프린터와 아두이노 오픈소스 프로세서 보드로 시제품을 만들고 여러 시행착오를 거치면서 학습한다. 페블 팀은 킥스타터 웹사이트를 통해 자금을 조달하고 히트 상품을 출시할 기회를 얻었다.

크라우드 펀딩

갈수록 크라우드 펀딩 규모가 급성장하고 월스트리트부터 백악관까지 각계의 관심을 받고 있다. 크라우드 펀딩은 기업에 기부하거나 제품을 선주문하는 것이고, 크라우드 펀딩의 다음 단계는 기업 자체에 투자하는 것이다. 하지만 이러한 투자는 증권거래위원회가 (개인투자자들을 보호하기 위해) 엄격히 규제하고 있고, 전문투자자들만 가능하다.

　하지만 오렐리 웹사이트에 올라온 분석 기사에서 폴 스핀래드[Paul Spinrad]는 다음과 같이 지적했다.

　이러한 법들은 비전문 투자자들이 사기 당하는 것을 방지하기 위해 만들어졌지만, 사람들이 이웃집 사업이나 자신이 속한 커뮤니티 구성원이 시작한 사업에 투자하는 것을 가로막는다. 사무실에서 서류만 들여다보는 증권거래위원회 직원들보다 같은 커뮤니티에 있는 사람들이 사업의 위험을 잘 파악하고 현명하게 투자할 가능성이 있는데도 법이 투자자 보호라는 명목으로 가로막고 있다. 이 때문에 현재 투자 산업을 주도하는 사람은 대중이 낸 돈을 운용하는 자산관리 전문가들이다. 정작 사람들은 자신이 속한 커뮤니티의 사업에 투자할 수 없고, 비지역적인 거대 투자 상품만 선택할 수 있다.[42]

몇몇 기업가나 IT 리더뿐 아니라 우피 골드버그$^{Whoopi\ Goldberg}$를 비롯한 명사들도 개인이 소액(1만 달러 미만 또는 투자자가 전년도에 올린 수입의 10퍼센트 미만)을 기업에 투자할 수 있도록 법안을 개정해달라고 의회에 청원했다.

그 결과 크라우드 펀딩이 2012년 4월 오바마 대통령이 서명한 잡스법$^{JOBS,\ Jumpstart\ Our\ Business\ Startups\ Act}$(신생기업지원법)에 포함돼 법으로 허용됐다. 이 법안의 발효로 소기업들이 로켓허브^{RocketHub}, 크라우드 펀더^{Crowdfunder}, 론치트^{Launcht} 같은 웹 기반 크라우드 펀딩 사이트들을 통해 일반인에게 100만 달러까지 투자받을 수 있게 됐다. 월스트리트 금융사들에 투자를 받으려면 힘든 회계 정리 작업과 기업 공개 절차를 거쳐야 하는데, 크라우드 펀딩은 이런 절차가 필요 없다.[43] 일부 사람들은 이러한 주식 기반 투자가 (킥스타터의 단순한 선주문과 기부 행위에 비해) 사기로 이어질 가능성이 높다고 우려하지만, 증권거래위원회가 크라우드 펀딩 웹사이트들을 규제해 자체 정화를 유도할 것이라고 낙관하는 사람들도 있다. 그리고 투자 금액이 적기에 사기로 입는 손실도 적다.

지금 미국 경제에 중요한 것은 전통적 금융업의 위축을 무릅쓰고라도 혁신을 일으킬 수 있는 경제 엔진의 시동을 거는 것이다. 도미닉 바술토Dominic Basulto는 「워싱턴 포스트Washington Post」에 다음과 같은 글을 기고했다. "경제학자들은 인식하고 못하고 있지만, 지금 미국에는 독특한 언더그라운드 벤처 캐피털 경제가 부상하고 있다. 전통적 경제 측정 방법에 따르면, 미국의 경제성장률은 예전보다 떨어진 듯 보인다. 하지만 전통적 경제 측정 방법은 킥스타터와 같은 DIY 사이트들의 경제활동을 집계하지 않는다."[44]

스타트업 기업을 위한 크라우드 펀딩

크라우드 펀딩 모델의 강점을 알아보기 위해 해파리 수족관 사례로 돌아가서 생각해보자. 알렉스 앤돈이 은행에서 대출받거나 전통적 벤처 투자자들에게 투자받는 대신 킥스타터를 이용해 프로젝트 자금을 조달해서 얻은 이익을 생각해보라.

1. 이자를 지불하거나 기업 지분을 넘기지 않고 자금을 조달했다.
2. 자금 조달 과정이 무료 시장조사의 역할을 겸했다. 처음에 설정한 목표액을 채우지 못하면 해파리 수족관을 출시하지 못했을

것이다. 미래의 소비자에게 직접 모금하면 제품이 시장에서 통할 확률을 가늠할 수 있다.

3. 공개적인 모금 활동은 블로그부터 텔레비전까지 모든 매체의 관심을 받을 수 있어, 돈 들이지 않고 마케팅 효과를 볼 수 있다. 풀뿌리 모금으로 입소문 효과를 일으켜 소비자들의 지지를 얻을 수 있다.

크라우드 펀딩은 제조자 운동을 위한 벤처 캐피털이다. 생산도구의 민주화가 새로운 생산자 계층을 창조했듯 자금 조달 도구의 민주화가 새로운 투자자 계층을 창조했다. 새로운 투자자 계층은 한 기업에 투자하는 것이 아니라 한 제품 또는 더 정확히 말해 한 제품 아이디어에 투자한다. 새로운 투자자 계층은 금융소득을 보상으로 바라기보다는 실제로 제품을 얻는 것을 큰 보상으로 여기거나 제품 출시에 자신이 기여했다는 사실에서 심리적 보상을 얻는다.

킥스타터는 '공개 제작' 과정을 통해 제품 개발을 마케팅으로 연결시킨다. 프로젝트 크리에이터creator는 자신의 아이디어를 게시판에 올리고, 제품을 출시할 때까지 개발 진척 상황을 보고한다. 후원자들이 댓글을 달고 개발자가 답한다. 이런 피드백을 통해 제품이 진화한다. 이러한 공개적 제조 과정은 제품 생산에 필요한 자금을 조달할 뿐 아니라 소비자와 유대를 형성해 제품이 판매될 확률을 높인다. 후원자들은 돈을 기부했을 뿐 아니라 제품 개발 과정에서 자신의 생각을 반영했기에 제품에 애착을 느낀다. 공개적 제조는 효율적 광고 수단이기도 하다. 오히려 소비자가 제조자에게 돈을 쥐가면서 제품을 홍보해준다. 광고업계는 긴장해야 할 것이다. 게다가 공개적 제조 과정은 재밌다. 세라 돕Sarah Dopp은 웹커뮤니티 블로그 컬처컨덕터Culture Conductor 에서 다음과 같이 설명했다.

> 킥스타터의 마법은 자금 조달 행위를 게임으로 만들었다는 점이다. 이 게임의 규칙은 다음과 같다.
>
> 1. 마감일을 설정하라. 한정된 기간에 캠페인을 펼칠 것이라고 사람들에게 알려라.
> 2. 최소 모금목표를 정하라. 다른 사람들이 목표 금액만큼 기부해주지 않으면 제품을 생산하지 못할 것이다.
> 3. 마감일과 최소 모금목표를 지켜라. 캠페인은 마감일에 끝나야 하며, 마감일까지 목표 금액을 채우지 못했으면 프로젝트를 더 진행하지 않는다. 이 부분이 킥스타터에서 성공하는 비결이다. 엄격한 규칙을 적용하기에 잠정적 소비자들이 더 열성적으로 참여한다.
> 4. 기부자들을 기부금액에 따라 몇 단계로 분류해 각기 다른 수준의 선물을 기부자들에게 약속하라.
> 5. 기부자들이 프로젝트를 완전히 소유하도록 하라. 기부는 투자가 아니다. 기부는 후원이자 선판매이자, 선의다.[45]

물론 킥스타터를 통한 공개적 제조에도 위험이 있다. 기업가가 꼭 제품을 만들 것이란 보장도 없고, 약속한 것보다 실망스러운 제품을 만들 수도 있다. 제품 출시까지 얼마나 오랜 시간이 걸릴지 기약이 없다. 기업가가 잠적하면 기부자들이 돈을 돌려받을 방법이 마땅치 않다.

기업가가 제품을 생산해서 기부자들에게 보답하겠다고 약속해도, 이 약속에는 법적 구속력이 없다.

킥스타터, 인디고고IndeGoGo, 로켓허브, 펀디드바이미Funded By Me 등 크라우드 펀딩 사이트들은 사기 행위나 비효율적 생산을 방지하기 위해 정교하게 위험을 측정하는 후원자들의 지혜와 투명성에 의존한다. 크라우드 펀딩 사이트들은 후원자들에게 아무런 보호 수단을 제공하지 못하고, 후원자 자신이 조심해서 판단하라고 맡긴다. 크라우드 펀딩 사이트들은 후원자들에게 다음과 같이 조언한다.

각 프로젝트를 설계하고 책임지는 사람은 크리에이터뿐이다. 프로젝트를 성공적으로 수행할 수 있다고 설득하고 후원자를 얻는 것은 크리에이터의 몫이다. 개인적으로 알지 못하는 후원자들의 신뢰를 얻는 것도 크리에이터가 해야 할 일이다. 웹은 크리에이터의 과거를 알려준다. 후원자들은 이전에 어떤 프로젝트를 추진해 어떤 성과를 올렸는지 공개하길 거부하는 크리에이터를 특히 더 조심해야 한다. 제품화된다면 너무나 환상적으로 좋은 프로젝트도 조심해야 한다.

킥스타터가 신생기업의 자금 조달과 투자자 유치를 돕는 웹사이트였다면, 증권거래위원회의 규제 대상에 포함돼 온갖 법률과 규제를 적용받았을 것이다. 하지만 킥스타터는 그런 웹사이트로 분류되지 않기에 증권거래위원회의 규제를 받지 않는다. 킥스타터는 자신이 원하는 제품을 만들 아이디어에 기부할 플랫폼을 사람들에게 제공할 뿐이다. 킥스타터에서 사람들이 기부하는 대상은 기업이 아니라 특정 프로젝트다.

킥스타터를 비롯한 크라우드 펀딩 사이트들은 이런 식으로 많은 신생기업의 자금 조달을 가로막는 여러 장벽을 우회한다. 기부자들은 자신에게 부담되지 않을 만큼만 기부하고, 자신이 원하고 이해하는 제품만 후원한다.

상당수 후원자들은 실망할 것이다. 대다수 프로젝트 크리에이터는 아이디어는 좋지만 제조업 경험은 없는 순진한 발명가일 뿐이다. 많은 크리에이터가 제조 비용을 심각하게 과소평가해 약속한 가격대로 제품을 출시하지 못한다. 프로젝트 팀이 해체되거나, 팀원들의 개인적 문제가 불거지거나, 일부 팀원이 지쳐서 떨어져나갈 수도 있다. 그리고 기부자의 돈을 횡령하는 사람이 나올 수 있다. 하지만 지금까지는 크라우드 펀딩 사이트들이 자체 정화 노력으로 투명성과 책임의식을 제고하고 사회적 지지를 얻고 있다. 이에 따라 크라우드 펀딩 서비스가 놀라운 속도로 성장하고 있다.

킥스타터가 문을 연 지 3년이 지난 2012년 5월을 기준으로 킥스타터에서 출범한 프로젝트는 4만 7,000개가 넘고, 이 중 40퍼센트 이상이 총 1억 7,500만 달러를 모금했다.[46] 이 중 1만 개가 넘는 프로젝트가 애초 설정한 목표금액을 모금해 프로젝트 크리에이터들에게 6,000만 달러가 갔다. 대부분은 음악, 영화 등 문화상품을 제작하는 수천 달러 규모의 프로젝트지만(이것이 원래 킥스타터가 문을 연 이유다) 물리적 제품을 만드는 프로젝트도 수백 개 성공했다. 10만 달러가 넘는 기부를 받은 물리적 제품 제조 프로젝트도 20여 개나 된다. 해파리 수족관 제조 프로젝트가 그 예다.

스콧 윌슨Scott Wilson의 프로젝트도 10만 달러가 넘는 기부를 받았다. 스콧 윌슨은 나이키에서 크리에이티브 디렉터로 근무한 경력이 있기에, 굳이 크라우드 펀딩을 받지 않아도 아이팟 나노를 손목시계처럼 손목에 차고 다니는 끈을 제조하는 데 필요한 자금을 조달할 수 있었다. 하지만 스콧 윌슨은 잠정적 소비자들에게 피드백을 받고 간단하게 자금을 조달하고자 킥스타터를 이용했다. 스콧 윌슨이 킥스타터에 올린 틱톡 루나틱TikTok+LunaTik 프로젝트는 100만 달러 가까운 기부를 받았다. 킥스타터 모금 기간이 끝나고 60일이 지난 2010년 12월에 윌슨은 2만 개가 넘는 손목시계 케이스를 소비자에게 보냈다.

스콧 윌슨은 지루한 제품 개발 과정을 거치기 싫어서 킥스타터를 이용했다. 기업에서는 제품을 개발하면 단계별로 수많은 결제를 받아야 한다. 제품 개발 관리자들은 진정한 혁신을 회피하고 여러 번 검증된 방식을 선호한다. 카일 애들러Carlye Adler는 「와이어드」에서 다음과 같이 기술했다.

오랫동안 미국 발명가들은 '더 나은 쥐덫을 발명하면 기업 관계자들이 집에 찾아와서 제품 출시를 논의할 것'이라고 생각했다. 하지만 현실은 녹록하지 않다. 발명가가 더 나은 쥐덫을 발명해도 극도로 운이 좋아야 제품화에 관심이 있는 기업을 만날 수 있다. 그리고 기업에서 제품화하는 과정에서 수많은 부서가 이익을 낼 수 있는 방법과 더 싸게 제조하는 방법을 모색한다. 결국 시장에 나오는 제품은 당초 발명가가 만든 시제품과는 완전히 다른, 무난하지만 진부한 제품이기 십상이다.[47]

토목기사 피터 더링$^{Peter\ Dering}$은 또 다른 킥스타터 성공 사례다. 아내가 출산할 예정이었던 그는 옷이나 가방에 쉽게 카메라를 부착할 수 있는 캡처^{Capture}라는 장치를 구상했다. 그는 카메라 부속품 회사에 가지 않고 혼자서 제품화하기로 했다. 그가 킥스타터에 올린 프로젝트는 5,000명이 넘는 후원자에게서 36만 5,000달러를 기부받았다. 그는 킥스타터 덕분에 인생이 바뀌었다고 적었다. "2011년 5월 2일 나는 꿈을 안고 캡처 프로젝트를 시작했다. 75일 뒤 나는 제조업 사업을 하는 아버지가 됐다."

킥스타터에서 오픈소스 손전등 프로젝트는 26만 달러를 기부받았다. 스테인리스 펜 프로젝트는 28만 2,000달러를 기부받았다. 캠핑용 그물침대 프로젝트는 20만 9,000달러를 기부받았다. 이밖에도 수백 개의 프로젝트들이 성공을 거뒀다. 참고로 나는 어린이용 세 줄 기타부터 CNC 기계까지 수많은 프로젝트에 기부했다. 킥스타터는 발명가들이 가장 선호하는 크라우드 펀딩 사이트가 됐다. 발명가들은 프로젝트를 설명하고 기부를 호소하는 동영상을 킥스타터에 올린다.

킥스타터 설립

킥스타터는 2009년에 문을 열었지만, 기원은 그 이전으로 거슬러 올라간다. 킥스타터의 공동 창업자인 페리 첸$^{Perry\ Chen}$은 2002년 뉴올리언스의 프렌치쿼터에 살고 있었다. 당시 그는 전자음악을 제작하면서 장래에 오스트리아 DJ 크루더^{Kruder}와 도르프마이스터^{Dorfmeister}와 함께 DJ 콘서트를 열 꿈을 꾸고 있었다. 문제는 DJ 콘서트를 열려면 선불로 1만 5,000달러의 비용을 지출해야 한다는 점이었다. 지금이야 크루더와 도르프마이스터가 DJ 업계에서 유명하지만 당시에는 무명이었다. DJ 콘서트를 열었는데 사람들이 오지 않으면 큰 손실을 입을 판이었다.

페리 첸은 너무 손실 위험이 커서 콘서트를 열지 못했다. 그는 그 후로 계속 이 문제를 생각했다. 무명의 DJ가 콘서트를 열면 관객이 적게 와서 큰 적자를 볼 확률이 높다. 큰 적자를 감당할 수 있는 사람은 별로 없다. 그렇다면 콘서트를 열기 전에 관객에게 티켓을 판매하고, 판매 수입으로 콘서트 비용을 감당할 수 없다면 콘서트를 취소하고 돈을 돌려주면 어떨까? 그러면 주최자가 돈을 잃을 위험도 없고, 수익이 날 콘서트에만 밴드를 부르면 된다.

몇 년 뒤, 페리 첸은 브루클린으로 이사가 '다이너^{Diner}'라는 힙스터 식당에서 웨이터로 일했다. 훗날 킥스타터의 공동 창업자이자 대표가 될 얀시 스트리클러^{Yancey Strickler}가 브런치를 먹으려고 이 식당을 자주 찾았다. 페리 첸은 그에게 자신의 아이디어를 얘기했다. 웹이 대중화되기 전에는 프로젝트 추진비를 미리 모금한다는 개념을 이론적으론 생각할 수 있어도, 현실에서 실행하기 어려웠다. 하지만 웹이 대중화되면서 이 개념을 시도할 수 있게 됐다. 스트리클러는 가능성이 있는 얘기라고 봤다. 첸은 "그해 얀시 스트리클러가 웨이터에게 들은 얘기 중 가장 아이디어가 번뜩이는 얘기였을 것"이라고 카일 애들러에게 말했다. 그 후 페리 첸과 얀시 스트리클러는 함께 킥스타터 웹사이트를 만들어 시험해보기로 했다.

오늘날 킥스타터는 인디 문화계에 계속 머무르려고 노력하는 IT 기업이다. 뉴욕 맨해튼의 로어 이스트 사이드 리빙턴 스트리트 155번지에 있는 킥스타터 본사를 방문하면 수백만 달러 규모의 IT 기업일 것이라고 생각하기 어렵다. 건물 정면에 보이는 글자는 황금색으로 칠한 '속옷underwear'이란 글자뿐이다. 이곳은 킥스타터가 입주하기 전에는 속옷 가게가 있던 곳이다. 건물 입구를 보면 꼭 음악 클럽 같다.

첸과 스트리클러는 킥스타터가 물리적 제품의 제조 자금을 모으는 사이트로 급성장하고 있는 현실에 여전히 얼떨떨해한다. 원래 두 사람은 대기업들이 관심을 보이지 않을 만한 음악, 영화, 예술, 연극, 만화, 패션을 제작하려는 사람들을 지원하고자 킥스타터 웹사이트를 개설했다. 하지만 창의적 인재들이 몰리면서 물리적 제품 제조 프로젝트에 더 많은 관심이 쏟아졌다.

예술과 물리적 제품을 딱 잘라 구분하는 것은 어려우므로 운영진은 두 영역을 구분하지 않았다. 25명으로 구성된 운영진은 방문자들이 사이트에 제출한 프로젝트를 보고 설득력 있게 설명한 프로젝트들을 골라 다른 방문자들이 볼 수 있게 한다. 킥스타터에서 가장 활발하게 기부 받는 프로젝트들은 소비재 제조 프로젝트다. 대형 제조업체들이 이미 출시한 상품과 비슷하지만 특별한 기능을 더한 상품 제조 아이디어가 많은 기부금을 받는다.

쿼키

프로젝트들이 당초 목표대로 기부를 받은 다음에는 크리에이터들이 상품 제조 과정에 상당한 권한을 행사할 수 있다. 제품 생산 과정을 통틀어봤을 때, 아이디어를 구상하는 과정은 쉽다. 공급망 관리 과정과 제조 과정이 훨씬 어렵다. 아이디어는 커뮤니티에서 얻고, 공장 생산과 관련한 모든 어려운 과정은 제품 개발 전문가 팀에 도움을 얻는 것은 어떨까? 이것이 바로 쿼키^{Quirky}의 모델이다. 쿼키는 킥스타터와 비슷한 시기인 2009년에 출범해 급성장하고 있는 소셜 프로덕트 개발 서비스다.

쿼키의 창업자 벤 카프먼^{Ben Kauffman}는 고등학교 2학년 때 처음으로 사업을 시작했다. 내가 이 글을 쓰고 있는 시점에 그의 나이는 24세다. 당시 그는 부모를 설득해 주택담보대출로 아이팟 부속품을 디자인하고 만드는 회사를 설립했다. 카프먼은 2007년에 이 회사를 매각했다. 그다음에 추진한 사업은 사람들이 아이디어에 투표하고 개선 방법을 제안하는 사이트를 만드는 것이다. 이 사이트는 독자적으로 성공하지 못했지만 쿼키의 기술적 기반이 됐다. 쿼키는 군중이 아이디어를 모아 더 나은 제품을 개발하자는 취지로 출발한 사이트다.

오늘날 쿼키는 이보다 훨씬 확장됐다. 쿼키 커뮤니티가 발명한 신제품이 매주 2개씩 생산에 들어간다. 주로 50달러 이하 가격대의 집안에서 사용하는 생활용품이다. 쿼키와 제휴한 가정용품 소매점 베드 배스 앤 비욘드^{Bed Bath & Beyond}에는 쿼키 제품만 진열해놓은 선반이 있다. 세상을 바꿀 만한 제품은 없지만, 쿼키 제품은 대체로 디자인이 좋고 매력적이고 실용적이다. 쿼키 제품 목록을 보면 누구나 1개쯤 구매하고 싶은 욕구가 생긴다.

내가 이 글을 쓰는 시점에 쿼키 제품 중 가장 인기를 끄는 상품은 위스콘신 주 밀워키에 사는 프로그래머 제이크 자인Jake Zein이 디자인한 '피봇 파워Pivot Power'다. 이 상품은 멀티탭인데 보통 멀티탭과 다른 점은 각 콘센트가 회전 가능해 큰 플러그를 꽂은 콘센트 옆에 있는 콘센트도 사용할 수 있다는 것이다. 전형적인 쿼키 제품이다. 생활 속 문제를 해결해주고 디자인이 좋다. 꼭 필요한 물건은 아니지만 일단 보고 나면 사고 싶은 마음이 든다.

이는 우연이 아니다. 쿼키 제품들은 군중의 검토를 거쳐 개발됐다. 여러 단계 검토를 거치면서 나쁜 아이디어는 버려지고 좋은 아이디어는 개선된다. 모든 쿼키 제품은 수백 명의 참여(아이디어 제시, 투표)를 통해 제품화됐다. 놀랍게도, 제품 아이디어를 낸 사람은 물론 좋아하는 디자인에 투표한 사람까지 최종 제품에 '영향'을 미친 모든 참여자들이 보상받는다.

대다수 참여자에게 돌아가는 보상은 몇 푼 안 되지만, 처음 제품 아이디어를 낸 발명가는 수천 달러를 번다. 떼돈은 아니지만 푼돈도 아니다. 그리고 많이 일할 필요도 없다. 그저 아이디어를 기술하고 제품 구상도를 몇 장 제출하면 된다. 쿼키 홈페이지Quirky.com에서 판매한 제품 매출액의 30퍼센트와 제휴 소매점에서 판매한 쿼키 제품 매출액의 10퍼센트는 커뮤니티 참여자에게 보상금으로 돌아간다. 이중 35퍼센트는 발명가에게 가고, 나머지는 제품 개선에 기여했거나 최종 디자인에 투표한 참여자에게 간다. 쿼키 제품 개발 과정은 다음과 같다.

- 누구든 아이디어를 제출할 수 있지만 10달러를 내야 한다. 광고 글로 게시판을 도배하는 사람을 막기 위해서다.
- 커뮤니티 회원들은 좋아하는 아이디어에 투표하고 댓글을 단다.
- 가장 많은 표를 받은 아이디어는 다음 단계인 디자인으로 넘어 간다. 발명가와 쿼키에서 일하는 디자이너가 각각 디자인을 제 출한다. 가장 많은 표를 받은 디자인이 다음 단계로 넘어간다.
- 커뮤니티 회원들의 투표를 통해 상품명, 상품 설명 문구, 기능 목록을 비롯한 브랜드화 작업을 진행한다. 쿼키에서는 투표에 영향력을 미친다고 표현한다.
- 쿼키에서 일하는 엔지니어들이 회원들이 선정한 디자인을 제조 가능하게 만들고 공장과 협의해 제품화한다.

킥스타터와 마찬가지로, 쿼키에도 카운트다운 시계와 경쟁이 있어 게임하는 기분으로 참여할 수 있다. 아이디어가 없는 사람도 투표로 제품 개선 과정에 참여할 수 있다. 언어 감각이 있는 사람은 상품명이 나 상품 설명 문구 선정 과정에 투표하면 되고, 미적 감각이 있는 사 람은 디자인 선정 과정에 투표하면 된다. 수십 개 프로젝트에 투표한 사람은 수천 달러를 받을 수도 있다. 그들은 투표가 중독성이 있다고 말한다. 쿼키에서 투표는 아이디어 개선에 참여하는 과정이지만, 어 떤 아이디어가 성공할지 예측한다는 점에서 도박하는 기분이 든다.

쿼키 커뮤니티에서 실시하는 투표는 크라우드 소싱 시장 조사 과 정이다. 각 제품 개발 단계마다 많은 피드백을 받기에 제품이 실패할 위험을 줄일 수 있다. 가장 많은 표를 받는 제품이 가장 높은 매출액을 올릴 확률이 높다. 쿼키에서 일하는 엔지니어와 전문 디자이너들은 성공 확률이 가장 높은 제품에만 시간을 투입할 수 있다. 킥스타터와 마찬가지로 쿼키도 선판매 전략을 사용한다. 선구매를 신청한 사람이 일정 수에 도달해야만 제품이 공장에서 만들어진다(제품이 생산에 들어갈 때만 신청자의 신용카드에 구매 비용이 청구된다).

쿼키에서는 손에 기름때를 묻혀가며 물건을 제작할 마음이 없는 사람도 제작에 참여할 수 있다. 시제품을 손수 만들지 않더라도, 아이디어가 현실 속의 제품으로 바뀌는 모든 단계에 참여할 수 있다. 모든 물리적 작업은 3차원 프린터를 비롯한 갖가지 디지털 시제품 제작도구를 갖춘 쿼키 사무실에서 쿼키 직원들이 맡는다. 제품 생산은 주로 중국에 있는 쿼키 협력업체 공장 근로자들이 맡는다. 커뮤니티는 최종 제품에 영향을 미칠 수는 있지만 최종 제품을 완전히 통제할 수는 없다. 결국 커뮤니티 회원들은 전문 디자인 팀이 더 신속하게 더 나은 제품을 만들도록 돕는 역할을 한다. 그 대신 쿼키는 참여한 커뮤니티 회원들에게 돈과 명예를 보상으로 제공한다.

에치

마지막으로 소개할 메이커 시장은 에치다. 에치는 지금까지 소개한 메이커 시장 셋 중 가장 크다. 2005년 출범한 에치는 현재 회원 수가 1,500만 명, 2011년 매출액은 5억 달러다. 2012년 4월 기준으로 에치 직원 수는 300명, 월 매출액은 6,500만 달러, 월 판매자 수는 87만 5,000명, 월 방문객 수는 4,000만 명이다.[48] 추정가치가 6억 8,800만 달러에 달하는 에치는 폭발적으로 성장하고 있다. 에치는 사물의 롱테일 법칙이 통하는 고성장 시장이라는 점에서 1990년대 초 이베이를 너무도 닮았다.

에치에서는 무엇을 파는가? 간단히 말해, 수공예품이다. 지금까지 에치가 판매한 상품은 순수예술 작품부터 보석류, 자수 공예품까지 무척 다양하다. 에치에서 판매하는 모든 상품은 손으로 만든 것이다. 생산 과정에서 기계를 사용해도 되지만, 일부 과정은 수작업으로 해야 한다.

나는 딸이 맥북 컴퓨터에 붙일 판다 스티커를 비롯해 많은 에치 제품을 구매했다. 록밴드 포스터처럼 과학자들의 모습을 새긴 실크 스크린 포스터를 에치에서 구매해 내 워크숍 벽에 붙여놓았다. 내 사무실 동료들도 보석, 책꽂이, 가구, 의류 등 에치 상품을 사용한다. 에치 제품은 한 세대에 걸친 DIY 문화에 호소한다. 에치 제품은 공장에서 기계가 찍어낸 것이 아니라 사람들이 손으로 만든 실제 물건이다. 에치 제품은 때때로 실용성이 떨어지고 이상하지만(에치에서 판매한 우스꽝스러운 제품들을 모아놓은 리그렛치라는 사이트도 있다) 언제나 독특하다. 기계가 아닌 사람이 만든 물건을 원한다면 에치가 답이다.

킥스타터나 쿼키와 달리 에치는 메이커들이 자금을 조달하거나 제품을 생산하도록 돕지 않는다. 그 대신, 메이커가 만든 제품을 쉽게 팔 수 있는 길만 제공한다. 에치는 이베이처럼 판매자에게 쉽게 판매상품 목록을 작성하는 시스템과 결제 시스템을 제공한다. 판매상품

목록을 4개월간 올려놓는 비용은 20센트고, 판매 비용의 3.5퍼센트를 에치가 가져간다.

에치가 실제로 소기업들에 유용한 시장인지 놓고 이견이 분분하다. 에치는 수공예품 판매를 강조하기에 판매자가 효율적인 자동화 설비를 도입하거나 아웃소싱해서 사업 규모를 키울 수 없다. 에치에서 수많은 사람이 물건을 팔기에 소비자의 눈에 띄기 어렵고, 검색 화면에 잘 뜨도록 하려면 돈을 더 내야 한다. 그리고 판매자들 사이에 경쟁이 심해져서 가격이 내려갈 수 있다.

에치에서 버는 돈으로 생계를 잇는 판매자도 있지만, 대부분은 그정도로 돈을 벌지는 못한다. 맥도널드 근로자보다도 자신의 시간당 소득이 훨씬 적다는 판매자들의 글이 넘친다. 물론 대다수 에치 판매자들은 돈을 벌려고 판매하지 않는다. 대부분은 취미나 자신의 작품을 남들에게 알리기 위해 에치에서 수공예품을 판다. 에치는 사업을 시작하려는 사람에게 출발점이 될 수는 있어도, 사업을 키울 플랫폼은 못 된다. 사업을 키우려는 사람은 직접 기업을 세우고 21세기 방식으로 제조하는 법을 배워야 한다.

다행히도, 에치도 이런 방향으로 나아가고 있다. 에치는 주로 수공예품 판매자의 공간이지만, 메이커 방식으로 제조하여 사업을 키우려는 기업가들에게도 공간을 제공하고 있다. 지금까지는 손으로 만든 물건만 팔 수 있었지만, 앞으로는 손으로 설계하고 기계로 생산한 제품과 하청업체에 의뢰해서 생산한 제품도 팔 수 있도록 규정이 바뀔 것이다(내가 이 글을 적고 있는 시점에서는 에치 경영진이 개정을 검토하고 있다). 요지는 새로운 마이크로 제조경제micro-manufacturing economy의 엔진이 될 가내공업을 촉진하는 것이다.

에치의 CEO 채드 디커슨Chad Dickerson은 2011년 말 에치가 최초로
개최한 소기업 컨퍼런스에서 다음과 같이 말했다.

지난 수십 년간 경제성장과 기업이익에 대한 집착으로 우리는 점점 더 자
연, 지역사회, 사람, 물건을 제조하는 과정과 분리되고 있다. 우리는 이것
이 비윤리적이고, 지속가능하지 않고, 재미없다고 생각한다. 하지만 전 세
계적으로 소기업들이 부상하면서 진정한 기회가 오고 있다. 그것은 새로
운 방식으로 성공을 측정할 기회다. 얼마나 지역적인 경제, 살아 있는 경
제, 지속가능한 미래를 건설하는 데 기여했느냐에 따라 성공을 측정하게
될 것이다.

그는 에치가 지금은 글로벌 경제에서 미미한 규모라고 지적했다.
에치 매출액은 몇 억 달러고, 세계 GDP는 몇십 조 달러다. 하지만 에
치는 독일, 프랑스 등 세계 각국으로 뻗어나가면서 에치 모델을 전파
하고 있다. 에치가 성장할수록 수공예품보다는 소기업들이 주목받을
것이다. 하지만 에치는 여전히 제품을 만드는 인간에 초점을 맞출 것
이다. 채드 디커슨은 "에치가 나머지 세계를 닮아갈 것이라고 생각하
지 말고, 나머지 세계가 에치를 닮아갈 것이라고 생각하라"고 말했다.

11장

메이커 기업 vs 대기업

취미를 사업으로 벌이는 메이커들
그들을 과소평가한 대기업

기업가를 꿈꾸는 모든 메이커는 자신만의 영웅이 있다. 가진 것이라곤 열정과 도구를 사용할 수 있는 지식밖에 없지만, 기업을 일으켜 세울 때까지 끊임없이 노력하고 제품을 만들어 성공한 기업가가 그들이다. 지금도 지하실에서 맨손으로 사업을 시작해 제품을 출시하고 기업을 키우는 길이 여전히 열려 있다.

이번 장에서는 내가 영웅이라고 생각하는 메이커인 버트 러턴Burt Rutan, 윌 채프먼Will Chapman, 짐 맥켈비Jim McKelvey를 소개한다. 첫째, 버트 러턴은 1970년대에 DIY 정신으로 스케일드 컴포지트Scaled Composite를 설립해 우주항공 기업으로 키우고 지금은 행복한 노후를 보내고 있는 발명가다. 둘째, 장난감 회사 브릭암스BrickArms를 설립한 윌 채프먼은 데스크톱 제조도구, 인터넷 접속 컴퓨터, 열정을 가진 사람의 대표적 성공 사례다. 셋째, 실리콘밸리에서 가장 주목받는 기업 스퀘어Square를 설립한 짐 맥켈비는 메이커와 웹 사업가가 힘을 합쳐 하드웨어와 소프트웨어를 조합하면 금융 산업도 바꿀 수 있다는 점을 입증한 사례다.

제조자 운동의 잠재력과 한계, 스케일드 컴포지트

캘리포니아 주 모하비Mojave 사막에 있는 모하비 마을은 황량한 곳이다. 1년 내내 강한 바람이 불고 아침에는 뱀들이 햇볕을 쬐기 위해 길가에 나와 있다. 그곳에는 모텔이 몇 개 있는데, 근처 바위산에 거대한 풍력발전 터빈 수백 개를 세우는 건설노동자들이 묵고 있다. 술집도 한 곳 있는데 스피커에서 헤비메탈이 시끄럽게 흘러나오고, 문신을 한 건장한 남자들이 별 말 없이 맥주를 마셔댔다. 밤 10시가 지나면 문을 열어놓은 상점을 발견하기 어렵다.

하지만 마을의 하늘은 밤 10시가 지나도 바쁘다. 이곳에는 모하비 항공우주 공항이 있고, 근처에는 에드워드 공군 기지가 있다. 민간 항공우주 테스트 센터라고도 부르는 모하비 우주항공 공항은 제2차 세계대전 이후 시험제작한 비행기들의 시험 비행 장소다. 이곳에서 음속을 돌파해 비행하고 대기권의 한계까지 비행한 비행사들은 초창기 우주비행사들이 됐다. 이곳은 불굴의 의지를 가지고 도전하는 사람들의 땅이다. 사람들은 비행복을 입고 다니고, 격납고에는 공상과학소설 표지에 나올 법한 비행기들이 있다.

　오늘날 모하비는 여러 우주항공 기업들의 근거지다. 전설적인 인물인 버트 러턴이 설립한 항공 회사 스케일드도 이곳에 자리 잡고 있다. 모하비 항공우주 공항 입구에는 로터리 로켓$^{Rotary\ Rocket}$이라는 3층 로켓이 있다. 이것은 스케일드 컴포지트가 로켓처럼 날아올라 헬리콥터처럼 착륙하도록 설계한 로켓으로 실제로 비행한 적은 딱 한 번이다. 잠깐 떠올랐다가 착륙했다. 이곳을 지나면 아폴로 우주선 사고 이후 예산 삭감과 관료주의 탓에 실제로 쓰이지 못한 다양한 로켓이 1.6킬로미터에 걸친 활주로 격납고에서 잠자고 있다.

　스케일드의 자회사인 로켓컴퍼니$^{Rocket\ Company}$는 리처드 브랜슨$^{Richard\ Branson}$이 설립한 우주여행업체 버진 갤럭틱$^{Virgin\ Galactic}$이 2012년 말부터 민간인 우주여행에 사용할 우주로켓을 제조하고 있다. 우주로켓은 한 쌍씩 생산한다. 하나는 스페이스십투^{SpaceShipTwo}인데 꼬리 부분이 독특하고 전체적으로 가느다란 총알처럼 생겼으며, 대기권 밖까지 나간 다음에 속도를 줄이는 조절장치를 가지고 있는 스페이스셔틀이다. 하나는 화이트나이트투^{WhiteKnightTwo}로 보잉747 항공기만큼 거대하고 엔진이 4개 달린 우주선으로 대기권 밖에서 지상으로 돌아오는 역할을 한다. 이 두 로켓은 스페이스십원^{SpaceShipOne}, 화이트나이트원^{WhiteKnightOne}을 개량한 후속 기종이다. 스페이스십원, 화이트나이트원은 2004년에 최초로 상업용 우주관광에 성공해 '안사리 엑스 프라이즈$^{Ansari\ X-Prize}$(정부 도움 없이 자체 개발한 3인승 우주선에 최소 1명이 탑승해 우주까지 도달한 뒤 무사 귀환하고 2주 안에 똑같은 유인 우주여행을 성공하는 단체에 1,000만 달러를 지급하는 프로그램-옮긴이)'를 받았다.

우주선 재료는 거의 전적으로 섬유 유리와 탄소 섬유다. 2011년에 은퇴한 버트 러턴은 착륙장치 재료가 여전히 철과 알루미늄이라는 사실을 불만스러워했다. 철과 알루미늄 재료는 스케일드가 끝내려고 했던 금속 우주선 시대의 잔재다. 그래서 스케일드 옆에 '복합재료^{composite}'라는 단어를 붙여서 기업명으로 삼았을 정도다. 스케일드가 만든 우주선 재료는 주로 섬유, 발포제, 수지로 금속보다 강하고 가볍고 부드럽고 오래 쓸 수 있다.

이러한 복합재료로 만든 우주선은 알루미늄 우주선이 갖지 못한 이점이 있다. 즉, 어떤 형태로든 만들 수 있다는 사실이다. 그래서 스케일드가 만든 우주선은 금속을 잘라서 제조한 물체라기보다는 날씬한 곡선 형태를 띠고 있고 끝이 뾰족한 동물 같다. 복합재료는 가볍지만 강하다. 그래서 복합재료를 사용하면 강하면서 곡선 형태를 띠는 우주선을 만들 수 있다. 게다가 누구나 복합재료를 이용할 수 있다. 섬유 유리 우주선을 만드는 데 필요한 것은 주형, 우주선 표면을 매끈하게 하기 위해 표면에 수지를 바를 브러시, 수지가 마를 때까지 고정하는 플라스틱 시트뿐이다.

스케일드는 메이커 기업이 얼마나 정교한 첨단제품을 만드는 기업으로 성공할 수 있는지 입증한 사례. 복합재료는 기술의 민주화를 촉진한 전형적인 메이커 기술이다. 복합재료 개발 덕분에 대형 우주항공 업체가 아닌 곳에서도 우주선을 만들 수 있게 됐다. 보잉이 초대형 공장에서 만드는 것과 똑같은 날개를 보잉보다 훨씬 작은 기업인 스케일드도 쉽게 만들 수 있다. 특수 도구는 필요하지 않다. 학교 미술시간에 종이반죽으로 그릇을 만든 적이 있는 사람이라면 이해할 수 있는 단순한 기술을 사용하면 된다. 재료공학 혁명 덕분에 수지와 섬유로 알루미늄보다 가볍고 강철보다 단단한 우주선 표면을 제조할 수 있게 됐다. 제대로 된 우주선을 제조하려면 몇 가지 기술이 필요하지만 몇 주일 안에 배울 수 있는 기술이다.

사실, 버트 러턴은 집에서 취미로 자동차를 만들다가 스케일드를 창업했다. 자동차 본체도 섬유 유리로 제조한다. 자동차를 만드는 섬유 유리 기술을 적용하면 아마추어들이라도 쉽고 저렴하게 우주선 동체와 날개를 제조할 수 있다. 참고로 혼자서 우주선을 만들려고 하는 독자에게 미리 말해두자면, 평균적인 조립 비행기를 완성하는 데 필요한 시간은 5,000시간이다. 2년 반 동안 매일 매달려야 하는 일이다. 이혼당하기 십상이다.

매년 여름 위스콘신 주 오슈코시Oshkosh에서는 세계 최대 에어쇼가 열린다. 취미로 비행기를 제작하는 사람 10만 명이 매년 이곳을 찾아온다. 이 에어쇼는 미국연방항공국의 규제를 받는 우주항공 커뮤니티와 실험항공협회가 DIY 정신에 입각해 개최하는 축제다. 이곳에서는 아마추어들이 상업적 인증 절차와 항공 규제에서 벗어나 자신이 만든 비행기를 날릴 수 있다. 이 축제에 참가하는 비행기는 행사장에 날아서 도착해야 하므로, 참가자들은 수천 킬로미터 떨어진 집에서부터 비행기를 날려 행사장까지 온다. 버트 러턴이 설계한 비행기도 수백 개 참가한다. 제2차 세계대전에 참전한 전투기도 있고, 실험적인 전기 비행기도 있다.

사람들은 대부분 비행기 쇼를 구경하고 예전 전투기의 향수를 느끼려고 행사장을 찾지만, 이 행사의 핵심은 메이커들을 위한 수백 개의 강연이다. 섬유 유리 기술과 금속 기계, 페인팅과 샌딩^{sanding}(페인트 코트의 접착을 촉진하고자 연마재를 사용해 표면을 매끄럽게 문지르는 일-옮긴이), 발포제와 알루미늄을 다루는 법 등 메이커에 필요한 여러 가지 기술을 가르쳐준다. 이 축제를 개최하는 커뮤니티는 비행기를 만드는 일에 관심이 많은 사람들이 모인 곳이다. 그들이 만드는 비행기는 대부분 공중보다는 작업장 안에 있는 시간이 많을 것이다. 상당수는 하늘을 날지 못할 것이다. 하지만 많은 사람이 아름다운 기계를 만드는 일에 매료된다.

이처럼 직접 물건을 만들고자 하는 사람들의 정신이 모여 스케일드라는 기업이 움직인다. 스케일드 엔지니어들은 모하비 사막에 있는 활주로의 작은 격납고를 빌려 비행기 제조 프로젝트를 추진한다. 이들이 만드는 비행기는 대부분 소형 비행기로 시속 약 800킬로미터로 비행할 수 있는 1인승 경주용 비행기나 제2차 세계대전에 참전한 군용기를 절반 크기로 복제한 비행기다. 일부 엔지니어들은 더 혁신적인 프로젝트에 매달린다. 이를테면 1인승 전기 비행기 중에서 세계최장시간 항공기록을 세울 전기 비행기를 제조하는 일이다.

스케일드 엔지니어들은 집에 돌아와서도 직장에서 사용하는 기술을 활용해 물건을 만든다. 먼저 캐드 프로그램으로 비행기를 설계한 다음에 비행기 부품 모형을 만들고자 손으로 폼블록^{foam block}을 깎거나 스케일드 본사에 있는 CNC 기계로 보내 폼블록을 깎는다. 그다음에는 폼블록에 섬유 유리와 탄소 섬유 시트를 덮고, 레진을 표면에 발라 시트를 강화한다.

스케일드 엔지니어들은 낮에는 우주선을 만들고 밤에는 직장에서 배운 기술을 응용해 자신만의 꿈을 이룰 기계를 만든다. 취미로 기계를 만드는 정신이 스케일드를 낳았고 지금도 스케일드 엔지니어들에게 남아 있다. 스케일드에서 일하는 엔지니어를 아무나 붙들고 물어보면 모두 기계를 만드는 것이 취미라고 답한다. 공장에서 약 100미터 떨어진 집으로 찾아가면 차고에서 취미로 제작 중인 기계들을 발견할 수 있다.

스케일드 엔지니어들은 취미로 기계를 만들었기에 스케일드에 입사했다. 비행기 프로젝트 리더가 되려면 비행기 프로젝트를 추진할 만한 능력이 있다는 것을 입증해야 한다. 어떻게 입증할까? 자신이 직접 제작하면 된다. 스케일드 엔지니어들은 집에서 만든 기계를 동료들에게 자랑해 그 실력을 입증한다. 비행기 1대를 직접 설계하고 제조하고 날리는 것이 전문 학위를 따는 것보다 훨씬 동료들의 신뢰를 얻기에 유리하다. 공항 활주로에 늘어선 격납고에는 기업이 만든 비행기뿐 아니라 개인이 새로운 기술과 아이디어를 실험하기 위해 만든 비행기들도 있다. 스케일드 엔지니어들은 취미와 직업이 일치한다. 이것이 스케일드가 항공산업에서 앞서나가는 비결이다.

스케일드의 DIY 문화는 창업자 버트 러턴에게서 나온다. 1943년에 태어난 버트 러턴은 비행기를 설계하고 경영대회에 나가 입상하는 것으로 10대 시절을 보냈다. 그는 자신이 만든 모형 비행기가 실제로 하늘을 날게 하는 방법을 연구했다. 그는 비행기를 날게 하는 프로펠러와 비행기를 조종하는 리모컨을 개발했다. 그는 모형 비행기가 가장 느린 속도로 공중에 머물렀다가 정확한 지점에 착륙하게 하는 경연대회에서 우승했다. 심사위원들은 소년의 공학 기술에 놀랐다.

항공기 제조 회사에서 잠깐 일하며 F4 팬텀 제트기와 몇몇 실험적인 비행기를 만드는 일에 참여한 버트 러턴은 아마추어도 고성능 비행기를 만들어 날릴 수 있을 것이라고 생각했다. 초음속 비행 기술 개발로 전투기 형태는 크게 바뀌었지만, 대부분의 민간용 비행기는 여전히 속도가 느린 제2차 세계대전 이전의 구조를 유지하고 있었다. 버트 러턴은 비행기 뒷부분에 보조 날개가 달린 일반적인 비행기 디자인보다 메기수염처럼 비행기 앞부분에 보조 날개가 달린 델타윙 제트 전투기의 디자인이 마음에 들었다. 비행기 앞부분에 보조날개를 달았을 때 이점은 보조날개가 주 날개보다 먼저 공기 저항을 받기에 비행기가 너무 느린 속도로 움직이면 비행기 앞부분부터 고도가 내려가 비행기를 조종하기 쉽다는 점이다.

버트 러턴은 RAF^{Rutan Aircraft Factory}라는 회사를 설립하고, 일련의 혁신적 개인용 비행기를 설계했다. 스웨덴 비긴 제트 전투기를 보고 영감을 받아 설계한 배리비긴^{VariViggin}을 시작으로 배리즈^{Vari-Eze} 시리즈를 출시했다. 배리즈 시리즈는 복합재료 부품을 사용했고 집에서도 비교적 쉽게 조립할 수 있어 민간항공산업에 혁명을 일으켰다. 그가 설계한 제품은 조립하기 쉽고, 빠르고 효율적으로 날아갔으며, 안전하고 믿을 수 있었다. 게다가 너무도 멋있었다. 제2차 세계대전 이전이 비행기의 황금시대였다면, DIY 비행기 운동의 황금시대는 버트 러턴이 일반인을 대상으로 조립식 비행기를 출시한 1970년대 말과 1980년대 초라고 할 수 있다.

하지만 버트 러턴은 DIY 비행기 시장에서 버는 돈으로는 회사를 유지할 수 없었기에 RAF의 문을 닫았다. 그 대신 상업용 비행기와 군용 비행기를 설계하기 위해 자신이 설립한 스케일드 컴포지트 경영에 집중했다. 당시 버튼 러턴이 DIY 비행기 시장에서 철수한 이유는 버는 돈에 비해 비용이 많이 들었기 때문이다. 그는 DIY 비행기 재료를 판다기보다는 설계도를 팔았다. 그가 판매한 설계도 가격은 25달러에 불과했다. 하지만 고객은 집에서 비행기를 만들 수 있는 도움을 계속 받고자 했다. 이러한 고객을 지원하려면 돈이 너무 많이 들고 법적 부담이 컸다. 즉 수익이 안 나는 구조였다.

DIY 비행기 판매를 시작한 다른 회사들도 결국 문을 닫았다. 제조에 따르는 각종 비용 부담이 심해 수백만 달러씩 받고 수백 개는 팔아야 한다. 그런데 실제 제품 1대 가격은 수만 달러이고 판매량은 수십 개에 불과했다. 시장은 작은데 위험 부담이 너무 컸다. RAF 제품 중 최고 인기 기종인 배리즈조차 역대 판매량이 800대도 안 됐다. 스케일드가 고객 1명에게서 거둔 이익이 RAF가 배리즈 판매로 거둔 이익보다 많았다. RAF를 경영하던 시절보다 위험 부담은 줄었고 이익은 늘었다. DIY 운동에 뿌리를 둔 버튼 러턴은 대기업과 정부에 주문받은 제품을 제조하는 일을 하면서도 최신 비행기를 설계하는 일을 계속했다. 그는 애초부터 조립식 비행기를 팔아 돈을 벌려고 기업을 설립한 것이 아니라 혁신적인 비행기를 설계하고 싶어서 기업을 설립했기 때문이다.

현재 스케일드 컴포지트는 세계적 항공방위업체 노스럽그러먼Northrop Grumman의 자회사다. 스케일드는 스페이스십원 같은 민간용 제품도 설계하지만, 국방부에 납품할 크루즈 미사일 시제품이나 스텔스 정찰기도 제작한다. 스케일드에서 일하는 엔지니어들은 DIY 정신이 투철해 각자 모하비 공항 활주로에 늘어선 격납고에서 자신만의 비행기 제조 프로젝트를 진행한다. 그렇지만 스케일드 자체는 보안을 철저히 지켜야 하는 회사다.

버트 러턴의 사례는 제작자 운동의 잠재력과 한계를 동시에 보여준다. 그는 복합재료라는 민주화된 기술을 활용해 아마추어들도 DIY 비행기를 날릴 기회를 제공했지만 DIY 비행기 사업은 실패했다. 그 다음으로 추진한 유인 항공기 사업은 제조 비용도 많이 들고 소송에 휘말릴 위험도 컸다. 유인 항공기 제조는 돈과 시간이 많이 드는 것은 물론이고 수많은 규제를 받는다. 이는 대기업만이 감당할 수 있는 부담이다. 그렇기에 스케일드도 독자적으로 생존하지 못하고 노스럽그러먼에 인수당했다. 하지만 버트 러턴은 큰돈을 벌었고 현재 은퇴해서 행복하게 살고 있다.

레고의 롱테일, 브릭암스

윌 채프먼은 버트 러턴의 젊은 시절 모습을 닮았다. 윌 채프먼의 세 아들은 다른 아이들처럼 여덟 살이 될 때까지 레고 장난감을 무척 좋아했다. 여덟 살이 지나자 다른 아이들처럼 장난감 병정을 가지고 놀았다. 레고에서는 여덟 살 넘은 아이가 관심을 가질 만한 장난감을 만들지 못했다.

레고는 장난감 총에 관한 몇 가지 원칙을 고수했다. 몇몇 예외를 제외하면, 20세기 무기처럼 생긴 장난감 총을 만들지 않았다. 레고 장난감 중에 칼이나 투석기는 있어도 20세기 전쟁터에서 쓰인 M16 자동 소총이나 유탄 발사기는 없었다. 〈스타워즈〉에 나오는 레이저 총이나 광선포는 있어도 제2차 세계대전 시기의 기관총이나 바주카포는 없었다.

이러한 원칙 때문에, 열 살이 넘은 아이들은 레고 장난감에서 멀어졌다. 윌 채프먼의 아이들도 마찬가지였다. 2006년 채프먼의 막내아들이 레고 장난감으로 제2차 세계대전 전투장면을 재현하고자 했지만, 레고 장난감 중에 현대식 무기가 없는 사실을 알고 실망했다.

보통 부모라면 이런 아이들의 실망을 간과했겠지만, 윌 채프먼은 메이커다. 워싱턴 주 레드먼드Redmond에 살고 있던 채프먼은 지하실에 CNC 기계가 있고 3차원 캐드 소프트웨어를 사용하는 법도 알았다. 따라서 채프먼은 레고 장난감과 어울릴 현대식 장난감 총을 설계하고 제조했다.

채프먼은 디자인 파일을 1,000달러도 안 되는 데스크톱 CNC 기계(Taig 2018 mill)에 보내 알루미늄 블록을 갈아 주형을 만들었다. 레고 장난감 옆에 있어도 위화감이 들지 않는 장난감 총을 만들려고 레고 장난감을 녹인 액체 플라스틱을 사출성형 기계에 넣었다. 몇 차례 실험과 수정 작업을 거친 끝에 M1 소총과 스나이퍼용 총 등 상당히 매끈한 시제품을 몇 개 만들었다. 아이들이 좋아하는 것을 본 채프먼은 레고를 좋아하는 어른들을 위해 몇 가지 시제품을 더 만들고, 디자인 파일을 공유했다. 팬들은 채프먼의 작품들을 호평했고 더 만들어달라고 요청했다. 채프먼은 자신이 만든 장난감을 판매할 웹사이트를 개설했다.

현재 채프먼이 설립한 브릭암스는 레고도 무시하지 못할 수준의 장난감 회사로 성장했다. 레고 장난감 크기의 AK-47 자동소총부터 헤일로3에서 튀어나온 듯 실감 나는 수류탄까지 여러 장난감 무기를 팔고 있다. 레고 장난감보다 구조가 복잡하지만, 크기와 품질은 레고 장난감과 동등한 장난감 무기를 만들어 인터넷으로 판매하고 있다. 레고가 출시한 장난감보다 실감 나는 전쟁 모형을 원하는 성인과 아이들에게 인기를 끌고 있다.

레고는 대규모로 장난감을 만든다. 보안이 철저한 덴마크 빌룬트 연구소에서 디자이너들이 신제품을 개발하고, 엔지니어들이 시제품을 만들고, 작은 공장에서 제조한다. 경영진이 승인하면 성형사출 기계들이 있는 대형 공장에서 대량생산한다. 부품들을 모아 세트를 만들고, 세트를 검사하고, 소매가를 매기고, 포장해서 대형마트에서 팔리기 몇 달 전에 창고에 저장해놓는다. 레고가 최종 생산하는 제품은 수백만 개가 팔릴 만한 장난감뿐이다.

반면 채프먼은 소규모로 장난감을 만든다. 캐드 소프트웨어로 무기를 디자인하고, 데스크톱 제조도구로 시제품을 만든다. 괜찮아 보이면, 디자인 파일을 근처 도구제작소로 보내 스테인리스 스틸로 된 주형을 만들고, 미국에 본사가 있는 사출성형 기업에 수천 개를 제작해 달라고 의뢰한다.

왜 중국에서 생산하지 않을까? 그는 중국을 선택할 수도 있었지만 중국을 택할 경우 "주형을 만드는 시간이 오래 걸리고 의사소통 문제로 제조 비용이 높아진다"고 말했다. "중국 기업이 내가 설계한 주형을 가지고 있다면 나중에 어떻게 사용할지 모릅니다. 몰래 제품을 만들어 팔 수도 있습니다." 채프먼의 세 아들이 상품을 포장하고 채프먼은 배송한다. 현재 채프먼의 상품을 수입해서 자국에서 파는 판매대행사가 영국, 호주, 스웨덴, 캐나다, 독일에 있다. 사업이 잘나가 2008년에는 17년간 몸담은 소프트웨어 업계를 떠났을 정도다. 지금은 레고 장난감 무기를 팔아서 버는 돈만으로도 채프먼 부부와 세 아이가 편안히 먹고 살고 있다. "장사가 안 되는 날의 매출액이 소프트웨어 개발자로 일하면서 번 돈보다 많습니다."

레고는 이런 채프먼의 사업을 어떻게 생각할까? 꽤 호의적으로 본다. 브릭암스, 브릭포지BrickForge, 브릭스틱스Brickstix 같은 소기업들은 공식 레고 장난감과 어울리는 갖가지 캐릭터와 스티커를 만들면서 레고의 이익을 해치지 않고 상호보완적 생태계를 형성한다.

이러한 소기업들은 레고의 두 가지 문제를 해결한다. 첫째, 레고가 굳이 생산해서 수익을 올릴 만큼 많이 팔 수 없어서 출시를 포기했지만 여전히 극소수 소비자가 원하는 제품을 만든다. 이런 제품은 레고의 롱테일이라 할 수 있다. 장난감 시장의 틈새 수요는 음악과 영화 산업의 틈새 수요만큼이나 실제로 시장에 존재한다. 소기업들이 레고가 채우지 못한 틈새 수요를 채우는 동안, 레고는 수백만 개를 팔 수 있는 제품에 주력한다.

둘째, 브릭암스는 10대 아이들에게도 호소할 수 있는 제품을 판매해 아이들이 더 오래 레고 세계에 빠지도록 한다. 브릭암스가 없었으면 여덟 살에 레고 장난감에 싫증을 냈을 아이들이 열두 살이 되도 레고 장난감을 가지고 놀 수 있다. 결국 어른이 돼서도 레고 장난감을 가지고 노는 사람이 될 확률이 높다(농담이 아니라 레고의 장난감 건물 '아키텍처' 시리즈는 서점과 박물관 상점에서 100달러에 팔린다). 이러한 사람에게는 부품이 3,000개가 넘고 가격이 400달러가 넘는 스타워즈 죽음의 별Star Wars Death Star이나 스타디스트로이어Star Destroyer까지 팔 수 있다.

그래서 레고는 레고 팬들이 만든 여러 가지 보완적 장난감이 레고 저작권을 침해하지 않는 한 눈감아주고 있다. 레고는 소기업들에 아이들이 삼키기 쉬운 장난감과 뾰족한 장난감을 만들지 말고 독성물질이 없는 플라스틱을 사용하라는 비공식 지침을 내린다.

브릭암스는 전통적 대량생산 기업들이 무시하는 틈새시장을 공략해 성공한 메이커 사례다. 20세기 제조업의 특징 중 하나는 대량생산에 최적화됐다는 점이다. 하지만 21세기 관점에서 보면 문제도 있었다. 표준화된 상호교환가능 부품, 조립 라인, 분업을 결합한 헨리 포드의 대량생산 모델은 규모의 경제를 낳았고, 일반 소비자에게 고품질 제품을 저렴한 가격에 공급했다. 하지만 독재적 측면도 있었다. 헨리 포드가 "검은색이기만 하면 어떤 색이든 괜찮다"고 말했을 정도로 포드 자동차는 다양한 소비자 취향에 맞는 제품을 생산하는 유연성이 부족했다. 그리고 대량생산 제품과 소량생산 제품의 가격 차이가 커서 소수 취향의 제품은 언제나 대중 취향의 무난한 제품에 가격 경쟁력이 밀렸다.

대량생산 모델의 단점은 실패 비용이 크다는 점이다. 대량생산은 제품 개발부터 판매까지 많은 단계를 거쳐야 한다. 제품 생산까지 오랜 시간과 많은 비용이 걸린다. 따라서 출시한 제품이 실패하면 그만큼 큰 손실을 본다. 1950년대에 크게 실패해 오늘날까지도 회자되는 포드 차량 에드셀Edsel을 보라. 혁신적 제품을 출시해 실패하면 너무도 손실이 크기에 기업들은 무난한 대중 취향 제품들에 주력한다. 이러한 산업 논리는 지금까지도 유효하다. 이케아가 출시한 가장 단순한 책장Billy bookcase은 어디서나 흔히 볼 수 있을 만큼 많이 팔렸다.

대량생산 모델의 더 치명적인 단점은 소규모 제조업 기업의 몰락이다. 소매업에서 작은 상점들이 월마트에 밀렸듯, 20세기 전반기에 미국 자동차 기업 수십 개가 디트로이트의 5대 자동차 기업에 압도당해 사라졌다. 섬유산업, 도자기, 금속산업, 스포츠 용품을 비롯한 수많은 제조업 분야에서 같은 현상이 벌어졌다. 그리고 인건비 따먹기의 유혹에 굴복해 공장을 해외로 이전하는 제조업 기업이 늘고, 이에 따라 노사관계가 악화됐다.

이렇게 해외로 이전한 제조업 기업들은 이점을 잃었다. 수입 제품보다 품질이 우수하지도 않으면서 가격 경쟁력도 없었다. 하지만 특화된 제품을 선호하는 소수의 소비자(또는 여전히 미국산 제품을 쓰려는 소비자)에게 제품을 판매할 유통망을 잃어서 망한 기업들도 있다. 대형마트들이 피 말리는 가격 경쟁을 벌이면서 틈새상품을 팔던 소기업들이 설 자리를 잃었다.

하지만 21세기 들어서 두 가지가 바뀌었다. 첫째, 데스크톱 제조도구와 제조시설에 대한 접근이 쉬워지면서 누구나 아이디어만 있으면 제품을 만들어 파는 사업을 시작할 수 있게 됐다. 둘째, 이렇게 사업을 시작한 사람들이 웹을 이용해 글로벌 시장에 제품을 판매할 수 있게 됐다. 물리적 제품을 제조해 판매하는 기업가가 되기 위해 넘어야 할 장벽이 크게 낮아졌다.

인터넷으로 주문받아 배송하는 시대가 되면서 '1만 개를 팔 수 있는 틈새시장'이 열렸다. 이 정도로만 상품을 팔 수 있으면 충분히 기업을 유지할 수 있고, 대기업이 진입하기엔 작은 시장이라 경쟁을 피할 수 있다. 이는 대량생산 기업들이 간과하는 시장이자 전체 시장에서 암흑물질dark matter(우주를 구성하는 물질의 90퍼센트 이상을 차지하고 있으나 전자기파로 관측할 수 없고 오로지 중력을 통해서만 존재를 인식할 수 있는 물질–옮긴이)이다. 즉, 상품의 롱테일에 해당하는 시장이다. 생산도구의 민주화 덕분에 소기업들은 유통망과 생산 능력의 열세를 극복하고 살아남을 수 있는 기회를 잡을 수 있다. 21세기 시장 환경은 소기업에 유리해졌다. 틈새시장에서 시작한 소기업 중 일부는 대기업으로 성장할 수도 있다.

원자와 비트의 궁극적 조합, 스퀘어

2009년 초 캘리포니아 주 샌프란시스코 만에 있는 멘로 파크Menlo Park를 방문한 사람이라면, 키가 크고 험악하게 생긴 짐 맥켈비가 벤치에 앉아 작은 플라스틱 블록을 만지작거리고 있는 모습을 목격했을지도 모른다. 그는 CNC 기계를 사용하는 법을 배우고 있는 중이었다. 당시 짐 맥켈비는 별로 인상적이지 않은 작은 프로젝트를 추진하고 있었는데, 이후 얼마나 성공을 거둘지 아무도 예상하지 못했을 것이다.

당시 43세였던 짐 맥켈비는 세인트루이스 출신의 IT 기업가였다. 그는 1990년에 미라Mira라는 디지털 출판사를 설립했다. 그는 초창기

CD롬을 비롯한 멀티미디어 출판과 온라인 데이터 출판 물결에 참여했다. 아직 웹이란 개념이 일반인에게 낯설었던 1990년대 초에 짐 맥켈비는 종종 팀원들과 함께 동네 커피숍에 보여 브레인스토밍 회의를 열었다. 어느날 커피숍 주인이 자신의 아들 잭이 컴퓨터에 관심이 있어 맥켈비 회사에 인턴으로 들어가고 싶어 한다고 말했다. 맥켈비는 사무실에서 잭을 면접하기로 약속했다.

약속한 시간에, 맥켈비는 마감시간에 쫓겨 컴퓨터 작업에 몰두하고 있었다. 그때 잭이 맥켈비에게 말했다. "안녕하세요. 저는 잭이라고 합니다. 면접을 보러 왔습니다." 멕켈비는 면접 약속을 잊고 있었던지라 깜짝 놀라 잭을 쳐다봤다. 하지만 일을 끝낼 때까지 잠시 기다려달라고 말하고 다시 일에 몰두했다.

30분 뒤, 맥켈비는 자신이 방문자를 까맣게 잊고 있었다는 사실을 깨닫고 잭을 쳐다봤다. 놀랍게도 잭은 그 자리에서 차렷 자세로 30분간 조용히 서 있었다(나중에 잭은 맥켈비의 어깨 너머로 맥켈비가 작업하는 모습을 보면서 코드에 있는 버그를 찾고 있었다고 말했다). 괴팍한 프로그래머였던 맥켈비는 잭이 마음에 들었다. 멕켈비의 기행은 유명하다. 연주하기 어렵기로 소문난 베토벤 월광 소나타 3악장만 3년간 죽어라 연습해서 지금 그가 칠 줄 아는 피아노 솔로 곡은 이것뿐이다.

맥켈비는 자신보다 열 살 어린 잭의 집중력이 마음에 들어서 그 자리에서 잭을 채용했다. 두 사람은 세인트루이스에서 가장 영리한 컴퓨터 전문가로서 함께 일했다. 잭은 천재적인 프로그램 제작 능력으로 모든 사람을 놀라게 했고, 맥켈비는 잭과 우호적으로 지냈다.

나중에 맥켈비는 미라를 매각하고, 어린 시절에 관심이 많았던 유리 세공에 매진해 유리 세공 전문가가 되고자 했다. 한편 잭은 캘리포니아 주 오클랜드로 이사해, 오데오Odeo라는 웹 스타트업에 합류했다. 오데오는 팟캐스트 소프트웨어 시장에 진출하고자 연구 중이었다.

1년 뒤 애플이 아이튠즈라는 팟캐스트 소프트웨어를 내놓자 오데오는 위기에 빠졌다. 오데오를 창업한 에번 윌리엄스Evan Williams는 직원들에게 새로운 사업 아이디어가 없는지 물었다. 잭은 몇 년 전부터 자신이 생각하고 있었던 사용자의 인터넷 사용 상황을 즉시 알려주는 기술을 아이디어로 내놓았다. 잭과 동료 프로그래머 노어 글래스Noah Glass, 플로리언 웨버Florian Weber는 자신을 '팔로우'한 사람들에게 SMS 스타일로 메시지를 보낼 수 있는 기술을 개발하고 이를 트위트Twttr라고 불렀다. 에번 윌리엄스와 나머지 직원들도 이 아이디어가 마음에 들어 오데오를 폐업하고 투자자들에게 돈을 돌려주고 새로운 회사를 설립했다. 그리고 트위트에 모음을 더해 트위터Twitter라고 회사 이름을 정했다. 이후 트위터의 성공은 너무나 유명한 얘기다.

잭은 마침내 큰 성공을 거뒀다. 하지만 트위터는 에번 윌리엄스의 회사였다. 잭은 자신의 회사를 가지고 싶었기에 옛 상사인 맥켈비에게 연락해 함께 회사를 차렸다. 두 사람은 이번에 트위터와 관련 없는 모바일 관련 사업을 하려고 생각했다. 하지만 그런 사업 아이템을 찾다 보니 많은 것을 포기해야 했다. 맥켈비는 "앞으로 트위터가 여러 가지 사업을 하게 될 것"이라고 말했다. 그래서 두 사람은 다른 분야의 큰 문제를 해결하고자 했다.

당시 맥켈비는 전화로 주문받은 유리 공예품을 판매하지 못해 곤란해하고 있었다. 파나마에서 사는 한 여성이 2만 달러가 넘는 유리 수도꼭지를 하나 사려고 했는데, 아메리칸 익스프레스 카드만 가지고 있었고, 맥켈비는 아메리칸 익스프레스 카드로 결제를 진행할 수 없었다. 그는 신용카드 업계의 한계 때문에 판매 기회를 놓치는 것이 아쉬웠다. 그때 자신이 잭과 함께 해야 할 사업을 깨달았다. 결제 시스템에 혁명을 일으키는 것이다.

맥켈비는 테크숍에서 아이폰 오디오잭에 연결해서 쓸 수 있는 작은 플라스틱 신용카드 리더를 만들었다. 이 신용카드 리더 속에는 카세트 플레이어의 마그네틱 헤드 외에 별 부품이 없었다. 이 신용카드 리더에 신용카드를 긁으면 아이폰에 있는 소프트웨어가 신용카드 정보를 읽어 신용카드 결제 사이트로 정보를 보낸다. 맥켈비가 발명한 장치는 휴대전화가 비싼 신용카드 리더의 역할을 담당하게 하는 장치다. 누구든 어디서든 맥켈비가 발명한 작은 플라스틱 단말기와 휴대전화만 있으면 신용카드 결제를 사용할 수 있게 됐다. 맥켈비와 잭은 플라스틱 단말기가 사각형이기 때문에 회사 이름을 스퀘어라고 정했다.

맥켈비와 잭이 이전에 일한 기업과 달리, 스퀘어는 하드웨어와 소프트웨어를 결합한 기업이다. 휴대전화는 원자 세계의 제품이고, 휴대전화와 함께 작동하는 앱과 웹 서비스는 비트 세계의 제품이다. 이는 두 사람이 전자제품 사업에 뛰어들었다는 뜻이다.

이는 잭이 의도한 방향이 아니었다. 잭은 소프트웨어만으로 문제를 풀 수 있다고 믿는 프로그래머였다. 그는 휴대전화 카메라로 신용카드 번호를 읽게 하면 굳이 신용카드 리더가 없어도 될 것이라고 생각했다. 하지만 현실은 말처럼 쉽지 않았다. 신용카드를 정확히 갔다 대지 않으면 휴대전화 카메라로 신용카드 번호를 읽을 수 없었다. 잭과 맥켈비는 서로 자신의 방식이 타당하다고 논쟁했다. 맥켈비가 이 논쟁을 해결하는 방법은 하나뿐이었다. "시제품을 만들어 하드웨어 제품을 생산하는 것이 더 나은 해법이라는 점을 잭에게 보여줘야 했습니다."

그래서 맥켈비는 테크숍으로 가서 신용카드 리더 시제품을 몇 개만들었다. 사실 맥켈비는 몇 달 전에 세인트루이스에 있는 워싱턴 대학교에서 유리 수공예를 가르치면서 학생용 기계 작업장에서 시제품을 제작했지만, 잭과 스퀘어 본사는 샌프란시스코에 있었기에 맥켈비는 샌프란시스코에 와서 시제품을 완성했다.

처음 시제품 몇 개는 손으로 깎아 만들었다. 그 뒤에는 테크숍의 CNC 기계로 만들었다. 맥켈비는 캐드 프로그램을 쓰지 않고 기계어인 G코드 스크립트로 CNC 기계를 이용했다. 갈수록 더 작고 디자인이 좋은 시제품을 만들었다. 마침내 잭은 맥켈비의 주장을 받아들였다. 두 사람은 신용카드 리더 수십만 개를 사람들에게 무료 배포하고 사람들이 신용카드를 사용할 때마다 수수료를 받기로 계획했다. 신용카드 회사들이 무료로 신용카드를 주고 신용카드로 결제할 때마다 수수료를 받는 것과 비슷한 비즈니스 모델이다. 하지만 신용카드 리더 수십만 개를 배포하려면 1개에 1달러 미만으로 제조해야 했다. 또신용카드 리더 수십만 개를 배포했는데 하드웨어나 소프트웨어에 문제가 생기면 회사가 파산할 수 있었다.

맥켈비가 하드웨어 엔지니어링을 거의 몰랐는데도 테크숍에 가서 시제품을 제작한 이유는 하드웨어 제작을 직접 경험해보기 위해서였다. 신용카드 리더 수십만 개를 배포할 예정이라면 시제품을 제대로 만들어 시험해보는 것이 나을 것이라고 생각했다. 소비자는 신용카드 리더를 통해 스퀘어를 접한다. 디자인과 생산 과정을 하청업체에 넘기면 더 저렴하고 쉽게 생산할 수 있었겠지만, 하청업체에 맡기면 맥켈비가 어떻게 디자인과 생산을 이해할 수 있겠는가? 가장 확실히 이해하는 방법은 직접 시제품을 만들어 겉과 속을 철저히 연구하는 것이었다.

"시제품을 50개 만들었는데 말도 못하게 고생했습니다. 방위각과 비틀림 에러는 이미 알고 있었지만 실제로 기계를 돌려 생산하는 일은 완전히 다릅니다. CNC 기계로 제품을 만드는 과정을 보면 설계와 생산의 차이를 알 수 있습니다. 직접 시제품을 만들지 않았다면 이런 지식을 습득하지 못했을 테고, 거액을 지불해가며 매력 없는 제품을 만들었을 겁니다."

세인트루이스를 사랑했던 맥켈비는 제품을 대량생산할 때가 되자 세인트루이스에 있는 사출성형 회사에 제품 생산을 의뢰하고자 했다. 하지만 맥켈비가 제시하는 가격과 수량에 맞게 생산한 업체가 없었다. 그래서 중국 광둥으로 갔다. 그곳에서 영어를 한마디도 못하고 오래된 솔리드웍스 캐드 소프트웨어(2007년 이후 버전은 인터넷에서 무료로 구할 수 없었기에 중국 공장들은 이전 버전만 사용)를 사용하는 중국인 디자이너와 함께 새벽 3시까지 최종 디자인 작업을 했다. 이렇게 해서 제품을 생산하게 됐다.

오늘날 스퀘어는 수백만 명의 고객을 확보했고 시가총액이 수십억 달러다. 이제는 휴대전화뿐 아니라 아이패드로도 스퀘어 제품을 사용할 수 있다. 현재 스퀘어는 NCR 같은 거대 현금인출기 회사들과 경쟁하고 있다. 신용카드 회사 비자Visa는 스퀘어에 투자했다. 비자가 플라스틱 카드 시대의 글로벌 결제 플랫폼이라면, 모바일 시대의 글로벌 결제 플랫폼은 스퀘어가 될 것이라고 예상했기 때문이다.

잭은 트위터의 회장이 됐다. 잭은 매일 아침에는 트위터를 경영하고, 오후부터 저녁 늦게까지 스퀘어를 경영한다. 업무시간을 보면 잭이 어느 쪽에 더 정성을 쏟는지 알 수 있다. 트위터 시가총액이 스퀘어 시가총액보다 수십억 달러 많기에 트위터가 성공하는 편이 잭의 재산 증식에 더 도움이 될지는 몰라도, 잭은 결제 시스템을 재발명하는 일에 더 큰 열정을 쏟고 있다.

얄궂게도, 스퀘어 본사가 있는 건물은 이전에 20세기 제조업의 상징이던 샌프란시스코 크로니클San Francisco Chronicle 본사로 쓰였다. 한때 이 건물에서 밤낮으로 종이를 찍어내고 트럭들이 신문을 운송했다. 하지만 신문 산업의 쇠퇴로 이 건물에서 신문사가 사라졌다. 현재 그 자리를 차지하는 것은 웹 기업과 메이커 기업이다. 화장지를 쌓아두는 용도로 쓰이던 다른 공단 건물은 현재 테크숍 샌프란시스코 지부가 자리 잡고 있어 맥켈비와 같은 대박을 노리는 사람들로 매일 붐비고 있다.

한편, 맥켈비는 스퀘어 회장직을 유지하고 있지만, 주로 세인트루이스에서 지내고 있다. 맥켈비는 이곳에서 유리 공예품을 계속 제조하고 가르치고 있다. 테크숍에서 시제품을 만든 것이 유리 공예품을 만들고 가르치는 것과 동떨어진 경험은 아니다.

유리 공예품도 반세기 전에 메이커들의 혁신을 거쳤다. 유리 공예

산업은 200년간 같은 기술을 요구했다. 유리의 전성^{malleability}(망치로 치면 얇은 판으로 넓게 퍼지는 성질-옮긴이)을 적정 수준으로 유지하려면 고온을 일정하게 유지해야 했다. 그러려면 가마 안에서 열이 균등하게 퍼져야 했다. 유리를 만드는 가마는 4일간 불을 때서 온도를 높였고, 불을 끄려면 가마 벽을 깨야 했다. 가마에는 계속 장작을 집어넣어야 한다. 맥켈비는 그래서 유리 공업이 발달한 베네치아에는 숲이 없다고 말한다.

이러한 전통적 유리 제조는 오늘날 티파니 램프 제조만큼 대규모 공업이었다. 하지만 이러한 대량생산 방식에서는 소수 소비자의 취향을 맞출 독특한 유리 공예품을 만들 수 없었다. 하지만 1960년대 초 유리 공예가 하비 리틀턴$^{Harvey Littleton}$과 도미닉 라비노$^{Dominick Labino}$가 저온에서 유리를 생산하는 공법과 프로판 가스로 지피는 소형 가마를 발명한 덕분에 작은 스튜디오나 지역 아트센터에서도 유리를 만드는 가마를 설치할 수 있었고, 개인이 유리 공예품을 만드는 것이 가능해졌다.

당시 소형 가마는 PC 시대의 레이저 프린터나 오늘날의 3차원 프린터와 레이저 커터와 같았다. 더 저렴하고, 작고, 더 강력한 도구의 발명으로 일반인이 대폭 참여했다. 1960년대 혁신은 생산도구를 민주화하고, 유리 공예 운동을 불러일으켰다. 그 결과 지금 맥켈비도 유리 공예품을 만들고 있다. 맥켈비는 세계 최대 유리 공예가 단체의 회장이고, 유리 공예에 관한 교과서를 집필했고, 세인트루이스에 스튜디오를 운영하고 있다.

맥켈비는 취미를 사업으로 벌인 전형적인 메이커다. 그래서 20년 뒤 잭과 함께 스퀘어를 설립하기로 했을 때, 유리 공예품을 만들며 기른 DIY 정신을 표출해 직접 시제품을 만들었다. 직접 디자인하고 제조한 덕분에 시제품의 장단점을 이해하고 시제품들을 개선할 수 있었다. 더 나은 제품을 출시했고, 시장에서 성공했다.

오늘날 스퀘어는 너무나 돌풍을 일으키고 있어서 몇몇 거대 금융 결제 회사들이 고객에게 스퀘어로 바꾸지 말라는 광고를 내보낼 정도다. 신용카드 리더 제조사 베리사인Verisign은 스퀘어 결제방식이 안전하지 않다고 광고한다. 광고 문구는 이렇다. "유리 부는 직공이 여러분의 신용카드를 빼앗았습니다." 맥켈비는 이 문구를 좋아한다. 유리 공예가로서 자부심을 느낄 뿐 아니라 메이커를 과소평가한 대기업의 조급증을 엿볼 수 있기 때문이다.

12장

맞춤형 제조 시장의 미래

제조업의 두 번째 황금시대
디지털이 제조업을 완전히 바꿀 것이다

미치 프리Mitch Free는 평범한 노동자로 살 신세였다. 주민 수가 160명인 조지아 주 타이론 마을에서 자랐고, 소규모 건설 사업을 하는 아버지 일을 가끔 도왔다. 단과대학에서 영어를 공부했으나 적성에 안 맞아 6주 만에 중퇴하고, 기술학교에 입학해 1년간 기계 교육과정을 이수했다. 원래 그는 전자공학에 더 관심이 있었지만 전자공학 교육과정 정원이 차서 신청하지 못했다.

교육과정을 마친 미치 프리는 부품공장에서 일했다. 이곳에서 그가 한 일은 포드 승합차 유리창 라이닝lining(금속 부식을 막기 위한 코팅 – 옮긴이)을 제작하는 기계의 버튼을 누르는 것이었다. 가끔 손으로 금속 제품을 문질러 광을 냈다. 1982년에 20세가 된 미치 프리는 고등학교 때 사귄 여자 친구와 결혼했다. 이렇게 평범한 노동자로 끝날 인생처럼 보였다.

그러던 어느 날, 공장 사장이 캐드캠 디자인을 아는 직원이 있으면 손을 들라고 말했다. 사장이 포드에서 대형 하청 계약을 수주했는데 디지털 파일을 다룰 줄 아는 직원이 필요했다. 매일 기계 버튼을 누르는 단순 작업에 질려 있던 미치 프리는 디지털 기술에 관해 아무것도 몰랐지만 손을 들었다. 다른 직원들은 손을 들지 않았기에 미치 프리가 새로운 업무를 맡았다.

미치 프리는 몇 가지 기술 매뉴얼을 벼락치기로 공부하고, 미시건 주 디트로이트 부근 디어본Dearborn에 있는 포드 본사에 가서 기술 연수를 받았다. 연수를 마치고 부품공장으로 돌아와 제품 설계도를 디지털화하는 작업에 착수했다. 처음에는 수작업으로 기계어 파일을 편집했다. 그러다가 소프트웨어를 이용해 파일을 편집하는 방법을 공부했다.

그는 소프트웨어를 공부하면서 해당 분야에 큰 흥미를 느꼈고 마침내 적성 분야를 발견했다. 1988년 조지아 주 애틀랜타에 정비 시설을 운영하던 노스웨스트 항공사가 생산이 중단될 항공기 부품의 설계도를 디지털화하려는 계획을 세웠다. 나중에 부품이 필요할 때 노스웨스트 항공사가 직접 부품을 제조하기 위해서다. 노스웨스트 항공사는 디지털화 작업을 위해 미치 프리를 채용했다.

노스웨스트 항공사에서 미치 프리는 호랑이가 날개를 단 듯 기술 전문가가 됐다. 그는 터빈 날개를 자동 검사하는 CNC 기계를 제작했다. 창고에서 먼지를 뒤집어쓴 채로 있던 맥도넬더글러스 DC-10 항공기를 고쳐 이스라엘 리스 회사에 팔아 1대당 1,000만 달러가 넘는 수익을 거뒀다. 그리고 그는 1990년대 말 노스웨스트 항공사 기술부문 이사가 됐다. 1990년대 말에는 성공한 항공사와 실패한 항공사를 가르는 기준이 명확했다. 바로 공급망 관리다. 적정 시기에 적정 위치에서 부품을 공급 받는 항공사가 성공했다.

미치 프리는 항공기를 더 효율적으로 운영하는 것보다 큰 변혁이 항공업계에 몰려오고 있다는 사실을 깨달았다. 그 변혁이란 항공기를 제작하는 모든 과정의 디지털화다. 그는 노스웨스트 항공사와 거래 관계에 있는 CNC 기계 회사와 여러 납품업체를 찾아가 애로사항을 경청했다. 그 결과 납품업체에 필요한 것은 CNC 기계보다 서로 만나서 얘기할 기회라는 점을 깨달았다. 그래서 그는 납품업체 임원들을 만나 점심을 먹으며 얘기하는 정기 모임을 열었다. 1999년 어느 날, 점심 모임을 마치고 돌아오는 길에 라디오에서 렌딩트리^{LendingTree}라는 대출업체의 광고를 들었다. "주택담보대출을 신청하세요. 대출업체들이 앞다투어 돈을 빌려주려 할 겁니다." 대출업체들이 서로 돈을 빌려주려고 경쟁하는 렌딩트리에서 영감을 얻은 미치 프리는 이 개념을 제조업에 적용해야겠다고 생각했다.

미치 프리는 MFG닷컴^{MFG.com}이란 도메인을 2,000달러에 구입해 2000년에 제조업체들을 대상으로 하는 온라인 마켓플레이스를 열었다. 개념은 간단했다. 어떤 제품을 제조하길 원하는 기업이 캐드 파일을 이 사이트에 올리고 주문 수량과 기타 조건을 기술하면, 소형 공장과 제조업체들이 납품 계약을 따기 위해 경쟁하는 것이다. 제조업체들은 장기간에 걸쳐 신용을 쌓을 수 있고, 신용등급이 높은 공급업체는 최저입찰 함정을 피할 수 있었다.

이는 미치 프리만의 아이디어가 아니다. 2000년경은 자동차부터 플라스틱까지 여러 산업 분야에서 B2B 시장이 속속 등장하던 시기다. 아리바^{Ariba}, 버티컬넷^{VerticalNet}, 커머스원^{CommerceOne}, 이 밖에도 이메탈^{eMetals}, 이텍스타일^{eTextiles} 등 e자가 붙은 마켓플레이스들이 있었다. 이들은 빌 게이츠$^{Bill\ Gates}$가 『미래로 가는 길$^{The\ Road\ Ahead}$』에서 예상한 '마찰 없는 디지털 자본주의'라는 꿈을 가지고, 공급망 관리에 혁명을 일으키고자 했다. 일부 B2B 시장은 이베이 같은 역경매 방식(일반적 경매는 여러 수요자가 응찰해 가격을 점점 높여가는 방식인데 반해, 역경매는 상품을 팔려는 여러 공급자가 호가를 점점 낮춰가는 경쟁을 벌여 수요자가 가장 낮은 가격으로 구매할 수 있는 방식-옮긴이)을 채택했다. 일부 대형 구매업체들은 컨소시엄을 구성해 월마트처럼 대량 구매해 가격 협상력을 높이고자 했다. 나는 「이코노미스트$^{The\ Economist}$」에 기고한 글에서 이를 설명하기 위해 '다수 구매자의 독점'이라는 뜻을 가진 'polyopsony'라는 단어를 처음으로 사용했다.

2000년 2월 MFG닷컴이 문을 열었을 때 인터넷에는 이러한 B2B 시장이 2,500개가 넘었다.[49] 이후 시장이 붕괴해 2004년에는 200개도 채 남지 않았다. 이 과정에서 수십억 달러의 시가총액이 증발했다. B2B 시장이 붕괴한 원인 중 하나는 주식시장 거품 붕괴다. 하지만 많은 닷컴기업 사업모델이 그렇듯 B2B 시장 모델도 허황된 것은 아니었다. 단지 시대를 너무 앞서갔을 뿐이었다. 기업들은 전자상거래에 대한 준비가 부족했다. 2000년대 초반까지 팩스에 의존하는 기업이 많았다. 새로운 B2B 시장에 맞는 조달 체제와 회계 체제를 갖춘 기업은 한 곳도 없었다. 따라서 직원들이 일일이 손으로 적어서 거래와 관련한 모든 것을 관리해야 했다. 설상가상으로 공급업체들이 B2B 시장에 참여하지 않으려고 했다. 지난 수십 년간 대기업들과 거래해 잘 먹고 사는데, 굳이 납품 가격을 낮추는 경쟁에 뛰어들 이유가 없었다.

MFG는 2000년대 초반 거품 붕괴에서 살아남은 B2B 시장이다. MFG는 늦게 시작한 덕분에 거품을 키우지 않았다. 주식상장에 나섰다가 쓴맛을 본 일도 없고, 벤처 투자와 얽힌 말썽도 겪지 않았다. 그 대신 애플랜타에서 미치 프리와 직원 몇 명이 MFG 웹사이트를 만들었다. 돈은 미치의 주머니에서 나왔다. 소규모로 시작했기에 자금 압박을 덜 받았고, 조급증을 부리지 않고 갈 길을 모색할 수 있었다.

MFG가 선택한 길은 단순성이다. 어떤 형태의 경매도 없다. 집단구매나 공동주문도 없다. '마찰 없는 자본주의'도 없다. 그저 제품 설계 파일을 업로드하고 주문할 뿐이다.

B2B 시장, MFG

MFG의 단순한 모델은 시장에서 먹혔다. 닷컴 거품 붕괴 이후 MFG의 사업은 순조롭게 성장했다. 2000년대 중반 MFG에서는 매일 수천 건의 제품 제조 의뢰와 제안 글이 올라왔다. 이중 몇 개는 워싱턴 주 켄트Kent에 있는 블루 오리진Blue Origin이라는 의문스러운 조직이 로켓에 쓰일 법한 고강도 부품 제조를 의뢰하는 글이었다. 실제로 블루 오리진은 로켓을 주문했고, 아마존 창업자 제프 베저스가 설립한 우주항공 회사였다. 블루 오리진 엔지니어들은 MFG에 감명을 받아 제프 베저스에게 소개했고, 제프 베저스는 가명으로 MFG를 이용하면서 MFG의 기능을 알아보고 있었다.

베저스가 비밀스럽게 MFG 사이트를 둘러보는 동안, 미치 프리는 MFG를 프랑스 제조업 기술 기업인 다소 시스템스^{Dasault Systems}에 매각하려고 협상 중이었다. 제프 베저스는 협상 마감기한이 2주일 남은 시점에 미치 프리에게 연락해 MFG에 투자하겠다고 말했다. 제프 베저스는 200만 달러를 투자해 MFG의 주요 주주가 됐고, MFG는 독자 생존하고 미치 프리는 계속 MFG를 경영할 수 있게 됐다.

현재 MFG는 세계최대 맞춤형 제조 시장이다. 15개국에서 20만 명에 이르는 회원을 확보했고, 지금까지 체결된 계약을 다 합치면 1,150억 달러에 달한다. 요새는 체결되는 계약 액수가 한 달 평균 30~40억 달러에 달한다. 이곳에서는 대부분 플라스틱 울타리, 금속 막대기, 고정 기구, 특수 케이블 같은 따분한 물건을 제조하는 계약이 체결되지만 미치 프리는 이런 계약을 지켜보면서 현재 제조업이 어떻게 돌아가는지 통찰할 수 있다. 이 사이트를 미치 프리처럼 유심히 들여다보는 사람이라면 누가 어느 곳에서 어떤 물건을 제조하는지 알 수 있다. 미치 프리는 제조업의 흐름과 각광 받고 있는 제조도구를 알 수 있다. 중국 기업에 하청을 주는 미국인들과 미국으로 돌아오는 미국 기업들의 흐름도 알 수 있다. 폴란드에 하청을 주는 독일인들과 독일 이외의 지역으로만 하청을 주는 프랑스 기업도 있다. 문화, 경제, 세계화를 한눈에 볼 수 있는 흥미로운 기회다. 이곳에서는 기업들이 매일 실제 체결하는 계약들의 흐름을 볼 수 있다.

누가 주문받는지보다 흥미로운 점은 누가 주문하느냐다. 대기업뿐 아니라 소기업도 글로벌 부품업체에 부품과 주형을 주문했다. 20년 전에는 가까운 지역 부품업체에 주문하거나 비행기를 타고 중국으로 가서 부품업체를 찾아야 했다. 이 경우 언어 장벽도 있고 시간과 비용을 많이 소비하고 사기당할 위험도 있었다.

지금은 대기업이든 소기업이든 캐드 파일을 업로드하면 부품업체들이 입찰한다. 사무실 밖으로 나가지 않아도 여러 부품업체의 가격과 품질을 따져 선택할 수 있다. 어디선가 본 광경 아닌가? 바로 일반 소비자들이 전자상거래를 이용했을 때 모습과 같다. 이제는 이베이와 아마존도 제조업 B2B 시장에 뛰어들었다.

왜 10년 전에는 B2B 시장이 잘되지 못했다가 지금 급성장하고 있을까? 환경이 B2B 시장에 맞게 성숙한 덕분이다. 웹 세대가 전통적 기업의 관리직까지 승진했고, 많은 기업이 디지털 제조 기업을 받아들였다. 무엇보다도 제조업 부품 공급업체들이 지금은 캐드부터 전자 제품까지 모두 같은 파일 포맷을 사용하고 있다는 점이 MFG가 성공한 주원인이다. 기업들이 같은 디지털 언어를 사용하는 덕분에 계약 체결에 드는 거래 비용이 줄었다. 효율적인 B2B 시장이라는 꿈을 실현하기 위해 필요했던 것은 공통의 플랫폼이었다.

모든 기술 혁명이 이처럼 한 차례 거품 붕괴를 거쳐 조건이 성숙해진 다음에 일어난다. 미국 시장조사 기관 가트너 그룹^{Gartner Group}은 이러한 붐-버스트^{boom-bust-boom} 궤적을 기술 혁명의 하이프 사이클^{Hype Cycle}이라고 표현한다. 가트너 그룹은 신기술이 등장하면 사람들의 뜨거운 관심을 받다가 거품이 꺼지고 환경이 성숙해 상용화 단계에 이르는 과정을 하이프 사이클이라는 개념으로 정리해서 설명한다. 신기술은 상용화될 때까지 다음 다섯 단계를 거친다. 태동기, 관심 고조기, 현실적 재조정기, 계몽적 부흥기, 상용화 단계다. 현재 B2B 시장은 가장 마지막 단계인 상용화 단계에 있다. 사람들이 굳이 언급할 필요 없이 당연하게 여기면 상용화 단계를 지나 일상 기술이 된다.

최근 대중이 소셜미디어 기술에 정신이 빼앗긴 동안에 물건이 더 빠르게, 더 저렴하게, 더 우수한 품질로 제조되도록 중개하는 MFG 등 B2B 사이트들이 실제 세계경제 성장을 촉진하고 있다.

알리바바

1999년 홍콩에서 「이코노미스트」 아시아 지부 편집장으로 재직 중일 때 내가 처음 만난 중국인인 마윈馬雲은 체구는 작지만 누구보다도 활동적인 남자였다. 새로운 웹 기업 창업을 구상 중이던 그는 내게 조언을 구했다. 그는 1995년에 미국을 방문해 웹브라우저를 처음 보고 큰 충격을 받았다. 그는 항저우로 돌아와 인터넷 접속 서비스를 신청하고, 친구들을 모으고, 세 시간을 기다려 인터넷에 접속했다. 1995년 중국에도 웹이 존재했다. 그는 차이나페이지라는 중국 최초의 인터넷 기업을 창업하고, 중국정부 대외경제무역합작부가 추진한 초기 전자상거래 프로젝트를 맡았다.

마윈을 처음 만났을 때 세 가지 사실에 놀랐다. 첫째, 그는 내가 본 어떤 성인 남자보다도 작았다. 키가 작을 뿐 아니라 체구가 작고 깡말랐다. 당시 그의 몸무게가 36킬로그램은 됐을지 모르겠다. 머리 크기는 평범했지만 체구가 작아서 유난히 머리가 커보였다. 둘째, 영어 구사 능력이 완벽했다. 셋째, 머리가 몸무게의 대부분을 차지하는 듯 보일 정도로 머리가 명석했다. 그는 인터넷의 잠재력을 잘 알고 있었고, 인터넷 사업에 열정을 보였다. 중국 본토에서 흔히 볼 수 없는 유형의 남자였다. 중국정부 대외경제무역합작부의 전자상거래 프로젝트에서 맡은 역할 때문에 그가 가장 관심을 보인 주제는 작은 중국 제조업체들이 언어와 문화 장벽을 넘어 외국인과 직접 거래할 수 있는 창구로 웹을 활용하는 것이었다.

그는 자신의 웹 기업에 알리바바라는 이름을 붙이는 것이 어떨지 내게 물었다. "열려라 참깨라고 말한 그 알리바바 말입니다." 나는 그에게 '열려라 참깨' 대신 다른 태그라인을 사용하는 편이 나을 것이란 시답잖은 조언을 덧붙이며 그를 격려했다.

현재 마윈 회장은 억만장자다. 알리바바 그룹은 중국 최대 인터넷 기업들을 보유 중이고 직원 수는 2만 3,000명이 넘는다. 2007년 홍콩 증시에 17억 달러의 주식을 상장했다. 이는 구글 이후 가장 성공적인 상장이었다. 내가 이 글을 쓰고 있는 시점에 마윈 회장은 야후 인수를 검토하고 있다. 최근 뉴욕에서 만났을 때 마윈 회장은 살이 좀 붙어 몸무게가 45킬로그램 정도 되는 듯 보였다.

알리바바닷컴은 여전히 마윈 회장의 핵심 사업이다. 알리바바닷컴은 마윈의 예상보다도 성공했다. 회원 수는 7억 명 이상이고, 장사하는 판매자 수는 1,000만 명에 이른다. 매일 수백만 명이 1990년대에 마원이 구상한 일(사무실과 공장을 연결하는 제조업 주문 작업)을 하고 있다.

MFG가 부품업체들을 연결하는 반면, 알리바바는 모든 사람과 모든 상품을 연결하고 있었다. 알리바바는 제조업의 이베이와 같다. 알리바바에서는 누구든 어떤 상품이든 몇 개든 제조를 의뢰할 수 있다. 나는 중국 둥관東莞 지역에서 영업하는 특수엔진 제조업체에 로봇장치에 쓸 전기 모터를 주문했다. 나는 샤프트 길이, 와인딩winding 수, 와이어 유형을 자세히 지시했다. 열흘 뒤 시제품이 내가 사는 집에 도착해 깜짝 놀랐다. 이렇게 편리하게 중국 공장을 이용할 수 있다니!

메이커의 관점에서 보면 알리바바와 같은 사이트는 글로벌 공급망을 모든 구매자에게 개방하는 역할을 한다. 소기업은 물론 개인도 이러한 글로벌 공급망을 이용해 시제품을 만들고 대량생산할 수 있다.

이는 알리바바만의 공이 아니다. 중국 경제와 중국 경영 문화의 변화가 몰고 온 일이다. 지난 수년 사이에 중국 제조업체들은 소규모 주문을 더 효율적으로 처리할 수 있도록 진화했다. 그 덕분에 이제는 1인 기업도 대기업과 같은 수준으로 공장에서 물건을 만들 수 있게 됐다.

이를 촉진하는 트렌드가 두 가지 있다. 첫째, 웹을 중심으로 경영하는 중국 기업들이 늘고 있다. 웹 세대가 관리직을 맡으면서 중국 공장들이 인터넷으로 주문받고, 이메일로 고객들과 소통하고, 신용카드나 온라인 결제 서비스 페이팔PayPal로 돈을 받는다. 둘째, 경제 위기로 생기는 디플레이션 효과를 경감하기 위해 기업들이 더 이윤이 많이 남는 제품을 주문받으려고 노력하고 있다.

중국에 펼쳐진 개방 접근 공장open-access factory의 신세계를 들여다보고 싶은 사람은 알리바바 영문판을 접속하면 된다. 관심 가는 제품을 생산하는 기업을 검색해서 자신이 원하는 물건을 제조해줄 수 있는 지 메신저로 물어보라. 알리바바의 인스턴트 메신저는 실시간 영어-중국어 번역 기능을 제공하기에 미국인과 중국인이 자신의 모국어로 대화할 수 있다. 보통 몇 분 안에 답변이 돌아온다. 우리 공장에서는 만들 수 없다든지, 만들 수 있으니 다음 절차대로 주문해달라든지, 이미 비슷한 물건을 만들고 있고 가격은 다음과 같다고 답변한다.

마윈 회장은 이러한 소비자 대 기업consumer to business의 거래를 'C to B'라고 표현한다. 이는 DIY 운동에 따라 개인 기업을 운영하는 사람들에게 이상적인 거래 모델이다. 마윈 회장은 말한다. "중국 기업들이 외국인들에게서 소량 주문 받아서 생산한다면, 대량생산하는 제품처럼 가격 경쟁이 치열하지 않을 테니 더 많은 이윤을 남길 수 있을 겁니다." 마윈 회장은 알리바바 사이트를 이용한 전자상거래가 중국에서 110만 개가 넘는 일자리를 창출했다고 말한다.

이는 다른 나라에서도 볼 수 있는 트렌드이지만, 중국은 어느 나라보다도 전자상거래가 급성장하고 있다. 그 비결 중 하나는 산자이山寨 산업을 낳은 중국의 문화적 역동성이다. 중국어 '산자이'는 '산적'이란 뜻으로 인기 있는 제품을 표절한 제품을 말한다. 하지만 산자이닷컴Shanzai.com은 산자이를 '전통적 규칙이나 관행을 준수하지 않고 영업해 종종 혁신적이고 비범한 제품이나 비즈니스 모델을 낳는 상인'이라고 규정한다. 이러한 중국 상인들은 제조자 혁명을 일으키는 1인 기업들의 수요에 대처할 수 있을 만큼 빠르고 유연하기 때문에 제조자 혁명을 보조하고 있다.

오늘날 산자이 제조업체들은 1년에 2억 5,000만 개가 넘는 휴대전화를 생산하고 있다. 이중 상당수는 아이폰과 안드로이드폰이다. 많은 산자이 제조업체가 소량(보통 1만 개 이하) 생산을 하고 있다. 여러 산자이 제품 중에서 소비자의 눈을 사로잡기 위한 변형제품이 많다. 예를 들어 많은 산자이 휴대전화에는 심^{Sim}카드 슬롯이 2~3개 있다. 집이나 직장에 있는 사람, 불륜관계에 있는 사람과 통화할 때 각기 다른 심카드를 사용하려는 소비자를 공략하기 위해서다.

산자이에서 흥미로운 점은 복제품을 만드는 업체들이 결국 오픈소스 기업과 비슷한 형태로 진화했다는 사실이다. 아이디어와 기술이 불법복제나 오픈소스로 여러 사람에게 전달되면 협동적 혁신을 촉발한다. 아이디어는 점점 더 많은 사람과 공유되는 특성이 있다. 아이디어를 공유하는 사람들은 상호 이익을 위해 함께 작업하는 경향이 있다. 이러한 과정을 통해 가격이 하락하고 품질이 향상된다.

중국 최초로 해커들의 교류 장소인 신처젠新車間을 만든 데이비드 리$^{David Li}$는 미래연구소 대담에서 산자이 모델이 개방형 혁신과 마이크로 제조업을 위한 모델이자 개인 제조업의 미래인 이유를 다음과 같이 설명했다.

산자이 제조업체들은 원작자의 지적재산권을 신경 쓰지 않고, 서로 정보를 공유한다. 산자이 생태계에 참여하는 상인들은 모두 사업 규모가 작고, 산자이 생태계를 조절할 중앙집권적 단체가 없다. 산자이 제조업체들은 치열한 경쟁을 거치면서 제조간접비(두 종류 이상의 제품을 만들 때 공통으로 발생하는 원가 요소-옮긴이)를 최소화했고, 시장에 즉각 반응하는 효율적 마이크로 제조 생태계를 만든다.[50]

데이비드 리는 산자이 기업들이 미래연구소의 '경량혁신lightweight innovation' 모델에 완벽히 부합한다고 설명했다.[51]

1. 조직을 네트워크로 연결하라. "충칭 상인들이 식당에서 차를 마시면서 바이어와 협상하는 동안, 선전 상인들은 대형 전자제품 쇼핑몰과 연결된 광활한 네트워크를 통해 주문을 받고 판매합니다."

2. 해법을 찾는 사람이 보상받는다. "제품 1개당 이익이 극히 적기에 산자이 상인들은 이윤을 얻는 방법을 함께 연구합니다. 해법을 찾지 못하면 돈을 벌 수 없습니다. 이윤을 얻기 위해선 모방도 문제되지 않습니다."

3. 개방하라. "산자이가 살 길은 개방성입니다. 산자이 업체들은 대기업들의 거래 비밀을 자유롭게 공유합니다. 모든 것은 기본적으로 오픈소스입니다. 지적재산권 이슈를 제외하면 오픈소스 세계가 추구하는 궁극적인 개방성을 산자이 업계에서 볼 수 있습니다."

4. 적극 대응하라. "과거에는 산자이 업체들이 중국 기업들이 정식계약을 맺어 생산하는 정품을 보고 짝퉁을 만들었습니다. 하지만 최근에는 산자이 업체들이 인터넷에서 떠도는 소문을 듣고 짝퉁을 만듭니다. 특히 애플 제품이 그렇습니다. 인터넷에서 아이패드가 단순히 아이폰 크기를 늘린 제품일 것이라는 소문이 떠돌자, 산자이 업체들은 다양한 대형 (7인치와 10인치) 아이폰을 생산했습니다."

오픈소스 안두이노 컴퓨팅 플랫폼의 핵심 개발자 톰 이고에Tom Igoe 는 산자이 업체의 부상을 다음과 같이 해석한다. "네트워크로 잘 연결된 소기업들의 산자이 비즈니스 모델은 경제 회복의 단초가 될 수도 있는 새로운 접근법이다. 이러한 접근법이 제조업을 강타할 때 어떤 일이 벌어질까? 이제 우리 눈앞에 펼쳐질 것이다."

DIY 공장

마지막으로 '클라우드 공장factories in the cloud'을 살펴보고 이번 장을 끝내 겠다. 클라우드 공장은 레이저 커터와 3차원 프린터와 같은 디지털 제조도구들을 갖춘 웹 기반 서비스 업체다. 디지털 파일을 업로드하 고 사진을 배송받는 온라인 인화 전문업체 셔터플라이Shutterfly가 한 예 다. 클라우드 공장은 디지털 제조도구를 소유하지 않은 사람도 고품 질 생산도구에 접근할 수 있도록 돕는다.

가장 유명한 클라우드 공장은 포노코와 셰이프웨이일 것이다(나는 무보수로 포노코 자문위원회에서 일하고 있다). 포노코는 뉴질랜드에서 레 이저 커터 서비스 업체로 출발해 지금은 레이저 커터, 3차원 프린터, CNC 기계 서비스를 제공하는 글로벌 기업으로 성장했다. 포노코의 비즈니스 모델은 간단하다. 개인이 컴퓨터에서 디자인한 디지털 파일 을 포노코 웹사이트에 업로드하면, 소프트웨어가 파일을 출력할 수 있는지 확인한 다음에 어떻게 출력할지 선택하라고 한다. 2차원 이미 지로 출력하고 싶으면 플라스틱부터 목재, 알루미늄까지 다양한 재료 를 레이저 커터로 자르는 방안을 선택하면 된다. 3차원 이미지로 출 력하고 싶으면 3차원 프린터나 CNC 기계로 제조하는 방안을 선택하면 된다. 다양한 재료를 사용해 반지처럼 작은 물체도, 테이블처럼 큰 물체도 만들 수 있다. 디지털 설계 파일에 오류가 있으면 소프트웨어도 포노코 직원이 파일을 수정한다. 디지털 디자인 파일을 다른 사람들과 공유할 수도 있다. 인터넷 상점을 열어 자신의 디지털 디자인 파일을 다른 사람이 이용할 때마다 돈을 받을 수도 있다.

포노코 본사에는 생산기계가 별로 없다. 포노코는 소비자와 제작소를 연결하는 소프트웨어일 뿐이다. 포노코 웹사이트는 제조 경험이 없지만 장치 메이커가 될 수 있는 사람들이 기계가 이해할 수 있는 형식으로 디지털 설계 파일을 만들고 업로드하도록 돕는다. 포노코는 재료를 추천하고, 가격을 계산하고, 주문을 받는다. 그다음에는 제작소로 디지털 파일을 보낸다.

셰이프웨이는 플라스틱, 수지, 티타늄, 유리, 스테인리스 스틸 등 다양한 재료를 사용해 3차원 프린터로 출력해주는 서비스를 제공하는 업체다. 선택한 재료와 출력량에 따라서 비용을 계산한다. 장난감 병정만 한 크기의 플라스틱 제품을 출력하면 15달러 정도 든다. 더 큰 금속 제품을 출력하면 50달러 이상 들 수도 있다. 흑백으로 출력하거나 천연색으로 출력할 수 있다.

비슷한 방식으로 전자 제품, 섬유 제품, 도자기를 제조해주는 서비스 업체도 있다. 이러한 서비스 업체들의 원조는 바로 레고다. 개인이 레고 디지털 디자이너 캐드 프로그램을 이용해 레고 장난감을 설계하고, 파일을 업로드한 다음 주문하면 레고가 공식적으로 출시한 제품과 똑같은 품질로 제조된 레고 장난감이 집에 도착한다. 다른 사람들이 이 디자인 파일을 보고 제품을 주문하면 판매금액의 일부가 설계자에게 돌아간다.

　MFG, 알리바바, 포노코, 셰이프웨이는 디지털 제작도구를 갖춘 공장을 소비자와 연결해 생산도구를 소유하지 않은 개인도 집에 있는 컴퓨터를 통해 제조를 지시할 수 있도록 돕는다. 어떤 면에서 보면 글로벌 제조업이 규모를 초월하게 됐다. 과거 공장들은 대기업의 주문만 받아 대량생산했다. 이제는 많은 공장이 몇 개든 주문받아 생산한다. 물론 소량생산하면 제품 가격이 비싸진다. 하지만 기업이 만들지 않는 물건을 자신이 설계해서 손에 넣는 혜택을 감안하면 다소 비싼 제품 가격은 감수할 만한 가치가 있다. 글로벌 공급망이 마침내 개인과 연결됐다. 이제 누구나 무엇이든 만들 수 있다.

　이러한 스마트 제조 소프트웨어는 오토데스크의 123D처럼 캐드 프로그램 속으로 들어올 것이다. 워드프로세서 메뉴에서 '인쇄'를 선택하듯, 캐드 프로그램 메뉴에서 '제조'를 선택하는 것이 익숙해질 것이다. 그리고 '로컬 제조'를 눌러 집에 있는 데스크톱 제조도구(3차원 프린터, CNC 기계, 레이저 커터)를 사용할지, '글로벌 제조'를 눌러 클라우드 공장 서비스를 이용할지 선택할 수 있을 것이다. 어떤 재료를 사용할지, 2차원으로 출력할지, 3차원으로 출력할지 선택하는 일을 돕는 소프트웨어 기능이 강화될 것이다. 개인의 대량생산을 가로막는 벽이 사라질 것이다. 집에서 컴퓨터를 켜고 메뉴를 누르면 공장에 일을 시킬 수 있는 날이 눈앞에 다가오고 있다. 당신은 오늘 어떤 물건을 만들고 싶은가?

13장

DIY 생물학의 미래

메이커의 궁극적 꿈은 자연이 생물을 만들듯 물질을 프로그램하는 것이다

레이저 커터, 3차원 프린터, CNC 기계는 강력한 데스크톱 제조도구이지만 여전히 사용할 수 있는 재료와 작업의 복잡성 측면에서 한계가 있다. 음식을 요리할 수도, 당장 신을 수 있는 신발을 만들 수도 없다. 원하는 대로 뭐든지 만들려면 〈스타트렉〉에 나오는 물질재조합장치 같은 만능제조장치가 필요할 것이다. 하지만 아쉽게도 이는 아직 공상과학소설에나 가능한 기술이다.

이러한 만능장치 개념은 수십 년간 공상과학소설 작가들의 상상력에 불을 지폈다. 닐 스티븐슨Neal Stephenson은 1995년 소설 『다이아몬드 시대The Diamond Age』에서 '물질편집기matter compiler' 발명 덕분에 원하는 것은 뭐든지 만들 수 있고 궁핍을 모르는 사회를 상상했다.

처음에 흐린 빨간 빛을 내는 다이아몬드 형태를 띤 반구형 공간이 있었다. 한가운데에는 작은 파이프라인으로 둘러싸인 중앙 진공 파이프인 피드가 교차했다. 각 파이프라인 속에는 나노 기술로 만든 원자구조물을 운반하는 미세한 컨베이어벨트가 있었다. 물질편집기는 피드의 끝에 있는 기계로 프로그램 지시에 따라 컨베이어벨트로 운반된 원자구조물을 조합해 더 복잡한 구조물을 만들었다.[52]

이는 공상과학소설 속 얘기지만, 현실에서 비슷한 일이 아주 불가능한 것은 아니다. 닐 거센필드 MIT 교수는 20~30년 뒤에는 비슷한 일이 가능하다고 예측한다.

어떻게 그런 단계까지 발전할 수 있을까? 이는 3차원 프린터나 다른 CNC 기계를 더 빠르고 정밀하게 작업하도록 개선한다고 해서 되는 일이 아니라고 닐 거센필드 교수는 말한다. 그저 재료를 깎거나 이동하거나 재료 상태를 바꿔서 제품을 만드는 데 그친다는 점이 CNC 기계의 한계라고 교수는 말한다. 재료 자체는 아무 역할을 하지 않는다. 제조 기계가 모든 작업을 한다.

이를 레고 장난감과 비교해보라. 아이가 레고 장난감을 가지고 놀 때, 레고 블록은 아이의 실수를 교정한다. 레고 장난감은 정확한 위치에 맞춰야만 조립된다. 레고 듀플로Duplo 블록은 모서리가 비스듬해서 모서리 방향을 보면서 조립하면 정확히 조립할 수 있다. 레고 블록들은 하나의 좌표계coordinate system다. 아이는 레고를 다 조립한 다음에 그냥 갖다버리지 않는다. 분해해서 다른 형태로 조립한다. 레고 블록은 궁극의 재활용 가능 재료다.

프로그램 가능 재료

어떤 면에서 보면, 레고 블록은 '지능 물질$^{intelligence\ matter}$'이다. 레고 블록은 조립 규칙이 있고, 바퀴와 경첩처럼 미리 설정된 기능이 있다.

황당한 개념처럼 들리는가? 이미 자연이 이런 방식으로 작동한다. 눈송이부터 다이아몬드까지, 결정체는 원자가 스스로 모여 복잡한 구조물로 바뀐 것이다. 사람의 신체도 DNA/RNA의 지시에 따라 아미노산을 조합해 만든 단백질로 구성되어 있다. 아미노산도 원자가 스스로 모여 만들어진 것이다. 공장의 원조는 생물이다.

'지능 물질'은 생물의 기초적인 구성 요소다. 여기서 닐 거센필드 교수가 자주 예로 드는 것이 인체 세포의 리보솜^{ribosome}이다. 리보솜은 RNA와 단백질로 구성된 복합체로 세포질 속에서 단백질을 합성하는 역할을 한다. 다른 생물적 기계를 만드는 생물적 기계인 셈이다. 닐 거센필드 교수는 리보솜을 미래 제조도구의 모델로 본다.

세포에서 DNA에 암호화된 화학 정보는 RNA로 복사된다. 이 과정을 전사^{transcription}라고 부른다. 리보솜은 RNA에 전사된 코드를 읽어 아미노산을 조합해 특수한 단백질을 만드는 세포소기관(인체에 여러 기관이 존재하는 것처럼, 세포 안에서 여러 가지 기능을 분업하고 있는 구조단위)이다. 이렇게 생긴 단백질은 자체적인 원자 결합에서 나오는 전기 자극에 따라 자동으로 복잡한 형태를 띤다. 이러한 단백질이 수십억 개 모여 세포벽부터 뼈까지 인체 부위를 구성한다.

DNA는 1차원 코드다. DNA는 각기 다르게 조합된 네 가지 화학적 '글자'들로 서로 연결되어 긴 사슬을 형성한다. 1차원 코드인 DNA가

3차원 물체인 단백질을 만든다. DNA가 적용되는 재료(RNA, 리보솜, 단백질)가 각각 다른 화학 규칙, 구조 규칙, 논리를 따르고 있기에 작은 DNA 정보가 놀라운 복잡성을 낳는다. 닐 거센필드 교수는 리보솜을 '프로그램 가능 물질programmable matter'이라고 부른다. 이 경우 DNA가 리보솜을 프로그램한다. 이와 똑같은 원리가 다른 모든 재료에 적용될 수 있다.

닐 거센필드의 MIT 실험실에서는 학생들이 서로 자동 연결될 수 있는 작은 전자부품들을 사용해 기초적 수준의 프로그램 가능 물질을 연구하고 있다. 다른 지역의 연구자들은 더 고도의 연구를 수행 중이다. 현재로서 연구 성과를 낼 가능성이 가장 높은 프로그램 가능 물질은 DNA다.

'구조적 DNA'라는 새로운 연구 분야에서는 생물적 기능이 없는 인공 DNA를 건설 재료로 사용한다. 현재 세계에서 60개 정도의 연구소가 이 분야를 연구하고 있다. 연구자들은 DNA 가닥을 합성해 사각형, 삼각형, 다각형 형태로 만들 수 있다.[53] 이러한 구조들은 2차원 DNA 형태들을 타일처럼 서로 겹치지 않도록 배치하는 작업을 통해 만든다. DNA를 3차원 형태로 접는 연구도 있다. 종이를 접어서 3차원 물체를 만들듯, 인공 DNA를 접어 3차원 나노 구조를 만드는 과정을 'DNA 오리가미DNA origami'라고 부른다(일정한 과정을 반복하는 DNA의 특징을 반도체에 활용하면 작고 싼 반도체를 만들 수 있을 것이라 기대하는 IBM이 DNA 오리가미 기술을 연구 중이다 – 옮긴이).

3차원 DNA 구조물을 비계 형태로 조합해 상자 같은 구조물을 만들 수도 있다. 어떤 화학 자극에 반응해 문을 열거나 닫도록 프로그램

할 수도 있다. 이렇게 프로그램한 문이 달린 구조적 DNA 상자 안에 약을 담아서 환자가 복용하게 하고, 특정 인체 부위에 도달하면 화학 신호를 보내 구조적 DNA 상자의 문이 열리고 약이 밖으로 나오게 한다.

학자들은 이러한 프로그램 가능 나노머신programmable nanomachine을 제 조하고자 오랫동안 여러 가지 재료로 실험했다. 예를 들어, 학자들은 DNA를 금 나노 입자 같은 다른 물질들과 결합해 DNA 구조물을 강 화하는 실험을 했다. 하지만 이렇게 강화된 DNA 구조물들을 결합해 도 육안으로 볼 수 있을 만큼 큰 물질을 합성하는 데는 실패했다. 다 른 학자들은 고분자(polymer 중합체, 다수의 반복 단위를 함유하는 고분자 량 화합물 – 옮긴이)를 비롯한 화학물질들로 비슷한 실험을 했다. 이러 한 화학물질은 DNA보다 단단하지만 프로그램하기는 더 어렵다.

'프로그램 가능 물질'이란 개념은 아직 실현가능한지 검증 중에 있 다. 지금까지 연구한 바에 따르면, 미세 단위의 프로그램 가능 물질이 가능하지만 실용화하기까지는 한 세대는 더 연구해야 한다. 이미 이 분야에서도 제조자 운동을 찾아볼 수 있다.

DIY 바이오 운동

1983년 3월 금요일 밤, 화학자 캐리 멀리스Kary Mullis는 캘리포니아 퍼 시픽 코스트 고속도로를 운전하다가 훗날 노벨상을 받게 될 아이디어를 떠올렸다. 당시 유전공학 연구에서 가장 큰 문제는 연구할 만한 DNA를 충분히 구하지 못한다는 사실이었다. DNA를 발견해도 곧 오염돼 연구할 수 없었다.

캐리 멀리스는 차를 운전하면서 DNA 돌연변이를 분석할 여러 가지 방법을 구상했다. 그러던 중, DNA 중합효소^{DNA polymerase}(DNA 이중나선 중 한 개의 사슬을 주형으로 하여 새로운 DNA 사슬 형성을 촉매하는 효소로 DNA의 복제나 복구에 사용한다-옮긴이)라는 특수 박테리아 효소를 사용하고 열을 가해 DNA를 복제하는 방안을 떠올렸다. 다른 학자들도 DNA 종합효소를 사용해 DNA를 복제하는 방법은 생각했지만, 열을 가하는 것은 미처 생각하지 못했다. DNA에 열을 가하면 연쇄반응이 일어나 DNA가 쉽게 복제된다. 한 번 가열할 때마다 DNA 수가 2배로 증가해 단시간에 수백만 개로 늘릴 수 있다.

극한성 생물(극한 환경에 서식하는 미생물-옮긴이)인 온천 박테리아에서 추출한 효소는 열에 저항력이 강하다. 이 효소를 사용해 DNA를 복제하는 자동 과정을 개발한 덕분에 비로소 현대 유전공학 산업 연구가 가능해졌다. 흔히 PCR이라고 줄여 말하는 중합효소 연쇄반응^{polymerase chain reaction}을 개발한 공로로 캐리 멀리스는 1993년 노벨화학상을 받았다.

PCR은 분자생물학의 주춧돌이 된 기술이자, 유전자 혁명의 기적이다. 오늘날 유전자 증폭기^{thermal cycler}라고도 부르는 PCR 기계는 모든 유전공학 연구실에 없어서는 안 되는 도구다. 한때 1대 가격이 10만 달러나 됐지만, 지금은 5,000달러짜리 제품도 구할 수 있다. 하지만 5,000달러도 비싸다. 이는 초등학교 교실, 전력 사정이 안 좋은 아프리카에서 사용하거나 PCR 기계 자체를 실험하기에는 부담이 되는 가격이다.

캘리포니아에 거주하는 젊은 생물학자 조시 퍼페토^{Josh Perfetto}는 누구나 쉽게 사용할 수 있고 훨씬 값싼 PCR 기계를 원했다. 그래서 오픈 PCR이라는 오픈 하드웨어 유전자 증폭기를 만들었다. 오픈 PCR은 도시락 크기의 합판 컨테이너로 위에는 작은 LCD 스크린이 달려 있다. 안에는 안두이노 프로세서 보드, 파워서플라이, DNA와 효소를 담아놓을 용기나 전열 코일이 설치되어 있다. 오픈 PCR 가격은 599달러로 기업들이 생산한 상업용 제품 가격의 거의 10분의 1에 불과하다. 게다가 디지털 디자인 파일을 인터넷에 공개한 상태이므로 누구든 원하는 대로 변형제품을 생산할 수 있다.

조시 퍼페토는 제조자 운동의 작은 분파인 DIY 바이오 커뮤니티에서 활동하는 회원이다. 바이오해커^{Biohackers}라는 커뮤니티는 하드웨어 세계의 메이커스페이스처럼, 과학자들이 공동으로 작업할 수 있는 공간을 만들고 있다. 실리콘밸리에 있는 바이오큐리어스^{Biocurious}, 뉴욕에 있는 진스페이스^{Genspace}가 그 예다. 아직 장비는 평범한 대학 연구실에 있는 장비와 별반 다르지 않지만, 이 시설에서 추진한 프로젝트들이 지역 주민들의 관심을 끌고 있다.

지금까지 DIY 바이오 운동은 고가의 생물학 실험도구를 값싸게 제조해 누구나 사용할 수 있도록 하는 과학도구의 민주화 작업에 주력했다. 많은 실험도구가 비싸고, 지적재산권으로 보호받고, 사용하기 어렵다. 그래서 조시 퍼페토 같은 바이오해커들이 생물학 실험도구들을 하나씩 오픈소스로 제작하고 있다.

예를 들어, 원심분리기는 가격이 수천 달러나 되지만 구조를 살펴보면 정말 단순하다. 부품이라곤 전기 모터, 속도 조절 장치, 시험관을 잡는 장치뿐이다. 아일랜드 코크 지역에 사는 생물학자 캐설 가비^{Cathal Garvey}가 설계한 무료 원심분리기 디자인 파일 'DremelFuge'를 검색해서 3차원 프린터로 출력해보라. 상점에서 흔히 살 수 있는 드릴만 있으면 쉽게 조립할 수 있다. 다 합쳐서 100달러도 안 되는 비용으로 1분에 3만 3,000번 시험관을 돌릴 수 있는 원심분리기를 제조할 수 있다.

DIY 바이오 팀은 오픈소스 자석교반기, 바이오 연료, 동물 사료로 쓰거나 오염 물질을 흡수할 조류를 배양하는 기구인 생물반응기(생체 내 생화학적 반응 과정을 인공적으로 재현하는 장치-옮긴이) 등 여러 오픈 프로젝트를 진행했다.

현재 바이오해커들은 학교 실험실과 전문 연구소에서 사용하는 실험도구들을 더 싸게 제조하는 일을 연구하고 있다. 누구나 실험도구를 사용할 수 있게 해 생물학에 접근할 수 있도록 돕고 있다. 하지만 어두운 측면도 일부 존재한다. 법으로 금지한 마약과 비슷한 효과를 내는 화학물질을 법의 감시망을 피해 만드는 사람도 있다. DIY 연구실은 당국이 파악하고 규제할 수 있는 것보다 빠른 속도로 화학물질을 제조할 수 있다. 마리화나에 있는 THC 물질과 비슷한 속성을 가졌지만, 마리화나보다 인체에 해로운 화학물질을 합법적인 마약 상점에서 판매하고 있다.

화학 분야에서 일어난 DIY 운동만으로도 이런 부작용이 있다. 그렇다면 생물학과 유전공학에서 DIY 운동이 일어나면 어떤 일이 생길

까? 지금은 집에서도 DNA를 관찰할 수 있다. 가까운 미래에는 개인이 집에서도 DNA 실험을 하며 DNA를 합성하고 변형하고 갖가지 유전공학 기술을 사용할 것이다. 지금처럼 연구실에 있는 극소수 전문가만 엄밀한 절차를 거쳐 DNA를 조작하는 시대는 끝날 것이다. 미래에는 사람들이 생물을 해킹할 것이다. 지난 수천 년간 인류는 교배육종cross-breeding과 농업유전학agricultural genetics을 통해 그러한 일을 해왔지만 자연의 한계를 넘지는 못했다. 실험실에서는 자연의 순리를 벗어나는 실험도 가능하다. 그리고 DIY 바이오 운동은 수많은 실험실을 만들고자 노력 중이다. 훈련된 과학자들만이 DNA를 조작하라는 법은 없다.

산업계의 새로운 지형
제조업은 부흥할 수 있다

제조자 운동의 부상으로 향후 경제는 어떻게 바뀔까? 미국을 비롯한 서구국가들이 몇몇 대기업들이 아닌 틈새시장을 공략하는 수많은 소기업의 활약에 힘입어 제조업 경쟁력을 회복할까? SF 작가 코리 닥터로우^{Cory Doctorow}의 책에는 다음과 같은 구절이 나온다.

> 제너럴 일렉트릭, 제너럴 모터스, 제너럴 밀스와 같은 이름을 가진 기업들의 시대는 끝났다. 시장에서 벌 수 있는 돈은 크릴새우와 같다. 영리하고 창의적인 사람들이 수억 개의 작은 사업 기회를 발견하고 잡을 수 있다.

낮은 진입 장벽, 빠른 혁신, 강렬한 기업가 정신이라는 특징을 보이는 상업적 웹 모델을 설명하는 구절처럼 보인다. 서구 제조업도 이러한 상업적 웹 모델을 받아들여 바뀔까? 아니면 아마추어들이 사업하거나 돈을 벌 의도 없이 대다수 콘텐츠를 창조하는 일상적 웹의 모습처럼, 메이커들이 사업할 생각 없이 자신이 쓸 물건을 만드는 데에 그

칠 수도 있다.

이러한 아마추어 메이커들은 홈브루 컴퓨터 클럽이나 홀어스 카탈로그에서 볼 수 있는 발명가들의 이념처럼 큰돈을 버는 데 관심이 없다. 아이디어를 활용해 대기업을 세우지 않고, 대기업의 속박에서 벗어나려고 아이디어를 사용하고자 한다. 그래서 자신이 공들여 만든 작품을 다른 사람들과 공유한다.

나는 웹에서 디자인 파일을 받아 집에 있는 메이커봇 3차원 프린터로 출력할 때마다, 비트 세계에서처럼 원자 세계에서도 무료 제품이 흔한 날이 오려면 얼마나 걸릴지 생각해본다(현대인은 무료 디지털 제품이 넘치는 경제 모델을 너무나 당연히 여기지만, 나는 몇 년 전에 이 경제 모델을 고찰한 책을 출간했다).[54]

이미 현실에서는 오픈소스 에콜로지Open Source Ecology라는 온라인 커뮤니티가 소형 전기톱부터 소형 콤바인까지 기본적인 농사, 건설, 제조에 필요한 50가지 도구들의 디자인 파일을 오픈소스로 공개했다. 오픈소스 에콜로지는 지구촌 건설 도구라고 이름 붙인 이 50가지 도구를 사용해 문명의 편리함을 포기하지 않으면서도 자립할 수 있는 마을을 건설하자는 운동을 벌이고 있다. 이러한 운동은 이스라엘의 자급자족 마을 모델인 키부츠kibbutz나 인도 간디의 마을 산업 자립 모델을 연상케 한다. 물론 현대인이 모두 농산물을 재배할 수도, 쇼핑몰에서 물건을 사는 편리함을 포기할 수도 없다. 하지만 공장에서 제조한 제품을 운송하고, 가게에 저장하고, 판매하는 현대와 달리 미래에는 필요한 사람이 직접 물건을 만들어 쓰는 경향이 강해질 것이다. 이런 시대가 오면 기업의 이익보다는 사회의 이익을 위해 움직이는 산업 경제가 출현할지도 모른다. 이미 오픈소스 소프트웨어가 그런 가능성을 보여줬다.

과연 서구 제조업은 어떤 미래를 경험할까? 나는 서구 제조업이 상업적 웹 모델을 따라갈 것이라고 예상한다. 제조업 진입 장벽이 낮아져 창의적이고 신속한 기업가들이 제조업 시장에 들어오고, 제조업을 혁신할 것이다. 미래가 이렇게 흘러갈 때 가장 잘 적응하는 선진국들이 고임금에도 불구하고 제조업의 주도권을 잡을 것이다. 세계화와 IT 기술의 발달은 세계를 하나로 묶고, 선진국의 제조업을 저임금 국가들로 이전시켰다. 이러한 제조업 이전은 지금 새삼스럽게 나타나는 현상이 아니다. 이미 19세기 초에 '비교우위'라는 개념을 주창한 경제학자 데이비드 리카도David Ricardo가 관찰한 현상이다.

하지만 꼭 저임금 국가로 제조업을 이전하라는 법은 없다. 자동화 설비 덕분에 제품 제조 비용에서 인건비가 차지하는 비율이 낮아지고 있다. 전자제품을 제조하는 비용 중 인건비 비용은 몇 퍼센트일 뿐이다. 인건비 비율이 낮아지면서 교통비와 시간 비용 등 다른 비용의 비율이 높아졌다.

예를 들어, 샌디에이고에 있는 3D 로보틱스 공장은 중국에 있는 공장과 똑같은 가격으로 생산설비를 구입한다. 미국 근로자 임금이 중국 근로자 임금보다 높지만 차이는 점점 줄고 있다. 샌디에이고에서 1시간 일하면 15달러 정도 받는다. 주당 40시간씩 일하면 한 달에 2,400달러를 받는다. 반면 중국에서 아이폰과 아이패드를 만드는 폭스콘 근로자는 한 달에 400달러를 받는다. 경쟁, 기술 숙련도 향상, 노동운동 덕분에 지난 5년간 선전 지역 임금은 50퍼센트 상승했다.

반면 서구 제조업 임금은 지난 5년간 거의 그대로다.

샌디에이고 3D 로보틱스 공장에서 20분 거리에 있는 멕시코 티후아나 3D 로보틱스 공장의 임금은 한 달에 1,200달러로 미국의 절반, 중국의 3배 정도다. 200달러짜리 자동조종장치를 1대 만들 때 멕시코 공장과 중국 공장의 인건비 차이는 1달러도 되지 않는다. 제품 생산 비용의 1퍼센트 정도이고, 소매가의 0.5퍼센트 정도다. 부동산 가격, 전기 가격을 비롯한 다른 비용을 따져보면 멕시코와 중국의 차이가 더욱 적다.

즉, 갈수록 로봇으로 만드는 제품이 늘면서 저임금 국가에서 생산하는 이점이 줄고 있다. 중국 기업들조차도 임금인상 압력을 완화하고 지난 몇 년간 폭스콘 공장이 촉발한 근로조건 논쟁을 벗어나고자 자동화 설비를 늘리는 추세다. 물론 모든 생산 과정을 자동화할 수는 없다. 여전히 아이패드를 만들려면 많은 수작업이 필요하다. 하지만 산업용 로봇 가격은 갈수록 낮아지고 성능은 갈수록 높아지고 있다. 반면 임금은 계속 높아지고 있다.

따라서 기업가가 어느 나라에서 만들지 결정할 때 임금의 비중은 갈수록 줄고 있다. 그렇지만 중국은 여전히 전자제품부터 장난감, 섬유까지 모든 산업에서 우위를 보이고 있다. 중국의 우위는 공급망의 우위다. 3D 로보틱스가 미국과 멕시코 공장에서 제품을 조립해도 부품은 여전히 중국에서 만들기에 3D 로보틱스는 중국에서 부품이 올 때까지 기다리든지 재고를 많이 쌓아둬야 한다. 이는 자본을 낭비하고 기업의 유연성을 떨어트린다. 반면 전자부품 공장이 밀집한 선전에서는 필요한 부품을 몇 시간 만에 근처 공장에서 가져올 수 있다.

선전에서 미국 공장까지 부품이 오려면 몇 주일이 걸린다. 또, 단순히 사출성형 작업으로 찍어낼 수 있는 플라스틱 제품은 미국이 중국과 경쟁할 수 없다. 대량생산하는 중국의 가격 경쟁력이 압도적이기 때문이다.

이에 따라 21세기 제조업의 제품 개발 과정과 공장 제조 과정은 다음과 같이 바뀔 것이다. 제품 개발 과정은 인건비가 비싸도 가장 잘 혁신할 수 있는 나라에서 진행하는 것이 유리해지고 있다. '공동 창작'과 커뮤니티 기반 개발이 가능한 사회가 유리하다. 다양한 분야의 재능 있는 사람들에게 제품 개발에 참여할 동기를 부여하는 사회가 유리하다. 가장 역동적인 웹 커뮤니티가 많은 나라와 가장 혁신적인 웹 기업이 성장하는 나라가 어딘지 보라. 이러한 나라들이 21세기 제조업에서 성공할 확률이 높다.

공장 제조 과정에서는 자동화 설비의 성능 향상과 보급 덕분에 서구와 아시아의 경쟁 조건이 비슷해지고 있다. 또 공급 사슬이 길어질수록 부담해야 하는 비용이 늘고 있다. 국제유가가 상승할수록 중국에서 미국까지 제품을 수송하는 비용 부담이 증가한다. 아이슬란드 화산 폭발이나 소말리아 해적도 글로벌 공급 사슬을 위협하는 위험 요소다. 이에 따라 소비자와 가까운 지역에서 제조해 판매하는 것이 더 유리해지고 있다. 세계는 갈수록 예측 불가능해지고 있다. 정치적 불확실성, 환율 변동 등 여러 요소가 오프쇼어링의 이점을 단숨에 사라지게 한다.

그렇지만 다시 과거처럼 디트로이트가 영광을 누리고, 공장 일자리가 안정적인 중산층 일자리가 될 것이라고 예상하긴 어렵다. 그 대신 웹 모델, 즉 누구나 좋은 아이디어만 있으면 제품을 출시하고 세상을 바꿀 수 있는 완전히 분산된 디지털 시장이 제조업을 크게 바꿀 것이라는 예측은 가능하다. 핀란드에서 설립된 앵그리버드^{Angry Birds}나 아이오아에서 설립된 핀터레스트^{Pinterest}는 20세기 제조업에서는 볼 수 없는 유형의 성공 사례다.

웹이 보급됐어도 AT&T와 BT가 사라지지 않았듯 웹 기업이 부상한다고 해서 제너럴 모터스나 제너럴 일렉트릭이 사라지진 않을 것이다. 롱테일 법칙에서 볼 수 있듯이 21세기 제조업에서는 블록버스터 상품이 사라지는 것이 아니라 '블록버스터 상품의 독점'이 사라질 것이다. 거대 제조업 기업이 사라지는 것이 아니라 거대 제조업 기업의 독점이 사라질 것이다.

앞으로 '더 많은' 것을 보게 될 것이다. 더 많은 지역에서, 더 많은 사람이, 더 좁은 틈새시장에 집중해 더 많은 혁신을 일으킬 것이다. 차별적 소비자(대중과 다른 취향을 가진 소비자-옮긴이)를 공략하기 위한 맞춤형 상품을 수천 개씩 생산하는 소기업을 포함한 모든 생산자의 혁신이 모여 산업경제를 재창조할 것이다. 근로자 수십만 명을 고용해 대량생산 제품을 파는 대기업이 하나 있으면 틈새시장을 공략하는 새로운 소기업 수천 개가 공존할 것이다. 대기업과 소기업이 함께 제조업계의 지형을 바꿀 것이다.

앞으로 사물의 롱테일을 보게 될 것이다.

21세기 워크숍
디지털 메이커가 되는 방법

지금까지 메이커들의 얘기를 읽고 스스로 물건을 만들고 싶다는 욕구가 든 독자도 있을 것이다. 혼자서 물건을 만들려면 어디부터 시작해야 할까? 만들려는 물건과 만드는 사람에 따라 해답은 다르다. 물건을 만드는 일은 식탁을 만드는 것처럼 단순하거나 기계 공장처럼 복잡할 수도 있다. 메이커가 되고 싶은 사람에게 도움이 될 만한 자원은 많다. 우선 「메이크」 잡지가 있고, 인스트럭터블^{Instructables} 같은 웹사이트도 있고, 공예 잡지도 많다.

하지만 이 책의 주제는 디지털 도구의 힘과 데스크톱 제조 혁명이므로 물건 만드는 법과 현재 가장 추천할 만한 제작도구를 소개하겠다. 추천 기준은 주로 내 개인적 경험이다. 나는 우리 집 지하실을 작업장으로 사용하고 있다. 아이들과 함께 물건을 만들 때 필요한 생산로봇, 전자제품, 디지털 제조도구들을 작업장에 설치했다.[55] 그 중 일부를 소개한다. 여기에 소개하는 도구들은 내가 직접 사용한 경험이 있기에 자신 있게 추천한다.

캐드 프로그램

모든 디지털 디자인은 소프트웨어가 있어야 이용할 수 있다. 디자인 파일을 다운로드하든 디자인 파일을 직접 만들든, 캐드 프로그램을 다룰 줄 알아야 한다.

글을 쓸 때 워드프로세서를 사용하듯 디지털 도구로 물건을 만들 때는 CAD를 사용해야 한다. 캐드 프로그램은 컴퓨터 화면에 아이디어를 나타내고 편집하는 방법이다. 캐드 프로그램의 종류는 다양한데 비교적 사용하기 쉬운 무료 캐드 프로그램 구글 스케치업도 있고, 엔지니어와 건축가가 쓰는 수천 달러짜리 유료 캐드 프로그램 솔리드워크Solidworks와 오토캐드AutoCAD도 있다.

특화된 캐드 프로그램들도 있다. 전자제품에 들어가는 PCB를 디자인할 때 쓰는 캐드소프트 이글Cadsoft Eagle 프로그램도 있고, 생물 분자를 디자인할 수 있는 캐드 프로그램들도 있다. 하지만 이 책에서는 3차원 프린터, CNC 기계, 레이저 커터로 물건을 만들 때 쓸 수 있는 캐드 프로그램들을 소개하겠다.

먼저 구분해야 할 것은 2차원 디자인과 3차원 디자인이다. 레이저 커터 같은 데스크톱 제작 기계는 평평한 재료를 가위처럼 자를 수 있을 뿐인 2차원 기계다. 따라서 레이저 커터를 사용하려면 2차원 이미지가 필요하다. 아도브 일러스트레이터나 코렐드로CorelDRAW 같은 '벡터 드로잉 프로그램'으로 2차원 이미지를 쉽게 만들 수 있다.

이러한 드로잉 프로그램들은 윈도와 맥에 딸려 있는 단순한 그림

프로그램과 비슷하다. 차이점은 드로잉 프로그램으로 선과 형태는 언제든 독립적으로 편집하고 움직이고 삭제할 수 있는 단일 요소, '오브젝트^{object}(객체)'로 취급된다는 것이다. 이러한 선들은 레이저 커터의 레이저 헤드나 CNC 라우터가 지나가는 '툴패스^{toolpath}'로 해석될 수 있다. 디지털 제작도구는 이 선을 따라 재료를 자른다. 드로잉 프로그램은 사용하기 쉽다. 종종 삼각형이나 원 같이 단순한 모양으로 합판, 플라스틱판, 금속판을 자른 다음에 조립해서 물건을 만든다.

추천하는 2차원 드로잉 프로그램

- 무료: 잉크스케이프^{Inkscape}(윈도와 맥에서 사용 가능)
- 유료: 아도브 일러스트레이터$^{Adobe\ Illustrator}$(윈도와 맥에서 사용 가능)

3차원 프린터나 축이 3개 있는 CNC 기계로 더 복잡한 물체를 만들려면 3차원 드로잉 프로그램을 사용해야 한다. 3차원 물체를 2차원 컴퓨터 화면으로 디자인하기에 약간의 공간 감각과 상상력이 필요하다. 할리우드 영화사와 게임 제작사에서도 3차원 드로잉 프로그램을 사용해 CG 애니메이션 캐릭터들을 디자인하는데, 메이커는 실제 재료로 만들 수 있는 물체를 디자인해야 한다. 3차원 프린터나 CNC 기계가 인식하지 못하는 공백 부분이 없도록 세심하게 디자인해야 한다. 잘못 디자인하면 3차원 프린터가 일부 부분을 인식하지 못할 수도 있다.

3차원 캐드 프로그램을 시작할 때 가장 먼저 배우는 것은 삼각형이나 원 같은 기하학적 구성 요소를 컴퓨터 화면에 그린 다음에 이를 입체 물체로 돌출시키고 변형하는 것이다. 이러한 기법을 조합하면 복잡한 기계부터 인체까지 무엇이든 디자인할 수 있다.

추천하는 3차원 드로잉 프로그램
- 무료: 구글 스케치업(윈도와 맥에서 사용 가능)

  오토데스크 123D^{Autodesk 123D} (윈도에서 사용 가능)

  팅커CAD^{TinkerCAD}(웹에서 사용 가능)
- 유료: 솔리드워크^{Solidworks}(윈도와 맥에서 사용 가능)

3차원 프린터

상상한 것을 직접 만들 수도 있다. 3차원 프린터는 궁극의 시제품 제작도 구이자 컴퓨터 화면에 뜨는 비트를 손으로 만질 수 있는 원자로 바꾸는 가 장 빠른 길이다. 하지만 집에서 사용하는 3차원 프린터는 아직 성능이 낮 다. 가정용 3차원 프린터로 만든 제품은 공장에서 만든 제품처럼 매끈하지 않을 수도 있다.

불과 몇 년 전만 해도 3차원 프린터는 가격이 수만 달러나 됐기에 전문가들만 사용했다. 지금은 렙랩이나 메이커봇 같은 오픈소스 프로 젝트 덕분에 3차원 프린터 가격이 1,000달러 미만으로 떨어졌고 학교 나 집, 수많은 메이커스페이스에서 3차원 프린터를 볼 수 있게 됐다.

가격이 1,000달러 정도인 3차원 프린터 제품은 모두 여러 색상의 ABS 플라스틱 액체를 겹겹이 쌓아서 물건을 인쇄한다. ABS 플라스틱은 단단하고 유연한 재료지만 ABS 플라스틱을 쓰는 3차원 프린터는 해상도 0.5밀리미터가 한계다. ABS 플라스틱 3차원 프린터로도 괜찮게 인쇄할 수는 있지만 레이저를 사용하는 전문가용 3차원 프린터로 인쇄하는 것만큼 매끈하지는 않다.

내가 현재 사용 중인 메이커봇 레플리케이터^{MakerBot Replicator} 제품을 추천하지만 3차원 프린터 기술이 빠르게 발전하고 있기에, 독자가 이 글을 읽을 무렵에는 더 싸고 더 성능이 좋은 3차원 프린터가 시중에 나와 있을 것이다(그중 일부는 메이커봇 제품일 것이다).

지금 나온 가정용 3차원 프린터는 초창기 잉크젯 프린터와 같다. 단순한 작업에 만족한다면 몰라도, 나중에 셰이프웨이나 포노코 같은 전문 서비스 업체를 이용해보는 것도 나쁘지 않다.

추천하는 3차원 프린팅 솔루션
- 프린터: 메이커봇 레플리케이터^{MakerBot Replicator}(최고의 커뮤니티), 얼티메이커^{Ultimaker}(더 크고, 더 빠르고, 더 비싼 제품)
- 서비스: 셰이프웨이^{Shapeways}, 포노코^{Ponoko}

3차원 스캐너

3차원 스캐너는 캐드 소프트웨어보다도 빠르게 세상을 디지털화할 수 있다.

3차원 물체를 인쇄할 때 가장 어려운 부분은 처음에 3차원 이미지를 만드는 일이다. 이를 위한 가장 쉬운 해법은 현실에 존재하는 물체를 스캔해서 캐드 프로그램으로 변형하는 것이다. 이러한 3차원 스캔을 '리얼리터 캡처'라고 부른다. 특수 스캐너를 사용하거나 일반 카메라로 사진을 여러 장 찍은 다음 소프트웨어로 사진을 모아 3차원 이미지로 만든다.

수천 달러짜리 전문가용 3차원 스캐너도 있지만 디지털 카메라를 이용하는 저가 제품과 무료 제품을 사용해도 조명에 신경 써서 찍으면 괜찮은 결과를 얻을 수 있다.

가장 간단한 방법은 디지털 카메라로 한 물체를 모든 각도에서 찍어 무료 오토데스크 123D 캐치 소프트웨어를 사용해 사진들을 클라우드에 올리고 하나의 3차원 이미지로 조합해 회전시키고 조작할 수 있는 '포인트 클라우드'로 만드는 것이다. 자연광 속에서 모든 각도에서 사진을 찍을 수 있는 의자 같은 물체를 3차원 스캔하기 위해 사용할 수 있는 방법이다.

더 작은 물체는 조명을 비추는 프로젝터와 카메라가 달린 작은 3차원 스캐너로 스캔할 수 있다. 메이커봇 같은 웹캠을 사용하는 저가 스캐너는 웹캠으로 찍은 사진을 소프트웨어로 조합하는 작업을 거쳐야 한다. 이런 수고를 피하려면 수천 달러짜리 전문가용 3차원 스캐너를 사야 한다. 가끔 작은 물체를 스캔하는 사람이라면 물체를 서비스 업체에 보내서 3차원으로 스캔해 3차원 이미지를 만들어달라고 의뢰하는 편이 낫다.

언젠가는 오늘날 데스크톱 프린터에 통합되어 있는 2차원 스캐너처럼 3차원 스캐너를 어디서나 이용 가능할 것이다. 하지만 지금은 약간 이용하기 까다롭다. 물체를 캡처하는 것은 쉽지만, 소프트웨어를 사용해 컴퓨터 화면에서 편집 가능한 3차원 이미지로 만들려면 여전히 전문기술이 필요하다.

추천하는 3차원 스캔 솔루션

- 소프트웨어: 무료 오토데스크 123D 캐치^{Autodesk 123D Catch}(아이패드, 윈도)
- 하드웨어: 메이커봇 3차원 스캐너(웹캠과 피코 프로젝터 필요). 이미지를 정리하려면 무료 메시랩^{Meshlab} 소프트웨어 사용

레이저 커터

누구나 레이저 커터로 보석이나 가구 등 멋진 물건을 만들 수 있다. 종이에 그릴 수 있는 것은 모두 레이저 커터로 만들 수 있다.

가장 사용하기 쉬운 디지털 제작도구는 레이저 커터다. 필요한 것은 2차원 드로잉, 또는 3차원 드로잉을 자동으로 2차원 레이어로 잘라주는 오토데스크 123D 메이크 앱뿐이다. 나머지 자르는 일은 레이저 커터가 한다.

레이저 커터는 사용하기 쉽지만 어쩌면 집에 설치한 워크숍에서

가장 필요 없는 도구일 수도 있다. 서비스 업체에 파일을 업로드하면 며칠 안에 결과물을 받을 수 있고 비용도 저렴하기 때문이다. 복잡한 3차원 제조와 달리 레이저 커팅은 단순해서 예측하기 쉽다. 서비스 업체 웹사이트에 접속하면 어떤 재료를 써야 좋은지 골라준다. 레이저 프린터도 집에 들여놓기에는 비싼 도구다. 어느 정도 두꺼운 재료를 자를 수 있는 레이저 프린터는 적어도 2,000달러는 내야 살 수 있다. 그리고 재료를 자를 때 가루를 많이 날리므로 환기가 잘 되는 곳에서 사용해야 한다.

테크숍 같은 메이커스페이스에 가서 작업하든지 서비스 업체에 디자인 파일을 보낼 것을 권장한다. 서비스 업체는 재료를 싸게 판다.

추천하는 레이저 커팅 솔루션

- 서비스 업체: 포노코^{Ponoko.com}
- 소프트웨어: 오토데스크 123D 메이크(내가 이 글을 쓰는 시점에는 맥에서만 사용할 수 있는 소프트웨어이지만 윈도 용도 개발 중)

CNC 기계

CNC 기계는 상대적으로 사용하기 쉽고, 거의 모든 재료로 물건을 만들 수 있으며, 데스크톱 CNC 기계는 레이저 커터보다 저렴하고 작다.

3차원 프린터는 '더하는' 기술을 쓴다. 즉 재료를 한 층(레이어)씩 쌓아올려 물건을 만든다. 이때 쓸 수 있는 재료는 녹일 수 있는 재료뿐이다. 저가 3차원 프린터가 사용하는 재료는 플라스틱이다. 따라서 나무나 금속으로 저렴하게 물건을 만들려면 '빼는' 기술, 즉 헤드로 재료를 깎는 CNC 기계를 사용해야 한다. 3차원 프린터는 제품 설계도에서 표시된 부분에 재료를 분사해 물건을 만드는 반면, CNC 기계는 표시되지 않은 부분의 재료를 깎아내서 물건을 만든다.

가장 단순한 CNC 기계는 컴퓨터 통제에 따라 세 방향(X축, Y축, Z축)으로 움직일 수 있는 드릴 한 개를 가지고 있다. 컴퓨터에 설치된 소프트웨어가 어떤 경로로 재료를 깎아야 할지 계산하고, 이에 따라 드릴을 움직인다. 저가 CNC 기계는 재료를 갈 뿐이지만, 고가 CNC 기계는 갈거나 자르거나 광택을 낼 수 있는 특수 기능을 가진 헤드를 여러 개 사용한다.

레이저 커터와 달리, CNC 라우터와 CNC 밀은 3차원으로 정확히 재료를 자를 수 있기에 복잡한 형태를 만들 수 있다. 더 고가의 제품은 4~5개의 축으로 깎을 수 있어 정교한 제품을 제조할 수 있다.

초보자는 톱으로 나무를 자르듯이 CNC 기계로 합판 같은 평평한 재료를 정확한 형태로 자르는 연습을 해서 하나씩 배워나가면 된다. 숙련된 사용자는 플라스틱 사출성형 작업에 쓰는 알루미늄 주형부터 금속 로봇 부품까지 복잡한 제품을 만들 수 있다.

추천하는 CNC 솔루션
- 소형 제품: MyDIYCNC

- 준전문가용 제품: 숍봇 데스크톱^{ShopBot Desktop}

전자제품 장비

상당수 메이커가 센서를 달고, 프로그램이 가능하고, 웹에 연결할 수 있는 더 스마트한 제품을 만드는 일에 참여한다. 이러한 메이커들의 작업을 통해 '사물 인터넷'이 출현하고 있다. 사물 인터넷은 아두이노 피지컬 컴퓨팅 보드Arduino physical computing board 같은 단순한 전자부품으로 시작한다.

디지털 전자제품을 처음 만들 때 필요한 것은 아두이노 초심자용 키트Arduino starter kit, 멀티미터multimeter(전압, 전류, 저항을 측정하는 도구 – 옮긴이), 납땜인두뿐이다. 어떤 제품을 원하느냐에 따라 센서를 여러 개 부착할 수도 있고, 서보servo(명령에 따라 정확히 움직이는 모터 – 옮긴이)나 모터 같은 액추에이터actuator(입력된 신호에 따라 작동하는 기계)를 사용할 수도 있다. 스파크펀, 에이다푸르트 등의 기업들은 메이커에게 필요한 전자부품을 판매할 뿐 아니라 전자제품을 조립하고 제조하는 방법을 자세히 설명해주고, 큰 커뮤니티를 구축해 메이커들을 돕고 있다. 지금은 전자제품 조립의 두 번째 황금시대라 할 수 있다. 첫 번째 황금시대는 제2차 세계대전 후 아마추어 무선통신ham radio 시대로, 이 시대의 유산으로 1970년대에 히스키트 전자제품 조립 세트가 나왔다. 그 후 개인이 분해하고 조립하기 어려운 마이크로칩 제품들이 쏟아져 나와 개인이 전자제품을 조립하기 어려웠지만, 최근 몇 년 사이에 돌풍을 일으키고 있는 오픈소스 하드웨어가 다시 전자제품 조립에 대한 사람들의 관심을 불러일으키고 있다.

본격적으로 전자제품을 만들고 싶다면 디지털 논리 분석기$^{logic\ analyzer}$(디지털 시스템의 논리 신호를 포착하여 기록·표시하는 다수의 채널을 가진 기구-옮긴이), USB 오실로스코프^{oscilloscope}(전기진동이나 펄스를 관측하는 기계-옮긴이), 전문가용 납땜 장치$^{solder\ rework\ station}$가 필요하다. 하지만 우선은 다음 도구들만 있어도 여러 가지 일을 할 수 있다.

추천하는 전자제품 장비

- 초보자용 장비: 에이다푸르트 아두이노 키트$^{Adafruit\ budget\ Arduino\ kit}$
- 납땜인두: 웰러 WES51 납땜 스테이션$^{Weller\ WES51\ soldering\ station}$
- 멀티미터: 스파크펀 디지털 멀티미터$^{Sparkfun\ digital\ multimeter}$

이 책을 쓴 계기는 레고 마인드스톰 장난감 때문이다. 나는 2007년 주말에 아이들과 레고 장난감을 가지고 놀다가, 레고 장난감을 사용한 기계 장치에 대한 영감이 떠올라 메이커들의 세계를 접했고, 결국 책을 집필하게 됐다. 아이들과 함께 발명하려던 목표는 이루지 못했지만 그 과정에서 흥미로운 일을 경험했다. 발명가 기질이 있는 나는 '레고 UAV' 프로젝트를 구상하고 레고 장난감을 사용한 기계 장치를 만들었다. 애들뿐 아니라 어른에게도 영감을 주는 훌륭한 장난감 세트를 만든 레고에 먼저 감사를 표하고 싶다.

내가 집의 한 층을 통째로 작업장으로 써가며 발명에 몰두해도 오랫동안 참아준 아내에게도 감사한다. 또한 물건 만드는 일에 집착하는 내게 짜증내지 않고, 함께 메이커 세계를 탐구할 수 있게 프로젝트를 찾아준 다섯 아이들에게 감사한다(아이들이 텔레비전을 보는 공간도 언젠가 작업장으로 쓸지 모른다).

나는 메이커 세계에 대한 영감을 여러 사람에게서 받았다. 데일 도

허티^{Dale Dougherty} 오렐리 출판사 부사장은 「메이크」 잡지를 창간하고 메이커 페어를 시작해 초창기 메이커 운동을 주도했고, 「메이크」 편집장인 마크 프라우엔펠더^{Mark Frauenfelder}는 메이커 운동에 불을 지폈다. 작가 코리 닥터로우는 메이커 운동의 가능성에 대한 영감을 사람들에게 불어넣었다. 해커데이^{Hackaday}, 메이크진^{Makezine}, 인스트럭터블^{Instructables}, 킥스타터, 에치, 쿼키를 비롯한 수많은 블로그와 웹 커뮤니티도 같은 역할을 수행했다.

오픈 하드웨어 운동과 관련해 큰 영감을 준 인물로 아두이노 프로젝트를 시작한 마시모 밴지^{Massimo Banzi}, 스파크펀을 창업한 네이선 시들, 오픈 하드웨어 제조업체 에이다푸르트를 공동 창업한 리모 프라이드^{Limor Fried}와 필립 토론^{Phillip Torrone}, 메이커봇 인더스트리를 창업한 브리 페티스, 로컬모터스를 창업한 제이 로저스가 있다.

유용한 도구를 개발해 메이커 운동에 큰 영감과 도움을 준 인물로는 오토데스크의 칼 베이스와 연구팀, 테크숍을 공동 창업한 짐 뉴턴^{Jim Newton}과 마크 해치^{Mark Hatch}, 포노코를 공동 창업한 데릭 엘리^{Derek Elley}와 데이비드 헤이브^{David ten Have}가 있다.

내가 메이커들의 세계를 탐구할 수 있도록 도와준 「와이어드」 편집부에도 감사한다. 「와이어드」 잡지와 홈페이지에 메이커들을 소개하는 좋은 기사들을 올린 기자들과 특히 잡지사에서 일하면서 책도 쓰는 토마스 괴츠^{Thomas Goetz}에게 감사한다. 나도 겪어봐서 알지만 가족을 부양해야 하는 남자가 이런 여러 가지 일을 수행하기란 쉽지 않다. 「와이어드」 홈페이지의 디자인 섹션을 활용해 여러 창의적인 방식으로 메이커 운동을 주요 언론에 홍보한 쇼샤나 버거^{Shoshana Berger}에게도 감사한다. 이 책은 「와이어드」에 올라온 기사와 내가 다른 곳에 올린 글들을 정리한 것이다.

마지막으로, 외할아버지가 언젠가 내게 영감을 줄 것이라는 점을 예견하고 내가 외할아버지와 시간을 보내도록 배려해준 내 어머니 카를로타 앤더슨^{Carlotta Anderson}에게 가장 깊은 감사를 표한다. 여름마다 외할아버지 댁을 방문해 발명 작업을 배운 경험이 내 인생을 바꾸었음을 깨닫게 되었다. 어릴 적 외할아버지에게 물려받은 발명가 기질은 30년 뒤 신기술 시대에 싹을 틔웠다. 외할아버지의 도구, 특허, 설계도를 버리지 않고 물려준 어머니의 혜안에 깊이 감사한다. 외할아버지의 유산이 지닌 무게가 어느 때보다 무겁게 느껴진다.

1. http://www.citibank.com/transactionservices/home/docs/the_new_digital_economy.pdf

2. http://www.citibank.com/transactionservices/home/docs/the_new_digital_economy.pdf
   내가 참가한 밴드 중에는 REM이라는 밴드도 있다. 유명 록밴드와 이름이 같다. 두 밴드가 램이라는 이름을 두고 분쟁을 벌였는데, 이와 관련해 더 알고 싶은 독자는 다음 주소를 참고하라. 내가 올린 글은 다음 주소에서 읽을 수 있다.
   http://www.longtail.com/the_long_tail/2006/07/my_new_wave_hai.html.

3. Cory Doctorow, *Makers* (New York: Tor Books, 2009).

4. http://www.engadget.com/2011/11/12/shanghai-science-and-technology- commission-proposes-100-innovat/

5. http://www.auctionbytes.com/cab/abn/y12/m02/i07/s02

6. http://online.wsj.com/article/SB10001424052702304223804576444042827007476.html

7. http://makerspace.com/2012/01/16/darpa-mentor-award-to-bring-making-to-education/#more-43

8. 이 책에서 여러 차례 언급했듯, 나는 제조자 운동의 관찰자일 뿐 아니라 참가자이기도 하다. 나는 3D 로보틱스를 설립했고, 오토데스크, 포노코를 비롯한 여러 기업에게 조언하고 때로는 이사회 고문으로 참여해 제조자 운동이 진화하도록 도왔다. 내가 제조자 운동의 최전방에서 경험한 바를 이 책에 담았다. 언론기사처럼 정확한 사실을 전달하고자 사실을 확인하고 연구해서 책을 썼지만, 내 주관도 담았다. 나는 제조자 운동을 벌이고 있는 사람 중 한 명이고, 제조자 운동은 내가 믿는 미래다.

9. http://www.kickstarter.com/blog/2011-the-stats

10. http://www.businessinsider.com/kickstarter-on-track-to-generate-300-million-in- 2012-funding-2012-4

11. http://www.crunchbase.com/

12. http://www.wired.com/epicenter/2011/10/jobs/all/1

13. Walter Isaacson, *Steve Jobs* (New York: Simon & Schuster, 2011, Kindle Edition), Kindle locations 1252-1264.

14. William Rosen, *The Most Powerful Idea in the World* (New York: Random House, 2010), 214.

15. http://apps.business.ualberta.ca/rfield/lifeexpectancy.htm

16. François Crouzet, *The Industrial Revolution in National Context: Europe and the USA* (Cambridge, UK: Cambridge University Press, 1996).

17. http://www.ribbonfarm.com/2011/06/08/a-brief-history-of-the-corporation-1600-to- 2100/

18. http://www.historywithmrgreen.com/page7/assets/The%20Industrial%20Revolution%20Cottage%20Industry%20and%twentieth%20Factory%20System.pdf

19. http://www.nytimes.com/1992/03/30/business/plug-is-pulled-on-heathkits-ending-a- do-it-yourself-era.html

20. Michael J. Piore and Charles F. Sabel, *The Second Industrial Divide: Possibilities for Prosperity* (New York: Basic Books, 1984).

21. http://www.nytimes.com/2012/02/19/magazine/adam-davidson-craft-business.html

22. http://www.sciencedirect.com/science/article/pii/S1057740811000829

23. http://mitpress.mit.edu/catalog/item/default.asp?ttype=2&tid=12470

24. Neil Gershenfeld, *Fab: The Coming Revolution on Your Desktop* (NewYork: Basic Books, 2005).

25. http://www.washingtonpost.com/national/on-innovations/the-past-present-and-future- of-3-d-printing/2011/08/21/gIQAg4fJZJ_story.html

26. http://www.forbes.com/sites/richkarlgaard/2011/06/23/3d-printing-will-revive- american-manufacturing/

27. http://investor.cafepress.com/secfiling.cfm?filing ID= 1193125-12-135260&CIK=1117733

28. http://www.slideshare.net/adafruit/hope2010-4790096

29. http://www.americanheritage.com/events/articles/Web/20070709-windshield-wiper- robert-kearns.shtml

30. http://www.washingtonpost.com/wp- dyn/articles/a54564-2005feb25.html

31. http://www.dieselpowermag.com/features/1005dp_local motors_rally_fi ghter/

32. http://www.meyersmanx.com/pdf- fi les/Meyers_Manxter2.pdf

33. http://www.jstor.org/pss/2626876

34. http://www.econlib.org/library/Essays/hykKnw1.html

35. 내가 설립한 회사에 멕시코 티후아나 출신이 많은 것은 별로 이상한 일이 아니다. 이곳은 많은 미국인이 상상하듯 마약 범죄가 창궐하고 술집만 늘어선 낙후된 멕시코 마을이 아니라, 하이테크 공장이 몰린 지역이다. (미국인들이 구매하는 LCD TV는 대부분 이 지역에서 생산한다.) 나는 이곳에서 자란 여러 젊은 기업가들을 만났다. 지난 수십 년간 티후아나는 샌프란시스코에서 샌디에고까지 이르는 캘리포니아 IT벨트의 연장선상에 있었다. 티후아나에서 자란 젊은이들은 미국 젊은이들과 똑같은 IT 기술을 훨씬 싼 가격에 이용했다. 샌디에고/티후아나는 한쪽 지역 임금이 훨씬 낮지만 두 지역은 같은 기술을 이용하는 홍콩/선전 지역과 닮았다.

36. http://www.aspeninstitute.org/sites/default/fi les/content/docs/pubs/The_Future_of_Work.pdf

37. http://hbr.org/hbr-main/resources/pdfs/comm/fmglobal/restoring-american- competitiveness.pdf

38. Kenneth L. Kraemer, Greg Linden, and Jason Dedrick, ""Capturing Value in Global Networks: Apple"

s iPad and iPhone, http://pcic.merage.uci.edu/papers/2011/Value_iPad_iPhone.pdf

39. http://www.bcg.com/media/PressReleaseDetails.aspx?id=tcm:12‑75973

40. http://money.cnn.com/magazines/fortune/global500/2011/performers/companies/biggest/

41. http://curiouscapitalist.blogs.time.com/2011/01/11/is-the-iphone-bad-for-the- american-economy/

42. http://radar.oreilly.com/2011/05/crowdfunding- exemption.html

43. http://www.whitehouse.gov/the-press-office/2012/04/05/president-obama-sign- jumpstart-our-business-startups-jobs-act

44. http://www.washingtonpost.com/blogs/innovations/post/the-underground-venture- capital-economy/2010/12/20/gIQAzkRQvJ_blog.html

45. http://cultureconductor.com/author/sarahdopp/

46. http://www.bbc.com/news/technology-17531736

47. http://www.wired.com/magazine/2011/03/ff_kickstarter/all/1

48. http://www.etsy.com/blog/news/2012/notes-from-chad-funding-etsys-future/

49. http://www.slideshare.net/stevekeifer/b2b-emarketplaces-rise-and-fall-by-steve- keifer

50. http://ftp.iftf.me/public/IFTF_open_fab_China_conversation.pdf

51. http://www.iftf.org/LightweightInnovation

52. Neal Stephenson, *The Diamond Age: Or, a Young Lady"s Illustrated Primer* (New York: Bantam Spectra, 1995).

53. http://mag.uchicago.edu/science-medicine/crystal-method

54. Chris Anderson, *FREE: The Future of a Radical Price* (New York: Hyperion, 2009).

55. 우리 집 지하실 작업장에 있는 주요 도구는 다음과 같다.

하드웨어
- 1세대 메이커봇 컵케이크
- 메이커봇 사이클롭스 3차원 스캐너
- MyDIYCNC
- 히타치 데스크톱 띠톱
- 드레멜 워크스테이션/드릴 프레스
- 웰러 WES51 납땜 스테이션
- 피코스코프 USB 오실로스코프
- Saleae USB 논리 분석기
- Volleman 파워서플라이/멀티미터/납땜 스테이션

소프트웨어
- 아도브 일러스트레이터(레이저커팅 드로잉에 사용)
- 오토데스크 123D(3차원 프린터에 사용)
- 캐드소프트 이글(PCB 디자인에 사용)
- 아두이노, 노트패드++, TortoiseSVN, TortoiseGIT(버전 관리에 사용)

ㅎ

ABC

옮긴이 윤태경

중앙대학교 영어교육과를 졸업하고, 번역가 모임인 바른번역 회원으로 활동 중이다. 경제경영 전문번역가로서 독자가 쉽게 경제를 배울 수 있도록 간결하고 명확한 번역 스타일을 선호한다. 최근에는 주식 투자서와 자기계발 분야로 관심사를 확대하는 한편, 미래 트렌드와 사회학 등에 대한 지평을 넓히기 위해 다양한 공부를 하고 있다. 옮긴 책으로는 『미각의 지배』『무엇이 가격을 결정하는가?』『중국 없는 세계』『죽은 경제학자들의 만찬』『폴 크루그먼: 기대감소의 시대』『기업의 경제학』 등이 있다.

메이커스

1판 1쇄 발행 2013년 5월 27일
1판 10쇄 발행 2020년 5월 20일

지은이 크리스 앤더슨
옮긴이 윤태경

발행인 양원석
편집장 최두은
영업마케팅 양정길, 강효경
펴낸 곳 ㈜알에이치코리아
주소 서울시 금천구 가산디지털2로 53, 20층 (가산동, 한라시그마밸리)
편집문의 02-6443-8842 **도서문의** 02-6443-8800
홈페이지 http://rhk.co.kr
등록 2004년 1월 15일 제2-3726호

ISBN 978-89-255-5061-9 (03320)